八万里丝路
云和月

肖云儒 著

陕西师范大学出版总社

图书代号　WX20N0167

图书在版编目（CIP）数据

八万里丝路云和月/肖云儒著. —西安：陕西
师范大学出版总社有限公司，2020.4（2022.2重印）
ISBN 978-7-5695-1343-1

Ⅰ.①八…　Ⅱ.①肖…　Ⅲ.①文史哲—文集
Ⅳ.①C53

中国版本图书馆CIP数据核字（2020）第021843号

八万里丝路云和月
BAWAN LI SILU YUN HE YUE
肖云儒　著

出 版 人	刘东风	
责任编辑	邓　微	
责任校对	王丽敏　谢勇蝶	
出版发行	陕西师范大学出版总社	
	（西安市长安南路199号　邮编 710062）	
网　　址	http://www.snupg.com	
印　　刷	陕西龙山海天艺术印务有限公司	
开　　本	710mm×1000mm　1/16	
印　　张	22.75	
插　　页	2	
字　　数	309千	
版　　次	2020年4月第1版	
印　　次	2022年2月第2次印刷	
书　　号	ISBN 978-7-5695-1343-1	
定　　价	68.00元	

读者购书、书店添货或发现印刷装订问题，请与本公司营销部联系、调换。
电话：（029）85307864　85303635　传真：（029）85303879

目录 CONTENTS

中　玄奘之旅

下　中东欧之旅

引文

丝绸之路万里情

这条路，有人终生与之无缘，有人终生与之结缘。

张骞在自己五十年的生命旅途中，有十七年行走在这条路上。加上前前后后筹备性、延展性的工作，他的有效生命有一大半献给了这条路。

从公元前 138 年张骞第一次出使西域算起，已经过去了两千一百五十二年。时光到了公元 2014 年 7 月 19 日，由陕西省委宣传部、陕西省委对外宣传办公室指导，陕西省新闻出版广播电视局主办、陕西广播电视台承办，全国多家媒体共同参与的"丝绸之路万里行"全媒体文化体验活动正式启程。我们这支由全国多家媒体组成的汽车自驾游媒体团队，从西安出发，沿着张骞踏出的路行走，以近六十天的时间，途经亚欧八国，2014 年 9 月 10 日，顺利、圆满到达了罗马。

我们将这次行走命名为"丝绸之路万里行"。我们是记者又是行者、司机，我们走着、写着也拍摄着，观察着、感受着也思考着。在匆匆的行程中采集鲜绿的感受，收割金黄的思想。

正像一位媒体资深大姐在微信中感慨：有些路很远，走下去会很累，可是不走会后悔。

2014 年 7 月 19 日，"丝绸之路万里行"全媒体文化体验活动正式启程

　　也正像另一位媒体资深大哥在微信中感慨：只要选择了目标，世界都会为你让路。我建议他把这句话改成：只要选定了目标，世界都会帮你开路。

　　我们看见过月下的丝绸之路。乌兹别克斯坦希瓦古城城堞上挂着一钩明月，它用清辉给清真寺和宣礼塔镶上银边。没有路灯的土街小巷中，居民席地而坐，在月色中找回一丝清凉。城墙边上这里那里砌着坟墓——他们的风俗，即便化为幽灵也要保护自己的城池和家园。

　　我们看见过日出的丝绸之路。哈萨克草原的拂晓，一群散漫的骆驼好像接到真主无声的旨意，一齐仰起头朝向东天，就在这一刹那，太阳冲决遥远的地平线，抛洒出第一缕光亮。驼群重又缓步散开于草原，而一队马群却奔腾而来，在逆光中扬起如烟如絮的轻尘。大地在这样的仪式中苏醒了。

　　我们看见过大雨滂沱的丝绸之路。经过新疆和中亚近一个月炽热的干烤，格鲁吉亚口岸竟然用清爽的雨水为我们洗尘，而车队刚刚离开，公路便在大雨中塌陷。一喜一惊之间是什么滋味？行程最后一天，车辆要从那不勒斯港托运回来，突然又大雨滂沱，仔仔细细将每辆车洗得纤尘不染，是为了我们好回去向祖国汇报吧，天公想得何其周到！

我们看见过海陆交会的丝绸之路。威尼斯城的马可·波罗从眼前这个水上寓所出发，踏上了他水陆兼程的东方之旅。而在伊斯坦布尔，波光粼粼的海峡与彩虹熠熠的跨海大桥，构成一曲钢琴与弦乐的协奏，为亚欧海陆的交流通达伴奏。

············

穿过喜怒哀乐的历史，经过酸甜苦辣的奔驰，终于临近了一个重要时刻。为了真实准确地记录这个时刻，请允许我引用媒体同伴们严谨的报道——

北京时间 2014 年 9 月 10 日 22：30，罗马当地时间 16：30，宏伟的罗马市政厅广场，军乐队奏响意大利名曲，欢迎远道而来的中国"丝绸之路万里行"车队。这个车队历时 60 天，途经八个国家，行程 15000 公里，抵达了终点站罗马。意大利国家电视台与陕西广播电视台联合对仪式做了现场直播。罗马市民和来自世界各地的游客将现场围得水泄不通。

风尘仆仆的"丝绸之路万里行"车队在警车开道下经过阿尔德阿缇娜门、卡拉卡拉浴场、圣乔治和圣瑟里奥－维贝纳大街，到达世界闻名的古斗兽场，随后转入帝国广场大道，驶向威尼斯广场，最终到达由米开朗琪罗设计的市政厅广场。整个行车过程，有直升机低空盘旋追拍。

在乐队伴奏下，中国驻意大利特命全权大使李瑞宇和罗马市副市长涅利亲自迎接，分别发表欢迎词。意大利前总理普罗迪先生发来祝贺视频："我们在等待了两千多年后，又实现了重启丝绸之路的计划！"一句话道尽了此行的重要意义。之后，中意双方交换了礼物，并寄语丝绸之路各国友谊长存。

正在罗马旅游的陕西女企业家们围住媒体团合影，说："今天太给咱中国长志气了！"在快门按下的一刻，大家竖起大拇指，用西安话喊：长安——罗马，哦！

意大利旅行社地接导游尹建林更是感慨不已："我出国来这里干20年导游了，这么高规格，这么轰动，第一次！来劲、提气、长脸！"

张骞第六十七代后裔、媒体团成员张利军在接受采访时表示，他回到家乡第一件事就是去张骞墓前上香，告慰先祖，这次他走了祖先曾经走过的古代丝路，也沿着祖先的足迹探访了他未走过的"现代丝绸之路"。

随行的著名主持人王志感叹："重走丝绸之路"之前有电视媒体做过，日本一次，央视两次，凤凰卫视一次，但前四次都是分段走，这次是一口气走下来，走得最远，参加的人数最多，媒体种类最全，制作的节目类型和数量也最多。这是一次伟大的行走！

各类报道多到什么程度呢？媒体团团长、陕西卫视副总监杨文萌已有详细的小结，无须我再赘述。

许多媒体也报道了我在仪式现场回答主持人王志的提问时说的一段话。这也是我在专程赶到罗马的来自国内北京、上海、天津、山西、陕西等二十家媒体召开的记者会上的一段丝路行感言："从准备'走丝路'开始，我就一直在思考：丝绸之路是一条怎样的路？丝路精神是一种怎样的精神？原来只认为这是一条文化交流之路、商贸往来之路。这次走了全程，认识有了拓展和提升。除了商贸往来之路、文化交流之路，丝绸之路还是民族团结之路、战略转型之路、美丽展示之路。今天的丝路与古代丝路相比有了质的变化。"

容我慢慢道来。

丝绸之路——文化交流之路

一路走来，我们考察或经过的世界文化遗产有40处以上。从我生活的长安城——西安开始，你忘不了敦煌、高昌、塔拉兹、撒马尔罕、希瓦、戈里石头城、卡帕多西亚露天博物馆、梅黛奥拉修道院、圣索菲亚教堂、雅典卫城、奥林匹亚、威尼斯、佛罗伦萨、罗马斗兽场、庞贝古城……丝路沿线各国（包括途经伊朗、伊拉克两河流域的南线）拥有的世界文化遗产达 300 余处，占全球世界文化遗产的一半。你会强烈感知到，人类文明瑰宝在丝路聚集的密集度，的确世所罕有；丝路文化在世界文明中的地位，的确至高无上。

现在谈丝绸之路，大都从具体史实，譬如张骞凿空西域开始。我想将这个话题延伸得更远更深，从人类文明发展的内部要求和动力机制来开始丝路文化的叙说。

1949 年，德国学者雅斯贝斯在专著《历史的起源与目标》中，第一次把公元前 500 年前后同时出现在中国、希腊、印度等地的人类文化突破性现象，称为"轴心时代"。这既是一个重大的文化现象，也是人类思维的初始建构。公元前 500 年左右，铁器由东方传到西方，剩余的粮食促生了最初的贸易和货币，工商航海业扩大了人们的视野，提高了人们的创新思考能力，部落制被不同的王国、帝国取代……新的社会动向，迫切要求做出新的思考和解释。

那时候埃及已经被波斯帝国划入阿契美尼德王朝，两河流域的巴比伦文明也已衰败，只有地中海文明中的希腊、罗马文明，中华文明和印度文明焕发着活力。这三大被隔离的文明，三足鼎立承担起对世界做出新解读的重任。于是在东方和西方不约而同地出现了孔子、老子、佛陀、苏格拉底等大思想家。这些文化的集大成者，从不同方位思考着一些类似的问题，如生命起源、根性思维问题，人与自然、人与人、人与神的关系问题，制度的构建和作用、王权的道德基础等问题。这些都是人类与社会的一些根本问题、终极问题、元问题，所以，他们被称为元典思想家。这个诞生了世界几大元典文明的带形地区，即由地中海经中东到中国的北暖温带，亦即地球 400 毫米等雨线内外，正是后来丝绸之路经过的地区。丝绸之路其实就是世界元典文明带。

轴心时代的文化精神，奠定了人类基本价值体系框架，直到今天，有的也仍然是人类文明的基本价值和准则，可以说，它们构成了历史和精神发展的原动力。它们虽然当时都还处在隔离状态，但文化思想如水一般的流动趋势却已形成，不可遏制。这是文明和文化发展的"动力学"。这才是出现丝绸之路最深层的动力，才是丝绸之路横贯在北暖温带，能将中华文明、中亚中东文明和地中海文明三大文明贯通的深层原因，也才是丝绸之路最重要的文化意义。

到了现代，这些文明已经由传统的文化凝聚和展示，提升为自觉的文化传播、文化活动、文化研究和文化产业。西部的许多大学正在成为丝绸之路沿线各国人才培养基地，丝绸之路国际电影节、高峰论坛和研究中心，都雨后春笋般地涌现。文明的传播，包括丝绸之路的文明传播，已经纳入社会发展创新的总格局，成为国家和地域软实力（文化观念与形象体系）和硬实力（文化设施与产业体系）的体现。

丝绸之路——经济共赢之路

张骞只是有史可据的、代表国家凿空西域的第一人。事实上，早于他三四百年的轴心时代，丝绸之路上已经有了许多先行者筚路蓝缕地前行。在陕西、湖北的博物馆里，展览着秦、楚时代的波斯金币和金银饰品，秦代商人乌氏倮也早以牛羊换黄金，又用黄金去大宛国购买汗血马供征战使用。同时，我在罗马、伊斯坦布尔的博物馆里也看到过早于汉代的中国丝绸和陶器。这都表明，早在先秦到秦汉，丝绸之路的文化与商贸交流已经开始。

到公元前240年左右，亚历山大帝国之后的安息王国（伊朗），将欧亚两头的行走合龙，连接成一道桥梁，为贯通丝绸之路做了很大贡献。《史记》记载，张骞第二次出使到乌孙、大宛，曾派副使去安息，对方有隆重的欢迎仪式，这成为丝绸之路在国家层面正式开通的标志。后来因汉朝与安息关系对立，班超本想直接去大秦（罗马）被阻，但他的属下甘英却到过土耳其一带。当年很多波斯商人来中土，愿意改汉姓留居下来。汉唐时期波斯人是"富人"的象征，李商隐曾以"穷波斯""瘦人相扑"作为反话调侃波斯人。

当前提出的丝绸之路经济带，使古丝绸之路上自然经济背景下自发的商贸活动上升为沿途各国经济发展的重要思路，并且进入了全球市场经济总格局。沿途每个国家的政要接受我们采访时，都明确表示丝绸之路经济带也是他们的发展思路，热盼尽快融入。我们忘不了中国石油天然气集团公司、中国铁建股份有限公司、新疆华凌集团有限公司、中国远洋运输集团总公司等大型企业为丝绸之路经济带建设踢出了漂亮的头三脚，我们也希望陕西大型企业能更快进入。中亚诸国和土耳其、希腊，已经与中国在油、汽、光伏等能源产业、高速铁路、高速公路、集装箱码头，以及森林开采、现代农业方面进行有效合作，赢得了一批硕果。

古今丝绸之路上，民间自发性商贸和规模化的经济往来、现代市场，完全是两个境界两重天。

丝绸之路——民族团结之路

从张骞开始，丝绸之路就是和平、和睦解决民族和国家纠纷的典范。古高昌是西域三十六国之一，玄奘与高昌王结为兄弟，高昌王给了玄奘很多盘缠和沿途通关文牒，帮其顺利前行。玄奘取完经，本可由尼泊尔直接回国，为了感谢高昌王，又特地绕回来，兑现在高昌讲经三年的承诺。

一百多年前，陕甘的回民从黄河流域沿丝绸之路西进到中亚楚河流域，哈萨克斯坦、吉尔吉斯斯坦、土库曼斯坦辽阔的草原接纳了这些异域的子民。他们在那里安居乐业，以自己的勤劳、善良和精良的务农务果务菜技术赢得了许多信任和美誉，成为这些国家一个活力充沛的新群体——东干人。

而祖居楚河流域的乌兹别克斯坦的撒马尔罕人，几百年前也有一支迁徙到中国青海，在黄河岸边的循化骆驼泉定居，成为中国的撒拉族。文化界的许多耆宿在作品中都提到过撒拉族诗人阿尔丁夫·翼人怀念故土的《黄金诗篇》。我到达撒马尔罕那天，翼人发来长长的信息，要我代他在故土向祖先祷告。

在丝绸之路沿线迁徙和融合的民族，现在成了丝绸之路经济文化交流的生力军。东干的陕西乡党，许多年轻人从西安和中国其他地方的高等院校毕业，以他们对故土的感情和中文能力，在当地中石油等中资援外企业工作，或从事与中国交流的其他工作，十分活跃。接待我们车队的人员中竟有四名东干青年毕业于西北大学和陕西师范大学。

丝绸之路——美丽展示之路

丝绸之路真是一条流动着美的画廊。沿途的山川大地，变换着古朴之美、苍莽之美、灵秀之美、凝重之美、高贵之美，几乎穷尽美的各种形态。美丽的山川，烘托并积淀为美丽的民情风俗；美丽的音乐歌舞，宣示着美丽的心灵和感情。

到处都有微笑。大地以起伏的曲线、大山以林木的喧哗、大海以浪涛的涌动迎接我们。人们用歌舞迎接我们，用笑靥和美好的言辞温润我们。面包和盐，咖啡和茶，马和骆驼的奶子，令人望而生畏却又心怀感动的烤全羊、烤牛排，以及纷至沓来的奶酪黄油，伴和着热情和友谊，伴和着新颖美好的民俗民艺，伴和着发展自己国家的渴望，时时感动着我们。

美丽资源、感情资源会化育为美丽和感情的产业、美丽和感情的经济。这是丝路经济新的发展领域，有着广阔的空间。

丝绸之路——国家发展之路

经济文化的合作共进、民族民心的理解交谊一旦形成，丝绸之路沿线各国的合作联姻就有了稳固的基础。从古代开始，丝绸之路就是一条合作之路，就是汉朝联合西域各国围堵阻击屡屡侵犯中国的强敌匈奴的一个大谋略，就是汉朝的政治、经济"连横"。

在人所共知的当下世界政治地图上，中国向西华丽转身，不但提出共建丝绸之路经济带，而且早已通过上合组织、亚信组织全面加强与中亚、西亚和欧洲的友好合作。最近更是有学者明确提出"丝绸之路与上合组织融合发展"的命题。这意味着什么，"你懂的"。

习近平主席同时提出了建设陆上、海上丝绸之路的倡议，最近在访问南亚时得到印度、斯里兰卡等国响应。这又意味着什么，"你也懂的"。

"一带一路"很像一个太极图。陆上丝绸之路是阳鱼，由西安辐射性地朝北欧、中欧和南欧延伸。海上丝绸之路是阴鱼，由我国沿海许多港口出发向南、向西收束性地指向地中海。一阳一阴，一陆一海，将欧亚大陆紧紧相连。这是中国拥抱世界的两个臂膀。

丝绸之路精神就是"走出去、谋发展"的精神

那么，什么是丝路精神？如果可以用个人感受性的语言来表述，我想说，丝路精神，其实就是"走出去、谋发展"的精神。"路"是行走，上路就是走出去，朝外面、朝他乡他国走。"丝绸"是做生意。走出去搞什么？搞和平的友好的经贸活动，不但是物质商品（衣物）而且是文化商品（美丽）的交易。汉武帝封张骞为"博望侯"大有深意，宏博而望，面向世界呀！这是一代英主为张骞的大视野大眼光点赞呀！所以，我们说，张骞是中国走向世界的第一人。

走出去谋发展，要求我们有"博望眼光"和"丝路意识"，逐步将经济社会发展仅局限于内线作战、向心交会的思路改变为同时注重，甚至更注重走出去，在外线作战和离心交会中谋发展的思路。这种"博望眼光"和"丝

路意识"会使我们对许多问题有新的看法、新的做法。

譬如，对西部大开发与关中—天水经济区建设，我们过去可能更多地看重区域经济或国内经济范围内的输血和造血机制，常常把西部当作投资、扶持对象。丝绸之路的博望眼光则让我们发现，一旦面向中亚、西亚，西部自身完全可能成为投资主体。西部可以像新疆华凌集团有限公司那样将资金、人力、物力投资到丝绸之路沿线各国，在丝绸之路经济带市场的大流动中滚动增值，壮大自己，取得加速发展的主动权和国际市场的话语权。

近年来，西方思想界在研究丝绸之路的动力机制时更提出，当代若能由古代丝绸之路的内向超越转向外向超越，促成丝绸之路经济带辐射丝路之外更广大的地区，极有可能促成第二个"文化轴心时代"的到来。这条古老文明线将成为当今世界崭新的经济文化发展线。习近平主席提出创建丝绸之路经济带，不正是要我们朝此努力吗？

"我古老的丝路，一定会对年年投下的种子，报以绿荫！"我绝对相信这位佚名诗人的诗句。

丝绸之路万里行，丝绸之路万里情。

丝绸之路万年青，丝绸之路万古存！

2014 年 9 月 14 日，于中国北京至西安途中

上

张骞之旅

从丝路起点长安，一路向西

车子掠过未央宫——丝路的官方起点，掠过大唐西市——丝路的商贸民间起点，掠过咸阳，掠过乾陵、法门寺，掠过彬县大佛，奔向远方。

在行走中阅读文明，在体验中融通历史，在广袤的西部、无尽的丝路上，收割思想！

今天上午，"丝绸之路万里行"出发仪式在世界园艺博览会长安塔下美丽的湖滨花园举行。陕西卫视现场直播。省市领导出席，并以古代送友人远行的方式，折灞柳以赠。我笑说："李白有词'年年柳色，灞陵伤别'。此去三万里，可以说是灞陵柳色，丝路壮别！"此前，我随各媒体已经到汉中城固和关中茂陵，拜谒了凿空西域、开辟丝路的先行者张骞和决策者汉武帝。我们将追随着他们，他们也会一路庇佑着我们。饶有深意的是，编组时，这次同行的张骞六十七代玄孙张利军正好是我的组长，我对他说："有你小张骞领导我，又有老张骞一路庇佑我，此行一定顺利成功。"

一路烟尘，向西，向西……

这次"丝绸之路万里行"是一次全媒体行动，也是一次空前规模的文化探寻和田野考察，被中宣部、国家新闻出版广电总局列为 2014 年"丝绸之路影视桥工程"重点项目，被陕西省委宣传部确定为文化精品工程，由陕西广播电视台承办。有四十余人参加，分别来自新华社、光明日报、中国国际广播电台、凤凰卫视、陕西卫视、陕西日报等知名媒体。由 15 辆广汽三菱越野车，在近六十天内跑完 15000 公里，穿越三千年历史，足迹遍及八个国家三十八个城市。

"丝绸之路万里行"蓄势待发

　　所谓全媒体行动，不仅指参与的面宽——有屏媒、纸媒、网媒等，而且节目组合带有立体性、全维性，分行走版、对话版、娱乐版、经济版四大版块。由新闻直播专栏节目《丝路进行时》、高端访谈节目《长安与丝路的对话》、人文纪录节目《丝路上的陕西人》、航拍节目《空中看丝路》和《自驾万里到罗马》《长安罗马假日》《挑战10000公里》等七大版块组成。整个节目由著名深度文化记者王志担纲主持。

　　我五十年前本是学新闻专业的，当了二十年报纸文艺副刊编辑和不像样子的记者，而后便钻进书斋成了学者。想不到人过七十，竟又当起了记者，而且参与这么大的采访活动，自是激动异常。我准备每天写一点文字，传回西安。快捷和目击可以增强亲切感、亲历性。这次走丝路，我所着意的在于收割文化，当然也收割友谊、收割美丽、收割快乐。同时冀望通过媒体让更广的接受群体享受到丝绸之路沿线的文化、友谊、美丽和快乐。

　　西部，丝路，承载着民族的西部开发之梦、中华复兴之梦。对我个人来说，也是人生之梦、学术之梦。这是一次圆梦之旅，盼了整整半辈子。我三十年前开始研究中国西部文化，即丝路文化的国内段。二十八年前组织了中国第一次西部文化研讨会并做主题发言。二十六年前写作出版了中国第一部《中国西部文学论》并两次再版，学界过誉，称为中国西部文化研究的理论构建之作，获得"中国图书奖"和"中国当代文学研究成果奖"，对西部文学、电影、音乐的创作实践和西部文化的深度思考，产生了一定影响。

研究西部和丝路，我想冲破惯常的书斋式研究，走一条田野考察的路子，走理论与艺术、文化行为实践结合的路子。为此我跑遍中国西部各地，也到过土耳其、印度、希腊、意大利和其他欧亚国家，做过长安、罗马比较研究，并在罗马的大学就此演讲。我一直向往能对中亚各国，即丝绸之路天山廊道段和西亚段做具体考察。这是我二三十年来的人生之梦、学术之梦。现在，这个梦和西部梦、民族梦融为一体，就要实现了。

我在陕西生活了半个世纪，而且现在就住在丝绸之路的商贸起点——大唐西市旁边。原来都说陕西的地形像一个跪射俑，的确有几分像。我却更愿意说陕西像一把钥匙，陕南是钥匙把，西安是钥匙孔，关中、陕北是钥匙齿。这是一把打开中华文化、丝路文化和人类文化宝库的金钥匙。

现在，就要带着这把金钥匙上路了，就要在欧亚大陆的整体架构中，在人类文明的多维组合中，对丝路做再度认识，发掘其在整个人类文明中的价值与地位，真是三生有幸。作为一个研究者，有这样的机会，夫复何求。

车子掠过未央宫——丝路的官方起点，掠过大唐西市——丝路的商贸民间起点，掠过咸阳，掠过乾陵、法门寺，掠过彬县大佛，奔向远方。

在行走中阅读文明，在体验中融通历史，在广袤的西部、无尽的丝路上，收割思想！

2014 年 7 月 19 日，于中国西安至天水途中

惜别长安城

> 随着车队渐行渐远，我想用抻长了的空间距离，筛选、简化心中对西安的印象，那就是：一颗"印"，两个"心"，两条线。

要离开我生活了五十年的西安两个月，是那么想写一写我与这座城一辈子的缘分。

世人对西安太熟悉。这次丝绸之路申遗，西安就有五处入选世界文化遗产：汉长安城未央宫遗址，唐长安城大明宫遗址，大、小雁塔，玄奘舍利子存放地点——兴教寺塔。这些文化遗存，西安人每天阅读，国内外许多人也耳熟能详，用不着我多说了。随着车队渐行渐远，我想用抻长了的空间距离，筛选、简化心中对西安的印象，那就是：一颗"印"，两个"心"，两条线。

钟楼是西安的中心，也是这座城市的标志之一。我给钟楼撰写过一副对联，现镌刻在入口处的柱子上。上联是：阳春烟景八百里秦川唯此楼坐镇；下联是：大块文章五千年华夏赖斯玺钤印。说的是钟楼坐镇八百里秦川，像一颗金印在华夏历史上盖下了自己的章子。其实确切地说，钟楼只是这个金印上边的瑞兽，整个印章应该是西安城墙周长十几公里的那个方框。西安城外的曲江池，则是一池上好的印泥了。这副对联极言了西安在陕西乃至中国的重要性。长安应该是中国乃至世界古代史的上编中最精华的篇章，又是中国现代史中昂扬向上的旋律。

如果说中国地图状若一只朝东司晨的金鸡，那么西安则大致处于这金鸡的心脏部位，谓之"鸡心"应不为过。又如果说，整个中华民族的历史文化有如一部内存很大的电脑，那么不夸张地说，西安完全可以称为这部电脑的

"机芯"，这是"心"之又一谓。此为"长安二心"。

西安的东西走向，朝着北纬34.5°展开，南北走向，朝着东经109°伸延。这两条线非常神秘。

北纬34.5°，朝西安之东看是中国的古城线。西安、洛阳、新郑、安阳、开封，大致都在这一纬度上。朝西安之西看，又正好是丝绸之路联结着的世界古都线。两河流域的古巴比伦、古希腊、古罗马、古埃及、古波斯文明，大致（当然只是大致）也在这一纬度上。世界四大古都西安、开罗、罗马、雅典，还有伊斯坦布尔，也都大致在这一纬度上。这条纬线是中国和世界历史与文明的命脉。

东经109°左近，又是中国历史的浓缩，华夏各个历史阶段的身影在此频频出没。由南往北看，蓝田猿人，半坡仰韶文化，黄帝文化，周、秦、汉、唐文化，延安革命文化和西安事变，在这条经线上演出了一幕幕鲜活的历史剧。我们民族许多关键时期都在这里领取通关文牒。阿房宫、未央宫、大明宫、大雁塔、明城墙里，隐藏着多少曲折迷离的人物和故事。

古丝绸之路的出发点，在西安城里其实有好几处。国家使节张骞就是从未央宫出发的，民间商贸驼队则从西市出发，唐玄奘呢？则是在皇帝没有给他通关文牒的情况下，偷偷西行的。他们的出发点都在这座古城。

有意思的是，正如我在《西京搬家史》一文中写到的，半世纪中，我在西安搬过五次家，竟离不开钟楼附近、城墙内外、兴庆宫与丰庆宫对门，与历史好有缘分。我天天穿过城墙和碑林上班，竟无暇顾及汉鸿儒董仲舒之墓和唐花萼相辉楼。我在城墙下拣过秦砖汉瓦。我的儿子在城墙根的开通巷小学和西安高级中学上了十多年学，爬着城墙玩大。妻子是西安交大教授，每天路过交大校园里的西汉墓壁画二十八星宿天象图去给学生讲课。而最近十年，我们家竟然又落脚于唐代西城墙遗址附近，儿子则住进了大唐西市的社区，干脆住到丝路的起点上来了。两代人的命运就这样和古城相交，和丝绸之路相交。

这些年来，我写了许多研究长安文化的论文和散文，怀着一腔热爱解读三秦和古城，也痛切地针砭这块土地上的各种弊病。甚至一度被口诛笔伐，一度又被父老乡亲称为"古城文化代言人"。

北京奥运会火炬传递到西安时，受邀去中央电视台做现场嘉宾解读。我讲过西安大致有三个生存圈。一个是城墙内，古典生存或古风生存圈。一个是二环、三环，现代生存圈，这里有高新区、经开区、大学区、曲江新区、浐灞新区和三星国际社区，商贸金融十分发达，成为西安最具竞争力、最有青春气息之处。第三个是由秦岭山麓、西咸新区、渭河两岸和浐灞水乡合围起来的生态生存圈。这里环境好，是田园山水之城，适合绿生存、慢生存。三个生存圈记录了西安的历史脚步。

奥运火炬经过朱雀大街时，我讲过韩愈写的"天街小雨润如酥，草色遥看近却无"的名句，天街就是当年的朱雀大街啊！我讲玄奘取经回国，唐太宗如何派大臣房玄龄出朱雀门迎接这位丝路归来的文化大使，并在慈恩寺专门为他修建大雁塔，以供收藏、翻译佛经之用。

如果以前还更多的是沉浸在古城浓郁的文化中不能自已地陶醉，这次丝路之行，我将会把生死相依的故乡放在新的时空延长线上，放在国际丝路、全球发展的更大格局中，重读我的故乡——西安！

2014 年 7 月 19 日，于中国天水

炳灵寺，文化旋涡

一队三菱公司组织的"色友"（摄影之友）追上车队，一阵猛拍乱扫，得意而去。我第一次遇见"好色族"如此疯狂，很理解他们——我自己就是叫写作、书法癖好弄得疯狂的人。

宝鸡是我们离开西安后的第一站，我们把第一个问候送给周文化之乡。宝鸡给了我们第一个通关文牒，并且送给我们三样礼物：一坛西凤酒；一幅剪纸——展示宝鸡的"姑娘手"；最引人注目的是一块车轱辘大、一拃厚的锅盔馍，引得《光明日报》社会活动部主任胡斌、主持人王志和凤凰卫视主持人田桐拍了又拍，馋涎欲滴。

在宝鸡去天水的路上，一队三菱公司组织的"色友"（摄影之友）追上车队，一阵猛拍乱扫，得意而去。我第一次遇见"好色族"如此疯狂，很理解他们——我自己就是叫写作、书法癖好弄得疯狂的人。

麦积山石窟列入了"丝绸之路"世界文化遗产名录。麦积山石窟与敦煌石窟、云冈石窟、龙门石窟三大石窟齐名，早为世人熟知。在那麦秸垛式的山体中，一圈一圈集中了那么密集的洞窟、佛像，像个塔式的、柱形的高层展览厅，实在世所罕见。承载着这股文脉，天水后来成为秦文化的源头。在这里牧马的秦人沿渭水一路向东，追着太阳迁徙建国。平阳—雍州—泾阳—栎阳—咸阳，一路壮大。几年前我受邀来这里的"陇右讲堂"讲过学，发现这里的人爱用叠音词：瓜瓜、揉揉、搓搓，用作小吃的名称，且不说它了。

我想抓紧时间说说天水往西偏南，临夏回族自治州积石山方向的炳灵寺石窟。此乃丝绸之路要冲，名列"丝绸之路"世界文化遗产22个项目之中。

当年晋代名僧法显，就是从这里渡黄河，取道青海到流沙（即今塔克拉玛干沙漠）去印度取经的，历史文化价值应不输于敦煌。这次行程虽没安排去那里，但我还是想谈谈，权作一次神游吧。

炳灵寺169号窟第六龛，卷书题记曰："建弘元年岁在玄枵三月廿四日造"（420年，西秦）。第三龛存有"大代延昌四年"的造像题记。第169窟的题记是迄今为止我国现存石窟中有明确纪年的最早造像题记，比敦煌莫高窟最早的题记还早一百多年。当时经过多年修造扩大，炳灵寺成为仅次于敦煌石崖寺、具有汉藏两种风格的著名石崖寺。老一代史学家范文澜在《中国通史》中，认为这个寺和莫高窟、麦积山并驾齐驱，有同等的历史和艺术价值。

炳灵寺的169号窟可以说有"五最"，它是这个寺规模最大、年代最早、内容最丰富的洞窟，又是各类造像最多的洞窟，还是各种故事最多的洞窟。洞窟是天然石洞，现存佛龛24个，全是浮雕，雕像112座，为该寺第一。创建于北周的第六窟，南北雕有菩萨立像各一尊，壁上绘有宝树、千佛。千佛在两树之间，如同在广阔茂密的树林中静坐修行。其中一棵大树上，有猿猴攀缘、鸟雀停伫，讲述的是"猴王本生"的故事：猴王带领一群猴子在国王园中觅食，猎人围捕，群猴逃离，路遇一深洞，无法跃过，猴王竟以自己的身体为悬桥，让它们逃走；待猎人赶到，只见两只喜鹊栖息在树上，别无他物，只好别寻他处。如此完整的故事，其他洞窟中不多见，很是珍贵。

我在《中国西部文学论》一书中曾经认为，这里，即祁连山与青海湖一带的山南海北地区，汉、藏、蒙古、回几大民族板块衔接交汇，由于民族文化运动力学的作用，这里形成了著名的民族和文化的交汇地区，形成了一个民族杂交的旋涡地带。在这个民族文化旋涡中，许多民族共居一地，相互通婚，甚至信仰也相互交汇转换，而信仰的转换久而久之甚至会导致民族认同的变化。文化的力量在此可见一斑。

长期以来，佛教文化为什么退出、又是怎样退出炳灵寺，一直是一个谜。

炳灵寺唐代弥勒大佛

解释多种多样，倘若从大的民族文化的动态交汇中，恐能找到些许答案。这个寺的造像有别处少见的特点，即汉传佛教、藏传佛教和印度本土佛教在动态中交汇。汉魏以来，吐蕃王朝称雄，逐渐占领了陇右地区，除了吐蕃军人驻扎，还有大批吐蕃移民北上东迁，在炳灵寺创作了大量藏传佛教的雕像和壁画。后来元世祖忽必烈尊藏传佛教为国教。藏族文化大举迁入该寺。萨迦派得势后，又对藏系雕塑壁画做了大量的改造和重绘。到元朝衰落，噶举派取代了萨迦派在西藏的统治地位，藏系文化再度兴盛，洞窟风格再度变化。11世纪，丝绸之路改道，炳灵寺才冷落下来，汉传佛教逐渐退出。18世纪，藏传佛教又在乾隆清廷的支持下大举进入，达到了鼎盛。

在第三窟的"四坡顶方塔"这座唐代风格的佛塔正中，可以见到印度佛塔中常见的覆钵形顶，这种融印度佛塔和中华民族风格为一体的建筑现象，在全国佛塔中很可能独一无二。

处在山南海北地区的炳灵寺，为中华文化的多民族融汇做了千古恒在的"物证"。

2014年7月19日，于中国天水

水车转出西部黄河风情

林带隔成的方块条田渐渐少了，被漫山遍野驼队似的山丘所替代。说是驼队还真的不假，绵延到远方的小山包披一身驼色的尘土，土圪梁梁上稀疏的丛生小树，恰似驼峰浅褐色的绒毛。这长长的驼队缄着口，聚着力，无声无息地在西部大地上行走，向着远方起起伏伏。

"风沙淹没了烽火台，塑造起历史的驼峰。"我想起一首"新边塞诗"中的句子。快到兰州了！

过了天水，横穿陇西，向着永登、兰州驰去，车辆编着队在高速路上默默前行。这里用"默默"二字其实是指表面，现代先进的各种车载电子设备极为完备，使得整个车队成为一个可以随时沟通的活跃的整体。车内装有对讲微信、可视行驶仪以及 Wi-Fi，国旅的头车随时指挥、管控整个车队的队列速度、方向、避让、行止，使 15 辆车一直保持编队，各车之间不但可以视频聊天，空了，还相互调侃，出节目。《光明日报》社会活动部主任胡斌建议专门开设一档《丝路进行时》，专门报道车内情景和采访。此议一出，经济学家张宝通和我第一个中枪——要我们各讲了一段关天经济区和西部文化。陕西广播电视台交通广播主持人刘烨组织各车成语接龙，到时接不上则表演节目。我第一次参与这种自驾游，想不到途中的车内生活会如此丰富。

林带隔成的方块条田渐渐少了，被漫山遍野驼队似的山丘所替代。说是驼队还真的不假，绵延到远方的小山包披一身驼色的尘土，土圪梁梁上稀疏的丛生小树，恰似驼峰浅褐色的绒毛。这长长的驼队缄着口，聚着力，无声无息地在西部大地上行走，向着远方起起伏伏。

"风沙淹没了烽火台，塑造起历史的驼峰。"我想起一首"新边塞诗"中的句子。快到兰州了！

公路开始与黄河或远或近地相跟着，在地平线上竟无意中看到了水车。一部老式的黄河水车，在黄河浪的推动下，正像城市公园的摩天轮那样悠闲地转动着，淋漓抛洒的水花播撒着夏日的阳光。那大概是一个景点，我想。在电气化、电子化的今天，传统的水车早已将自己的实用功能转化为审美和娱乐功能了。

兰州因黄河而名，因黄河而秀，是一座黄河穿城而过的大都市，有着中国第一座跨越黄河的大铁桥，还有牛肉面、羊皮筏子，以及我下面要谈的黄河水车。

水车，当地又名天车、翻车，它的出现改变了古代高处地块无水可浇的局面。中华人民共和国成立前，甘肃境内的黄河上有三四百辆水车，河水顺流而下，几百辆水车呼呼转动着，构成一道美丽而又独特的风景。清凌凌的河水汩汩地流进干涸的土地，发出旋律般吱吱的响声，庄稼噼啪拔节，好似音乐的节奏。土地和庄稼解渴时那种美滋滋的感觉，流进劳动者的心里，真无法用语言表述，那味道肯定是甜甜的。兰州也被人们称为"水车之都"，水车使它拥有了大面积的水浇地。

兰州水车是怎么来的呢？

一说房贵最先引进水车。水车最初发明于东汉。到唐宋之时，"翻车，设机车以引水"。水车遍及中原江南各地，也成为文人骚客吟诵的对象之一。到元明时期，水车已被载入各种农书。水车传入甘肃大约在明代。担任过兰州卫指挥使的房贵从南方引进了水车。房贵，安徽庐州（今合肥）人，由汉中调任兰州卫指挥使。他积极兴修水利，在黄河边筑堤开渠引水，从老家安徽引进仿造了"天车"，安置在靖远县城北，称为"房家车"。人们纷纷仿效，水车便在黄河岸边推广开来。

二说段续是水车本土化的肇始者。他使南方水车在兰州大规模本土化。段续在明嘉靖二年（1523）进士及第，先后在云南、河南、湖广当官，后辞官回乡。在湖南的日子里，段续详细考察了水车的构造原理，绘图制样带回家乡，一边教书，一边仿制。南方的水车是用竹子做的，兰州没有竹子，他便以黄河边木质厚实、不易腐烂的榆树和柳树代替。黄河水冲力大，他便放大水车尺寸，加大辐条密度。兰州水车外形酷似古式车轮，轮辐直径大的20米左右，小的也在10米以上，可提水15—18米。

段续的水车被称为"祖宗车"。他造的第一辆水车在段家湾的黄河南河道教场河旁。教场河里曾有十辆一组的水车，称为"十辆车"，光绪年间被黄河洪水冲毁五辆，剩下的五辆人称"五辆车"。

水车让西部干旱地区的农业受惠不浅，一辆水车灌田多者达二三百亩，少则百余亩。清末兰州水车达到157轮。中华人民共和国成立前从青海贵德到宁夏中卫的黄河岸边共有350多轮水车，1952年时兰州还有252轮，总灌溉面积达到10万亩。

在现代农业快速发展的今天，兰州黄河水车已经成为旅游的亮点，成为古代中国人民智慧的印证，也是黄河风情的重要符号。想到黄河就这样世世代代用自己的乳汁灌溉两岸的土地、哺育两岸的子民，在感恩中平添了一分感慨。

2014 年 7 月 20 日，于中国兰州飞天大酒店

丝路与长城在这里握手

丝路与长城是人类文明和中华人格永存的图腾。

丝路是融入，让中国融入世界，让世界融入中国。长城是坚守，坚守世界格局中的本民族质地。丝路是开放发展，长城是对开放发展成果的保卫。长城是战争的产物，丝路是和平的引言。

两位巨人在中国北部的大地上疾步西行。一位从北纬40°的山海关出发，它的名字叫万里长城；一位则从北纬34.5°的长安城出发，它的名字叫丝绸之路。它们像中国古代神话中的英雄夸父，在不同的时空中沿着两条平行线，向西，向西！

丝绸之路与万里长城，是中华民族的两大创造，千百年来成为中国历史的两大标志。它们西行到了甘肃河西走廊，一位稍稍偏北，一位稍稍偏南，蜿蜒的足迹渐渐形成一个美丽的夹角，终于在嘉峪关来了一个华丽的交会。人类不同时空的智慧结晶，在西部碰撞出耀目的火花。"嘉峪"在匈奴语中意为"美好的峡谷"。是的，它虚谷以待，在自己的怀抱中举行了人类两大文明成果壮丽的交会仪式。张骞与霍去病隔着时空在嘉峪关下紧紧握手。

秦长城在这里终止了它的旅途，汉长城继续前行入疆，而丝路则远走异国，把中国人的目光带到中亚、西亚、中欧、南欧，带向世界更广阔的天地中。中华文化从此犹如涨潮的海、无声的波，融进了世界的交响。

同为宏大的创造性的工程，万里长城是一条实线，像绵延不断的军阵、森严的盾甲和铁壁，每个城堞都凝结着中华民族的古典智慧和文化成果。丝绸之路是一条虚线，像硕果丛生的长藤，将汉唐长安城、麦积山、敦煌、交河故城、楼兰遗址、克孜尔千佛洞，一直到国外的撒马尔罕、碎叶古城、伊斯坦布尔、雅典、罗马连接起来。几乎串联了欧亚文明所有的珠宝，形成了世界古文明无可争议的中轴线，像一条华贵的项链在北半球的胸脯上熠熠闪光。

丝路与长城于是成为人类文明和中华人格永存的图腾。

不过它们又是那么不同，那么易于区分。正是这种"不同"的和谐共存，显示出人类智慧的多样性和多维性。也正是这种"和而不同"的交汇，显示出嘉峪关的文化地位。

丝路是融入，让中国融入世界，让世界融入中国。长城是坚守，坚守世界格局中的本民族质地。丝路是开放发展，长城是对开放发展成果的保卫。长城是战争的产物，丝路是和平的引言。长城以武力争斗处理民族和国家关系，所以让蒙恬、卫青、霍去病出面，所以在长安通向北方的路上，给我们留下了络绎不绝的拴马桩和烽火台。丝路则在探索以友谊、以商业、以文化交流，以政治结盟处理民族和国家关系的新路径，所以派张骞、班超作为大汉使臣出面。这样便有了丝绸、瓷器、茶叶等中华文明的西行，有了胡椒、番石榴、胡乐舞的东渡。张骞成为我国有史可查的、较早的外交政治家和对外商贸、对外文化交流的使者。

对入侵者伸出铁拳，对朋友伸出双手——中国人自古以来就是如此。深究一步还可以看出，长城又在以自己的防御功能宣示，中国人若动干戈，从来都是防卫，从来不轻易出拳。丝路则宣示了我们结谊天下的主动性，我们愿意先伸出双手去不断结交新朋友。——这也是秦汉以来直至今日，中华民族的一贯传统。过去、现在，今天、明天，我们都在以"长城"和"丝路"两个象征物向世界昭告这个传统。

当然，即便是铁血长城的武力捍卫，最终还是为了和平。中国文字中这个"武"字真是饶有深意，它传达的意思便是"止戈为武"。以武止武，以

嘉峪关内的西部古长城

武会友，方为大道。这大道，最终就是和睦和谐和惠之道，共通共建共赢之道。

　　昨天我们在张掖又看到了丝路和长城一个新的交会点，那是已经畅通的高速公路和正在修建的高原高铁，和汉、明长城遗迹交会而过。古长城成为新丝路的历史见证人。

　　丝路与长城，实在很值得做一番比较研究，在比较中思考这两座纪念碑丰富而又深刻的象征性内涵。嘉峪关市已经成立了丝路、长城文化研究会，举办了这方面的学术讲座。还在筹办丝路·长城（国际）音乐节以及其他相关文化活动。我想，这不但突显了自己的文化优势，而且是深层开掘"丝路—长城"文化的有益尝试。

　　重走丝路，又到嘉峪关，远去了的篝火重又在大漠路上燃起，远去了的鼓声重又在城堞之间回响。

2014 年 7 月 24 日夜，于中国嘉峪关

丝路翔龙，敦煌点睛

这些洞窟和佛像在不能立足的峭岩上立住脚，在无法生根的坚硬中生下根。远古的风，将大地的沙石吹起来，站成一排排佛像；也是风，又将太阳的黄金洒在佛的脸上、身上。

敦煌是丝路的点睛之笔。

这个题目，是我在今天上午敦煌市的通关仪式上代表"丝绸之路万里行"媒体团书赠给敦煌研究院的题词，由德高望重的樊锦诗院长接受。

每次来敦煌，都同样震撼，它总能引发你的感觉爆炸。敦煌包括莫高窟、西千佛洞、安西榆林窟，共有石窟735孔，壁画5万多平方米，是我国乃至世界壁画最多的石窟群。想用一两篇短文来写它，不但不可能，简直是大不恭敬。这些洞窟和佛像在不能立足的峭岩上立住脚，在无法生根的坚硬中生下根。远古的风，将大地的沙石吹起来，站成一排排佛像；也是风，又将太阳的黄金洒在佛的脸上、身上。

敦煌是丝路的点睛之笔。

丝路是一条翔于西天的金龙，敦煌绝对是画龙点睛之地；丝路是一杆秤，长安作为起点，是提纲挈领的绳纽，敦煌就是秤砣。只有它们才能称量出中华文化、丝路文化的分量。很少有地方像敦煌一样强烈体现出丝路文化的核心精神——开放与融汇精神。它简直是人类文化交融的一个活标本。

敦煌壁画从内容上看，是俗人现实生活与神灵幻象生活的交汇。俗人生活富有生气，生动鲜活；神灵生活则庄严隆重。让我想起自己给朋友们常写的一副对联："庄严世界还需佛，点染春光也要人。"

将"丝路翔龙，敦煌点睛"书法作品赠送给敦煌研究院名誉院长樊锦诗，感谢几代敦煌人对民族瑰宝的辛勤守护

从壁画的题材和样式看，故事画与山水画交汇。故事画是宗教故事在时间坐标上的展开；山水画则是自然万象在空间坐标上的展开，它可以说是中国青绿山水的正源鼻祖。

从表现手段上看，是浪漫变形与写实再现手法的交融。早期壁画，多以夸张变形突出神灵形象超凡的特征。隋唐以后，写实性渐浓，重视人体解剖，融进了罗马、希腊的画风。

从技法上看，因画中俗人多为汉人，常采用中土的线条勾勒，适当融入西画的明暗晕染；神灵多在西方、中亚、南亚，则重晕染，也采用油画的凹凸法，显得凝重而有立体感。看来，西方的艺术精神和技法，此前已经通过波斯文化与印度文化的传递到达了西域之地。

如此完整地探索外来艺术与本土艺术的融汇，敦煌既是开先河者，又是集大成者。敦煌凝聚着丝路精神之魂。

敦煌又是丝路的伤心之地。

它在元代以前的几百年保存得基本较好，发现藏经洞后，斯坦因、伯希和、鄂登堡等外国探险者先后潜入，盗买骗购走了大量敦煌经卷和壁画。现在英、法、俄收藏的敦煌文书都超过了万件，而中国国家图书馆只藏有8000多件，出现了要到欧洲去研究敦煌学、"敦煌在中国，敦煌学在日本"的倒置！国学大师陈寅恪1930年在《敦煌劫余录序》中痛切地说："敦煌者，吾国学术之伤心史也。"其实何尝不是吾国民族之伤心史呢？

我今年去英国，参观了大英博物馆，以前还去过美国纽约的大都会博物馆和法国巴黎的卢浮宫，看到他们从中国、古埃及、古希腊以及拉丁美洲一些国家弄来了那么丰富的馆藏品，心里打翻了五味瓶，痛惜、伤感、激愤、惭愧，也有如见流落异乡亲人的亲切感。有些藏品保存得很好，又心生几分慰藉。

去年我去美国宾夕法尼亚大学博物馆看望流失在那儿的昭陵六骏中的两骏：飒露紫、拳毛骓。之前好些企业界的朋友听说了，真诚地表示，若能买回来或请回来做一次六骏团圆的交流展，出多少钱都乐意。从美国回来后，我一位一位给他们去电话，安慰他们：飒露紫和拳毛骓在那里待得挺好，但回家的路很远。大家无不唏嘘叹息。

尽管我明白，像敦煌这样的文化瑰宝，早已是人类文明共有的财富，我心里还是在流血。为敦煌伤心，为丝路伤心，为积贫积弱的近代中国伤心，也为掠夺者和王道士的贪婪和愚昧伤心。敦煌的洞窟像一双双深邃的眼睛，在期盼着它的祖国强大，它的同胞有出息！

有人说，在自然和人为的销蚀损坏中，一千年后敦煌将会消失，此说不无道理，但我相信越来越多的高科技手段，足以让莫高窟延年益寿。现在的保护工作十分科学、精细、严格。我们一到达，就受邀参观了敦煌数字研究院，观看了他们用高科技的5D，甚至8D手段制作的敦煌壁画数字电影。有了数字化的保存，谁能说一千年后敦煌将会消失呢？

永远让我们自豪、让我们赞美、让我们纠结的敦煌！

说不尽的敦煌！

2014 年 7 月 26 日夜，于中国敦煌飞天大酒店

好一脉莽昆仑

西部的风以百年、千年为时间单位，将这里的岩石和土坡塑造成一幅幅雕塑，有横刀立马的孤胆英雄，有千军万马的战争全景，呼啸而过的马队，孤独的牧羊人和他的羊群。一切都有了生命有了生气。整个世界无处不有呼吸和心跳。

戈壁，戈壁，戈壁。在漫向天际线的戈壁尽头，昆仑山一直沉默而执拗地注视着我们。它以静制动，以无声胜有声，用气场无处不在地笼罩着我们。喧闹的车内忽然沉默了，大家都默默地望着昆仑，感受着它那万古永存却又缄口如瓶的宏大气场。在就要告别天边的昆仑，进入新疆天山廊道的一刻，我必须回首说说这座伟岸至极的圣山。

车窗外闪出了雅丹地貌，西部的风以百年、千年为时间单位，将这里的岩石和土坡塑造成一幅幅雕塑，有横刀立马的孤胆英雄，有千军万马的战争全景，呼啸而过的马队，孤独的牧羊人和他的羊群。一切都有了生命有了生气。西部告诉我们的是，整个世界，整个宇宙，无处不有呼吸和心跳。

这比我去年冬天去柴达木看到的高原，鲜活多了。那次冒着零下30摄氏度的严寒，在3000米海拔处西行，就是想感受一下冬的昆仑、冬的高原，顺便参加"大昆仑文化高峰论坛"，交流一下研究成果。会上，中国作协书记处原书记，青海省委常委、宣传部部长吉狄马加给我发了一个"大昆仑文化杰出文艺理论奖"，令我很是惭愧。那主要是因为二十多年来对西部文化的研究，催动我老而不懈怠吧。

关于昆仑山的界域，人文地理学界有争论，越趋精确争论越凶。我从文化坐标上只想对这座山取一个模糊的说法。这座山恐怕是中国最高最大的山，平均海拔五六千米，山表面积 50 多万平方公里，两个陕西还不及它。昆仑山一把将青海、四川、新疆和西藏揽进自己的怀抱。

我心目中的昆仑山，大致可以用六个词来表述，就是山之根，河之源，族之祖，神之脉，玉之乡，歌之海。

山之根，昆仑山是"万山之祖"。昆仑山是中国西部山系的主干，由它生发出来的支脉和余脉遍布西部大地。从山系角度看，祁连山、巴颜喀拉山，甚至一直到秦岭，都可以收入囊中。

河之源，昆仑山被称为龙脉之源。在这无数的雪山中，流出了世上最纯净的水，形成了长江、黄河，浩荡奔腾到太平洋。同时还形成了塔里木盆地与柴达木盆地的内流水系。

族之祖，古代居住在昆仑山下青海高原的羌人，曾是北方大族。羌、姜本一字，姜姓部落集团是羌人的一个分支，都以羊为图腾，后来成为古中原地区著名的民族共同体。它是"华夏族"的重要组成部分，从三皇五帝到春秋战国，这个族群在中原始终占有重要地位。后虽与汉人杂居而相融汇，其分支至今仍在岷江、嘉陵江上游传承繁衍。

神之脉，昆仑山被称为"万神之山""中国第一神山"。中国神话有两个大系列，即东部的蓬莱神话系列和西部的昆仑神话系列，一海一山，构成中华民族丰富的神话世界。西王母神话系列，以及相关的穆天子、瑶池这些昆仑神话中的人物场景，经由世代传说和文艺作品的传播，早已家喻户晓。

玉之乡，昆仑山亦称玉山。《史记·大宛列传》写昆仑山时即有记载："其山多玉石，采来，天子案古图书，名河所出山曰昆仑云。"昆仑玉与和田玉产出地段东西距离 300 公里，处于一个线矿带上，质地细润，淡雅清爽，是国家地理标志保护产品，曾作为北京奥运会的奖牌用玉，是白玉产业一大品牌。

在雄伟的昆仑山中盘旋

　　歌之海，以"花儿"和玉树歌舞为代表。以赛马会、那达慕、九曲黄河灯会、土乡纳顿节、热贡艺术节、撒拉族艺术节而显出无比斑斓的民族民间艺术，使昆仑山下青海湖边成歌之海、诗之海、舞之海。李白"若非群玉山头见，会向瑶台月下逢"，写的就是昆仑山。近年青海省在青海湖畔连续举办国际诗歌节，更使昆仑之歌诗走向世界——那可是每年几十个国家、国内每个省的诗人都来这里聚会的呀！

　　昆仑山的雪域高原上，不但行走着张骞、班超，还行走着玄奘、文成公主，行走着我们的地质工作者、铁路公路建设者、油田开采者，行走着世世代代在这里繁衍生息的兄弟民族与汉族的同胞，是他们将唐蕃古道和茶马古道与丝绸之路连成一体，在西部大地上构成了一个古道交通网络。这个网络正在实现现代转化，转化为公路网、铁路网、电网、航空网，还正在转化为高速公路网和高铁网。

　　昆仑文化有了新的内涵，昆仑高原有了新的高度，昆仑人有了新的活力！

2014 年 7 月 27 日，于中国哈密加格达宾馆

"这个世界的启示在荒野"

太阳光耀的圆，正在渐渐地接近地平的直线。接近的速度似乎可以感觉到。它们相交的瞬间，球体在地平线上轻轻回弹了一下，相切点上瞬间爆发出炽烈的弧光，太阳和大地便在这炫目的光芒中熔铸到一起。几乎同时，一阵凉风，贴着地皮掠过……

车过石河子，一直沿着天山北麓飞驰。天山白色的冰川雪帽，戴在钢铁般的骨架上一动不动，像哲人俯瞰着西部大地，沉着而饶有兴致地注视着这个车队，注视着这些重闯西部的张骞后裔。怪不得山名称"天山"了。其实，祁连山的"祁连"二字，蒙古语的意思也是"上天"。山岳给予我们心灵的，永远是天空般的崇高和宏阔。夕阳之下，沙砾覆盖着的大地，在车窗外旋转成一个扇面。沙柳和沙棘，在不能直立的飓风中立住了脚，在无法生根的坚硬中长出了根。

太阳光耀的圆，正在渐渐地接近地平的直线。接近的速度似乎可以感觉到。它们相交的瞬间，球体在地平线上轻轻回弹了一下，相切点上瞬间爆发出炽烈的弧光，太阳和大地便在这炫目的光芒中熔铸到一起。几乎同时，一阵凉风，贴着地皮掠过，晚风悠悠袅袅地飘散开来，给大地轻轻地敷上一层纯青、一层淡紫，直到天地混沌成昏暗的一片。

三十多年来，我几次穿过河西走廊，沿天山西进，还有两次是从青海海北藏族自治州的大草原，翻过祁连山去张掖、敦煌。有一次，在山南的绿色原野上，突然遇上了裕固族鲜艳无比的马队——原来是接新娘子的队伍。我们的车整整跟行了半个多小时，好好领略了一番兄弟民族的婚嫁风情。

几十年过去了，在驰骋中跳出的这彩色回忆，让我想起一句名言："这个世界的启示在荒野！"这句话荒野哲学家梭罗、荒野生存的先行者利奥波德和荒野美学家托马斯·科尔都反复说过。他们毕生与大自然打交道，悟出了这个道理。

为什么"这个世界的启示在荒野"？因为发达地区是已开发地区、资源已利用地区、发展机遇正在过去或已经过去的地区，大都成了现在时和过去时。未开发的荒野，才是潜力和机遇最富集的地方、资源保存最佳的地方。荒野是未开垦的处女地，是真正的未来时，真正的希望所在。

荒野的启示还因为它在文化上有一种"隔离机制"。交流是经济、社会发展的必要条件，这大家都知道，都重视交流。但隔离可以从另一个角度促进社会发展，却不是人人都能想到的。隔离可以保存文化特色，隔离是地域文化个性形成的必要条件。文化个性的丧失，常常和过度交流有关。交流往往只能促进同质文化的批量生产。这也许是有些国家为了自己民族的文化安全，对现代化保持警惕的原因吧！

荒野对飞速发展的现代社会，还有一种价值平衡、文化叩问的象征作用。对于此岸喧闹繁华的社会生活，荒野像彼岸宁静淡定的精神世界，像灵魂的清洁剂和平衡仪。雪山大漠让被异化深深伤害的人类回到大自然朴素的原点。人类世世代代都在读着高峰与雪山的对话，温习其中史诗般的句子。荒野无语，却何等让人敬畏！

从世界文化地图上看，欧亚大陆像一片四轮葡萄叶。世界四大古文化——地中海文化、波斯文化、印度文化和中国中原文化恰好位于四个叶端。由于靠近海洋，经济与文化发展较早，形成了四大古文化区。葡萄叶的叶掌，则是以帕米尔山结为核心的大高原、大雪山、大戈壁。这里生存条件不佳，文化经济因隔离而滞后，四大古文化开始只能在隔离中独自发展，反而形成了各自的个性，最后又必然向叶掌的文化低谷汇流。我们称之为多维文化的向心交汇。

这种向心交汇，使中国西部形成了四圈四线的文化交汇地图。四圈，即新疆伊兰文化圈、青藏吐蕃文化圈、蒙宁西夏文化圈、陕甘儒道释文化圈。这四圈鲜明地反映着地中海文化、波斯文化、印度文化、蒙古文化和中国中原文化在西部不同程度的交融。四线，即将这四圈文化和世界四大古文化连成网络状的丝绸之路、唐蕃古道、草原丝绸之路（秦直道）、南方丝绸之路（茶马古道、茶盐古道）。

但是，在世界文化格局中，同时还有另一种文化交汇。这就是世界四大古文化，通过海洋辐射到美洲、澳洲和非洲部分地区，和那里的本土文化融合。这种交融不是内向的交汇，而是外向的辐射性交汇，我们称之为多维文化的离心交汇。离心交汇孕育的美、澳、非（主要是南非）新大陆文化，在深层结构方面，和中亚文化、西部文化有相似之处。尽管两者处于不同时空，发展有很大的差异，但内在的同构却使它们在这里那里产生自觉的呼应和不自觉的感应。

新开发的大陆即美、澳地区，已经发挥了多维文化交汇的优势，先后成为发达地区。西部和中亚如何发挥多维交汇的文化优势，不仅使内在结构和现代文明相互感应，而且在成果上和现代文明相映生辉，这个任务摆在了我们面前。

我心里有一个世界，那个世界在我心里。

2014 年 8 月 1 日，于中国伊宁

奔向天山

丝路在哈萨克斯坦很热乎

我从中国的苹果之乡陕西来到这座苹果之都，多少有了家乡的感觉，家乡的味道，那种酸甜酸甜、入口入心的香味令人回味。

我原来有一个猜想，丝绸之路在中亚，在国外，可能没有在中国国内这么热，但是，我是完全错了。

车队一过霍尔果斯海关口岸，哈萨克斯坦东干协会会长安胡塞和扎尔肯特市市长，以及哈萨克斯坦东干商会领导便热情地用鲜花迎接我们，并做了简短而极有温度的讲话。然后车队继续行驶，不到半小时，又拐到路旁一个场地上，我们看到了烈日下欢迎人员用手举着的欢迎横幅。这才是正式的欢迎仪式，市长致欢迎词说，扎尔肯特市是丝绸之路进入哈萨克斯坦的第一站，他极感荣耀，近年来中国朋友在这里投资很多，他极为感谢。我听了，感到还有许多工作有待开展，反倒极为不安。

之后，车行又不到一小时，开进了一个喷泉广场。民族乐队正盛装以待，见我们来了，立即鼓乐齐鸣，身着鲜艳民族服装的姑娘们旋转成一个花环，让你目不暇接。原来我们要在这里用餐。举杯前，市长将一幅画着一棵大树的油画送给"丝绸之路万里行"活动组，解释说："当年马可·波罗路过此地去中国，曾在这棵树下休息，而你们的张骞比马可·波罗早了一千多年，更为伟大。"真想不到，扎尔肯特市在短短不到两小时内欢迎了我们三次，更想不到，他们和我们一样，也形成了丝路经济热。我有了一分自豪，三分自信。我们的车队掠过戈壁草原，翻越高峻的天山，然后又进入伊犁河河谷的绿地，真是没有白走。

　　还有更想不到的。午饭后参观一座清真寺，阿訇很自豪地告诉我们，这座著名的大寺是中国工匠洪斌（音）建造的，仿照的是西安清真大寺的风格。他说，西安以西的兰州、乌鲁木齐、伊宁清真大寺都是西安大寺风格。的确，寺里大梁上画的是扇面形的中国花卉，挂的是中国的宫灯，印证了阿訇的话。长安文化、中华文化对丝路沿线的深刻影响显而易见。

　　去江布尔州塔拉兹途中，一辆警车拦下我们问："你们去哪里？"答一直去罗马，交警竖了竖大拇指，拦住对面来的所有的车为我们让行。我们直奔市里安排的经济文化交流对话会场。

　　哈萨克斯坦面积超乎常人想象，270多万平方公里，比新疆、青海、甘肃加起来还大一点，居全球第九位。阿拉木图是丝路重镇，曾经是哈萨克斯坦首都、中亚第一大都会，现在仍是哈萨克斯坦最大的城市以及经济、文化、科技金融中心。这里自古以来渗汇了欧亚文明和土耳其文明、东正教和伊斯兰教文明，是地道的文化之都。全城绿色覆盖达50%，水声如乐，是生态之都。生产总值占全国的20%，约4000亿元人民币，与西安市相当，是经济之都。她还是中亚最大的金融中心，有中亚最大的银行，有证券交易中心，和底特律、曼彻斯特处于一个量级，是金融之都。她有东方的典雅、西方的高贵，居民消费水平和质量都很高，时尚而奢华。

　　早餐时，我们选坐在风凉清新的阳台遮阳伞下，俯瞰这座中亚名城。车辆、道路在浓荫的缝隙中穿行，阳光给楼房镶上金箔。不见苍蝇，倒有三两只蜜蜂在牛奶与果盘上嗡嗡地盘旋。

　　当然，她首先是苹果之都。在哈萨克语中，"阿拉木图"的含义就是"盛产苹果的地方"，就是"苹果之城"。驱车从大街小巷走过，树上飘着苹果，晒着美丽。随处可见苹果形状的标记和装饰。在全市最高的建筑电视塔前，有个广场喷泉，水柱就从正中间的大理石苹果中喷薄而出。各大市场都有和苹果有关的工艺品出售，我买了一个苹果石雕钟，带回去好永远记住在阿拉木图的美丽时刻。

在当地，苹果是丰收、健康、美丽的象征，是男女联姻的标志。婚礼上，新郎新娘要互赠苹果，接受这一份爱和幸福。这里苹果的最大品牌叫阿尔波特，阿尔波特苹果色泽鲜艳，香甜多汁，极具营养价值，曾在巴黎博览会上获奖。苏联时代，阿尔波特苹果是克里姆林宫的专用果品。

我从中国的苹果之乡陕西来到这座苹果之都，多少有了家乡的感觉，家乡的味道，那种酸甜酸甜、入口入心的香味令人回味。陕西苹果产业近年来迅猛发展，已经在产量、质量、加工转化、市场营销各方面处于全国领先地位。陕西、阿拉木图两个苹果之乡，近几年正在实现强强联合。

王志与哈萨克斯坦前总理捷列先科上午有场对话。总理到中国十多次，由于有东干人士牵线搭桥，与陕西关系尤其密切。他与娄勤俭省长见过面，娄勤俭省长还来过阿拉木图。在与当地企业家、学者的座谈会上，许多人都表示了希望中国及陕西来投资的愿望，当然远不只果业，还有石油、天然气、风力发电，直到工艺美术品市场的开发。

车队在公路上飞驰，两边是一望无际的大草原、大庄稼地。哈萨克斯坦人均耕地20倍于中国，牧民的潜在财富更令人羡慕，动辄就说我家有一条河、一片山坡、几千头牛马。大家开玩笑说，真想移民了，为了这美丽的草原，这一望无际的未开垦的处女地。

丝绸之路经济带快捷地把中国及陕西推到世界舞台上。

2014年8月4日，于哈萨克斯坦阿拉木图至陕西村途中

阿拉木图与冼星海

这遥远的异国都市，有一条冼星海大街，是 1998 年 10 月 7 日命名的。还有冼星海纪念碑和故居。原来中国作曲家冼星海 1943—1945 年曾居住在这座城市，并在这里创作了多部音乐作品。

阿拉木图虽然已经不是首都，但在哈萨克斯坦的地位依然首屈一指。1991 年 12 月 21 日，除波罗的海三国和格鲁吉亚外的十一个苏联加盟共和国在这里签署《阿拉木图宣言》和《关于建立独立国家联合体协议的议定书》，12 月 25 日，戈尔巴乔夫宣布辞去苏联总统职务，标志着苏联的解体。这遥远的异国都市，有一条冼星海大街，是 1998 年 10 月 7 日命名的。还有冼星海纪念碑和故居。冼星海大街与拜卡达莫夫街并行。拜卡达莫夫是哈萨克斯坦著名音乐家，当年曾向流落异乡的冼星海伸出援助之手，两位音乐家在艰难岁月中结下了深厚的友谊。

原来中国作曲家冼星海 1943—1945 年曾居住在这座城市，并在这里创作了多部音乐作品。

冼星海，广东广州人，生于澳门一个贫苦船工家中。母亲打工支持他去广州、北京、上海学习小提琴和钢琴，后又去巴黎音乐学院学习。他自食其力，在餐馆、理发厅做杂役，几次累得晕倒。当得到巴黎音乐学院高级作曲班的荣誉奖时，校方问他要什么奖品，他只说了"饭票"两个字就再也说不出话来。

冼星海回国后积极参加抗日救亡运动，创作了大量爱国抗日歌曲，《救国军歌》《只怕不抵抗》《游击军歌》《路是我们开》《到敌人后方去》《在太行山上》等，并为进步电影《凌云壮志》《青年进行曲》谱曲。抗战开始后，

冼星海

参加救亡演剧二队，在周恩来、郭沫若的领导下，负责开展救亡歌咏运动，多次在广场上指挥群众大合唱。1938年11月的一个晚上，他一手抱着提琴，一手拉着恋人钱韵玲，踏上了北上的最后一班列车，辗转河南、山西，直奔延安，任鲁迅艺术学院音乐系主任。又先后创作了《生产运动大合唱》《黄河大合唱》《九一八大合唱》。

1992年为纪念《在延安文艺座谈会上的讲话》发表五十周年，我担任了六集电视片《长青的五月》总撰稿，采访了近百名当年的文艺工作者，他们都是老革命。冼星海的夫人钱韵玲给我详细介绍了《黄河大合唱》的创作过程。诗人光未然怎样被黄河惊涛所触动，写出了《黄河颂》的长诗，冼星海激动得主动请缨作曲。在鲁艺一间寒冷的小屋中，冼星海写一段，用小提琴拉一段给妻子听。第一次演出，他亲自指挥，全场沸腾了。在场的毛泽东站起来连连说好。几乎在同时，小女儿冼妮娜出生，党中央决定每月给冼星海特拨15元津贴，比朱德总司令还多10元。

《长青的五月》记录了这一切，抢救了大批当事者的珍贵资料。那以后的相关影片无不大量引用这些资料。2012年，陕西文联组织壶口千人唱响《黄河大合唱》，作为组织者之一，亲历了歌声、瀑声，历史、现实，青春、生命的大交响。在巨大的声浪中，为逝去的岁月，为依然的激情，为先辈的生命在青年一代的延续，许多人流下了眼泪。海内外的报道，均称这是继第一次延安公演和海外华侨华人演出后的第三次标志性演出。

1940年，党中央派冼星海去苏联为纪录片《延安与八路军》进行后期制作与配乐。行前毛泽东主席设家宴送行。不料苏德战争很快爆发，影片制作

阿拉木图文物景点门口的丝路地图

停顿。他想经新疆回延安，却因当地军阀盛世才"反共反人民"政策，滞留在了阿拉木图。在这里，在战火与饥饿中，他又完成了《民族解放交响乐》（"第一交响乐"）、《神圣之战》（"第二交响乐"）、管弦组乐《满江红》、交响诗《阿曼盖尔达》。长期营养不良，加之肺结核日益严重，冼星海被苏方送到莫斯科治疗，又在医院创作了管弦乐《中国狂想曲》，表达对祖国的思念和企盼。不久肺结核转为血癌，1945年10月，年仅四十岁的他离开了他所热爱的世界，安葬在莫斯科近郊公墓。镶着照片的大理石骨灰盒上，用俄文镌刻着：中国作曲家、爱国主义者和共产党员黄训（赴苏后改名，随母姓）。

冼星海只有四十年的生命，但在仅仅十几年的创作生涯中，现存的创作歌曲就有250余首，大合唱4部，歌剧1部，交响乐2部，器乐曲多部。什么是卓越？能够超越生命的短长和世俗的平庸，直指意义境界，这就叫卓越。

阿拉木图，一座流水淙淙的城市。上千条河流构成水网，在城市各个角落鸣奏。在七十年后，我们来到冼星海待过的这座城市，音乐家还在这座花园城市的河流中歌唱。

2014年8月3日，于哈萨克斯坦阿拉木图

三座纪念碑触动我的心灵

触动我眼睛的是满城又厚又深的绿荫，没有近百年的工夫，绿不到如此程度。而触动我心灵的则是三座纪念碑，静静坐落在广场上的三座纪念碑。

哈萨克斯坦到乌兹别克斯坦的过境手续，谢天谢地，六个小时总算办完了。一般我们这种15辆车的车队，办一天还算快的，因为要打开每一件行李设备检查，语言不通，颇费工夫。大家纷纷对打前站的国旅感谢不尽。下午六时到达首都塔什干，入住乌兹别克斯坦酒店。又热又累，发完稿便睡下。今天一早乘车游览老城区、中心广场和伊玛姆清真寺。

触动我眼睛的是满城又厚又深的绿荫，没有近百年的工夫，绿不到如此程度。而触动我心灵的则是三座纪念碑，静静坐落在广场上的三座纪念碑。

在中亚各国，塔什干和阿拉木图是我最早知道的城市。记得20世纪60年代，塔什干便举办了亚非拉电影节。那时，奥斯卡、蒙特利尔、戛纳几个西方电影节在我国一律被斥为资本主义文化，不参与，不报道。乌兹别克斯坦当时是苏联加盟共和国，塔什干电影节是社会主义阵营的电影节，宣传力度很大，我们那一代没有不知道的。

还有一点，也让这座城市深深印在我的脑海。20世纪60年代，杨朔的散文全国走红，他写的《荔枝蜜》《雪浪花》《茶花赋》都是选入教材的名篇。1960年我大三时，新闻系文学社团曾与他座谈，当面讨教创作经验。记得他说，他已经作为中国作家协会的代表，派驻开罗，担任亚非作家常设局联络委员会秘书长。年轻的我于是分外崇敬他，向往塔什干。

塔什干在乌兹别克语中意为"石头城"，地处中亚最长河流锡尔河冲积

独立广场上哀伤母亲纪念碑

平原，河滩有许多山上冲下来的石头，让人不由想起中国的古诗"一川碎石大如斗"来。这座公元前2世纪建城的古都，是丝路必经重镇，法显、张骞、玄奘都到过这里。有三座纪念碑特别引发了我的思索和联想，让我懂得了这座城市、这个国家。

一座是纪念广场（原无名烈士广场）上的哀伤母亲纪念碑。这是1999年为纪念在反法西斯战争中牺牲的烈士和为乌自由与独立献身的人们而修建的。一位母亲哀伤地坐着，手搭在膝盖上，头微垂，看着面前的长明火，那肯定是儿子的生命在燃烧。她背后如双翅般展开两道长廊，廊内有一册一册铜版刻制的荣誉簿，记载着在反法西斯战争中为祖国牺牲的烈士姓名。战争的胜负不取决于哪位领袖，而取决于祖国母亲膝下的每一位战士。

这座纪念碑反映了乌兹别克斯坦人民一种新的战争观和审美观。艺术家没有走歌颂英雄烈士的老路子，用年轻战士的坚强豪放去歌颂那场战争，虽然这种构思也不错。这座纪念碑将构思角度由英雄烈士转换为母亲的哀伤，由社会民族的斗争转化为人性亲情的控诉，这就超出了对具体事件的反映，而有了超越国家、超越时空的人类性，给所有人以感情上的震撼。明年是世界反法西斯战争胜利七十周年，各类纪念活动陆续进行或者即将开始。但有些战争发起国，却不愿承担挑起战争的责任，否认对平民的屠杀，否认侵略，实在应该让全世界所有的人来这里重温战争给人类带来的痛苦。

还有一座是地震纪念碑。1966年4月26日塔什干大地震给城市造成了极大的破坏，之后全国投入首都的重建，一个新的塔什干在废墟上崛起。全城高楼林立，地铁、高速路、铁路四通八达，运动中心、花园广场、歌剧院、图书馆都那么现代，完全是一座新兴的现代化城市。这不只是一座城市的复兴，更是一个民族的复兴！地震纪念碑突出表现了人类同自然灾害做斗争的不屈精神。纪念碑上，方形时针永远指向地震发生的那一刻，让世世代代的子孙永志不忘。

第三座是幸福母亲纪念碑，坐落在独立广场正中心。1991年乌兹别克斯坦独立之后，祖国母亲终于搂着自己的孩子笑了。有意思的是，上面原来的列宁像换成了地球仪，强调了一种新坐标：幸福是全人类的，而不是某种政治意识形态的。

在一小时的参观中，我们遇见好几对新人在这些雕像前献花、许愿、留影，也有几对新人在绿荫中照婚纱照。一个

幸福母亲纪念碑

国家、一座城市要给后代留下什么？留下战争给母亲造成的伤痛，留下灾害面前的坚强不屈，留下独立自强争取幸福的信念，留下建设绿色家园的传统——这就是塔什干人，这就是乌兹别克斯坦人！

2014年8月7日，于乌兹别克斯坦塔什干

中亚母亲河

三条河流的波涛奔腾着中亚各民族的生命力和创造力，也映照出千百年来的种种沧桑、血泪。这三条母亲河还涵养着中亚的民族性格，中国新疆和中亚的许多文化、信仰、风俗都能从滚滚的河水中找到根源。

帕米尔高原是整个亚洲中部的大水塔、大水库。朝东，昆仑山是世界大河长江、黄河与澜沧江（湄公河）的源头。朝南，青藏高原、喜马拉雅山是世界大河恒河和伊洛瓦底江的源头。朝北，阿尔泰山和蒙古高原是亚洲大陆流向北冰洋的几条河——鄂毕河、叶尼塞河的源头。那么朝东北呢？天山山脉孕育了中亚的三条内陆河——伊犁河、锡尔河、楚河，加上发源于帕米尔高原以西兴都库什山脉的喷赤河、阿姆河，都是中亚各国的母亲河。其中与丝绸之路关系密切的是伊犁河、锡尔河、楚河。

这三条河自古以来共同养育了哈萨克斯坦、乌兹别克斯坦、吉尔吉斯斯坦、土库曼斯坦的土地和人民，也见证了这里的历史变迁和刀光剑影。三条河流的波涛奔腾着中亚各民族的生命力和创造力，也映照出千百年来的种种沧桑、血泪。这三条母亲河还涵养着中亚的民族性格，中国新疆和中亚的许多文化、信仰、风俗都能从滚滚的河水中找到根源。更有意思的是，这些民族性格中竟然有许多与现代生活相呼应的质地。

且听我一条河一条河慢慢道来。

伊犁河在我国新疆伊宁市和察布查尔锡伯自治县境内，水量已经很大了。伊犁河沿岸是一个民族杂居的地方，哈萨克族人、俄罗斯族人、柯尔克孜族人、乌孜别克族人、维吾尔族人和汉族人都有。他们不是没有摩擦，但更多

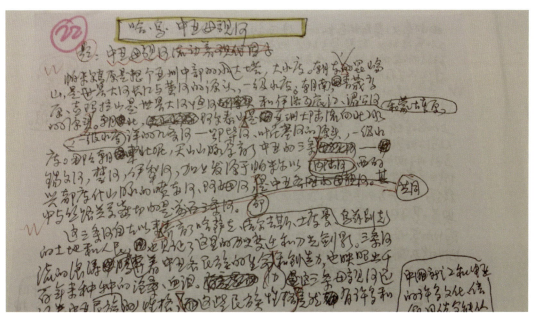

白天赶路，晚上赶稿。——作者手稿

的是磨合，在磨合中和谐共居，融汇进步。我在《中国西部文学论》中专门谈了西部的十点文化优势，其中一点即西部人多民族杂居状态和现代人跨社区生活状态相呼应，西部人因杂居带来的心态杂音和现代人文化心理的杂色相呼应。在论述中专门举了王蒙在新疆下放时写的纪实系列小说"在伊犁"，其中一篇写到伊宁市一个大杂院，居住的人分属七八个民族，他们互相关爱、和谐共处的故事和生活场景，并做了以下分析：居住杂化和心态杂色，也是一种多维文化交汇。人是文化的带电体，杂居就是不同带电体，不同心理场、文化场的交叠融汇。杂居虽然主要表现为无意识和潜意识文化的交汇，又总是现有民间社会文化，甚至意识形态文化交汇的现实基础和心理基础。

我还分析了这种杂居状态和杂化心态在现代生活中的意义：杂居状态和心态使丝绸之路沿线人的文化感受能力、智慧杂交能力、视角转换能力都较强，他们能较快掌握多种语言，适应新的环境，建立新的人际关系。这都是适应现代生存环境的潜在能力。

锡尔河是中亚最长的河流，它流经吉尔吉斯斯坦、乌兹别克斯坦、塔吉克斯坦、哈萨克斯坦四个国家，全长 3000 多公里，包容过西逃的北匈奴，养育过突厥、葛逻禄、粟特等许多民族，承载过这块土地上的荣耀与耻辱、辉煌及没落。这里的粟特人以善于经商闻名世界。从东汉直至宋代，他们活跃在丝绸之路上，几乎操纵着中国与欧洲之间的转口贸易，向欧洲销售中国丝绸，又向中国销售西域的名贵珠宝。这种"重商"风格与我国明代的徽商好有一比。徽商以资产多少，选祭酒、定座次，粟特人则是"亲兄弟明算账"的典范，甚至还有"亮宝斗富"的风俗。每次聚会入座前，大家都将随身的宝物亮出来比富。宝物多而贵重者，戴帽居上座，其余按财物多少排序入席。这种善商贸、重利益的文化风气，与现代市场经济对文化心理的要求是相适应的，它远远超出了"重农抑商""君子不言利"的传统社会。

楚河有着一个与中国《山海经》相关联的名字：碎叶水，它以宽阔的河谷，在干旱的中亚地图上创造了一片"山地绿洲"。它依靠天山山脉曲折起落的前行，从帕米尔高原上俯冲下来，以极大的水势冲刷出这片河谷绿地，创造了巨量的水电资源。河谷绿洲长达 200 公里，最宽达 80 公里，沿途风景和中国境内丝绸之路经过的河西走廊很相似，地理学又称它为"小河西走廊"。这里适合发展现代农业，尤其是大面积的棉田耕作。在苏联时期，中亚各国扮演着棉花供应商的角色，现代机械化农业得到急速的发展，但过度的开发，也产生了生态悖论。大量的河水被引入棉田和发电站。河流过度的奉献导致自身严重缩水，咸海竟向湖心退缩100多公里，含盐量大幅度上升，周边生态遭到严重破坏，以致联合国秘书长潘基文在一次实地考察后，忧虑地说，咸海是"20世纪人类最大的生态错误之一"。

要现代化，更要生态化！——这就是中亚三条母亲河对我们的告诫。

2014 年 8 月 8 日，于乌兹别克斯坦塔什干

撒马尔罕古城

　　人类的物质财富是消耗性的，而文化精神财富则是积淀性的，随着光阴的逝去，精神文化财富会不断增值。有这样积淀性的文化眼光，才有保护的自觉性。

　　在丝绸之路中亚段，让我感觉最亲切的城市名称就是撒马尔罕。不知是什么原因，也许是我在童年时代接触了这座古城的故事，也许是它不像别的中亚古都，比如，塔拉兹，几度改名，中国唐代叫它怛罗斯，一度又叫奥利埃－阿塔、米尔卓扬，还有江布尔。而撒马尔罕几千年坐不改名，信息深深沉淀于人们的记忆中。

　　最重要的原因，恐怕还是这座古城有两千五百年悠久的历史，是中亚最古老的城市之一，曾是帖木儿帝国的古都，又是连接波斯、古印度和中国三大帝国、三大文化的枢纽。去年9月，习近平主席在乌兹别克斯坦访问时，专程造访了撒马尔罕。如果说长安是丝绸之路的起点，那么这座城就是丝绸之路经贸的加油站和文化的转播台。

　　我到达撒马尔罕后即发了一组图片到微信的朋友圈，马上收到青海著名诗人撒拉族的阿尔丁夫·翼人的回信，云："肖老师，你到了撒马尔罕吗？那是撒拉族永远的血脉、生命的根——撒马尔罕，请带去撒拉尔十二万父老乡亲诚挚的祝愿和问候！"翼人是我交往二十年的朋友，以前上过西北大学作家班，听过我的课，也给我讲过撒拉族悲壮的迁徙史。他们原来就生活在这座古城附近，大约在宋末元初，成吉思汗踏平中亚，他们被迫东迁，由锡尔河、楚河流域到了黄河、湟水流域。最后只剩下十八个人和一匹白骆驼，

撒马尔罕宾馆大堂中的木质丝路地图

驮着一部《古兰经》手抄本，一抔土，一袋水，那是信仰、家乡和生命。有天晚上白骆驼突然不见了，大家打着火把找了一夜，天亮时发现白骆驼变成了玉石像，嘴里吐出一股清泉，正是他们带来的家乡水，而此地的土质也与家乡的土质一样。他们知道是真主要他们在这个叫循化的地方落户了。为了剪不断的怀念，称撒拉族，自称撒拉尔人。如今已有十二万人，是我国56个民族大家庭中的一员，成立了循化撒拉族自治县，生活得安定、和睦、幸福。

丝绸之路，除了是商贸、文化、宗教交流之路，也是民族迁徙交流、团结共进之路。东干人由中国迁往中亚楚河流域，撒拉族由中亚迁往中国黄河流域，就是极有价值的例证。

撒马尔罕古城在本世纪初被联合国教科文组织整体评定为世界文化遗产，它让我印象最深的就是"新古分置"。整个城市根据建成年代不同，明显地划分为城北的"阿夫拉西阿卜遗址区""帖木儿时期建成区""沙俄苏联时期建成区"等不同区域。城北的遗址区是帖木儿帝国以前的古城遗址，帖木儿时期建成区是14世纪在古城遗址的西南建造的，算是首都的内城。六个城门，六条主街，城市中心是一个宗教建筑组成的广场，周围是低矮的街坊。北门附近有巨大的集市。这一格局基本保留到今天。

这一切，不能不让我想起万里之遥的家乡西安。西安虽是汉唐之都，留存下来的街巷建筑群和单体建筑已经不多，只有经过改建的大、小雁塔寥寥几处。城墙内芯虽是唐代的，但整体上要算明城墙，城内建筑也多是明清建筑。让人后悔不迭的是，在现代城市的高速发展中，由于没有坚守"新古分置"的原则，在拆迁和挤兑明清建筑的基础上，西安城内竟然高楼林立。新古不分置，新古都受伤害，既没有古迹的有效保存，也没有新城的长足发展和大胆创新。有的街区显得不古不今，不伦不类。

建筑大师张锦秋院士秉承恩师梁思成的思想，很早就提出了西安要"新古分置"的理念。2002 年，我与她一道去南京参加世界古都论坛，她做了《中国古典建筑美学》的学术报告，我则做了《古调独弹——从传统西安到现代西安》的大会发言，展开论述了西安新古分置的问题。我提出了一个"新古分置——新质古貌——新城古风"的古都城建系统理念。新古分置——古城要和新区分置、分治，尤其是老城圈里的明清建筑要普查编号逐栋保护。新质古貌——不能因保护古建筑而降低城内居民的生活质量，新的城市建筑既要保护"古貌"，又要增添"新质"，在质地上做到现代宜居。这样的保护才可能良性循环。新城古风——毋庸置疑，古城应该在现代化进程中逐步成为一座现代化新城，但西安的城市风气，则应较别的城市更古朴更典雅，古风应成为西安城的内在特色。在这个发言的最后，我借鲁迅给西安易俗社的题词"古调独弹"为新西安的建设定调：既坚持古韵古风，又要独创性地弹奏出自己的新曲新调。

从这个角度，撒马尔罕值得我们认真学习。由于他们很早就新古分置，分区保护，14—17 世纪的标志性建筑都得到了较好保存，成为这座古城的历史文化的骄傲和现代旅游资源。像列吉斯坦的三座神学院建于六百年前到四百年前，其中兀鲁伯神学院是当时最好的穆斯林学府之一，三座神学院虽

撒马尔罕的帖木儿王陵

然建于不同时代，但都是中世纪中亚建筑艺术的杰作，现在仍然气势恢宏、金碧辉煌。

古尔－艾米尔陵墓和沙赫静达陵墓，分别安葬着帖木儿和他的家族。帖木儿的孙子、著名的天文学家兀鲁伯，为祖父建造了墨绿玉的石棺，上面刻着：谁掘我的墓，谁就遭殃。1941年6月，苏联组织科学家挖掘了这座陵墓，不久希特勒就全面进攻苏联。不过那次发掘倒证实了帖木儿面部特征的相关历史记载，证实了兀鲁伯死于暴力杀害的传说，也验证了墓中其他家族成员身份的真实性。

人类的物质财富是消耗性的，而文化精神财富则是积淀性的，随着光阴的逝去，精神文化财富会不断增值。有这样积淀性的文化眼光，才有保护的自觉性。

2014年8月10日，于乌兹别克斯坦撒马尔罕

（作者现场按语：中亚各国网络信号不是很正常，传输文章很费周折。离开撒马尔罕之后，车队要进入近千公里的克孜勒库姆沙漠酷热区，路况极差，大家准备一搏。文章传输不出去，可能连载要消失几天，敬希读者谅解。不用为我们操心，我不会停下笔。虽然远离家人，我们这个亲如一家的车队，会克服一切困难到达目的地。）

丝 路 胡 旋

胡旋舞是西域文化与大唐文化通过北方丝绸之路融汇再生的成果，《霓裳羽衣舞》是印度文化与大唐文化通过南方丝绸之路融汇再生的成果。文化在交融中激发创造力、传播力，文化也只有在共融共建中共享。

来到撒马尔罕这座丝绸之路上的重镇，我有一种强烈的愿望，就是寻找胡旋舞的踪影与余音。这个愿望五年前就存在于心里，经过岁月的涵养，它已经由一颗种子变成了大树，遏制不住，而且刻不容缓了。

我动员媒体团的朋友一道去街头广场，去歌舞厅寻找。

记得十几年前在荷兰举办过一次国际民间艺术节，全国文联那次让陕西文联组团代表中国参加，我受命带领陕北黄土地艺术团前往阿姆斯特丹。艺术节除了剧场演出，有一天安排了"艺术超市"活动，三十八个国家的歌舞团在几个大广场上搭台子表演，观众自由观赏。我在乌兹别克斯坦、塔吉克斯坦、哈萨克斯坦和俄罗斯的民间舞蹈中，不约而同地看到了欢腾的、轻盈的、急速的、持续不断的旋转。在旋转的高潮，乐队停止了旋律，只以繁弦急鼓的打击乐伴奏。每每这个时候就会响起"暴风雨"般的掌声和口哨，观众也跳到台上旋转起来。哦嗬，这是不是胡旋舞的余脉？是不是我们听过很多却很少看到的西域舞蹈？唐代风行一时的胡旋舞，那让杨玉环、安禄山大出其彩，令唐明皇不能自已而亲自击鼓的胡旋舞，是不是在它的原生地还活着呢？

在那次国际民间艺术节的后几天，我便追踪着这几国的艺术家拍摄。回国后，我又去大明宫、华清池踏勘，想在古老的残垣断壁和依然温热的泉水中，寻找到胡旋舞、胡腾舞的余音余韵，哪怕只是可以引发我们联想的蛛丝

西域舞蹈摹写

马迹。文化人对文化记忆的追寻本有怪癖，而对胡旋舞的追寻，却不完全是这样。我不是舞蹈家，我追寻的是一种西部的气质，一种丝路的血液，一种生命的钙质。

胡旋舞是魏晋南北朝的北周时代，从西域康居（今哈萨克斯坦、乌兹别克斯坦一带）沿丝绸之路随景教、胡服、胡饼、胡乐舞一道传入长安的。也许因为这种舞蹈在旋转中的狂放恣肆和自由奔放，很快在开放的大唐社会风气中成为时尚，后来几经唐人的改造融汇，五十多年而不衰。这从西域龟兹壁画和唐壁画、唐三彩不少张臂旋转的形象中，都能找到证明。尤其是白居易的长诗《胡旋女》，对这种舞蹈更是做了生动而翔实的描绘：在弦鼓响起时，胡旋女举起双袖迅即起舞，"回雪飘飘转蓬舞。左旋右转不知疲，千匝万周无已时"，像雪花像蓬莱飘摇舞动，旋转千匝万周不停止。"人间物类无可比，奔车轮缓旋风迟"，连车轮旋风也比不上她。而在真的飞旋的舞者面前，观众也是"万过其谁辨始终，四座安能分背面"，早已头晕目眩、眼花缭乱了！

唐玄宗本是位音乐家，是中国梨园之祖。《霓裳羽衣舞》就是他吸收了河西节度使进献的印度《婆罗门曲》，糅合本土道教音乐创作的，是他颇为得意的作品，经常在宫廷里演出。杨玉环在华清池初次觐见时，玄宗便选的是这个曲子为导引，那真是：

> 天阙沉沉夜未央，碧云仙曲舞霓裳。
>
> 一声玉笛向空尽，月满骊山宫漏长。

此曲盛行于开元、天宝年间，安史之乱后，一代名曲渐渐"寂然不传"，其命运和作曲者的命运一样，有几分凄凉。五代时李后主李煜也是一位风情皇帝，曾得此曲残谱，与乐师按谱寻声，补缀成曲，不过排演出来已非原味了。南宋词人姜白石在长沙偶然得到十八段霓裳曲，还专为其写了一段新词，连同乐谱一起保留下来，也成了一段佳话。

胡旋舞与《霓裳羽衣舞》的创作和兴衰，告诉我们什么呢？起码有这两点：一是，胡旋舞是西域文化与大唐文化通过北方丝绸之路融汇再生的成果，《霓裳羽衣舞》是印度文化与大唐文化通过南方丝绸之路融汇再生的成果。文化在交融中激发创造力、传播力而发挥自己的功能，文化应该，也只有在共融共建中共享。二是，文艺创作和文化交流常常有赖于一些出色人物的促进和推动，但归根到底取决于那个时代的社会环境和文化氛围，更取决于原创者在这种氛围陶冶下个人的性格和创造活力。我想，盛唐之后胡旋舞不再流传，原因怕正在于社会文化的内质中少了血性。而以李后主那种奢靡哀伤的气质，复排《霓裳羽衣舞》而终于未成气候，难道不是情理之中的事吗？

2014 年 8 月 12 日，于乌兹别克斯坦撒马尔罕

亚洲十字口，西域"长安"城

我们正在朝吉尔吉斯斯坦的托克马克市西行，碎叶城，李白的出生地，正在靠近，我们可能去不了那里，我们神往那里。

走出国境之后，车队开始爬山，盘旋，漫长而无尽。头顶上，两山像开了一道天窗，看得到纤尘不染的丽日蓝天，两边的车窗则掠过由塔松、草地、羊群、帐房组合而成的一幅又一幅风景画，那种凝重、沉厚，应是油画无疑。

我们正在朝吉尔吉斯斯坦的托克马克市西行，碎叶城，李白的出生地，正在靠近，我们可能去不了那里，我们神往那里。

天山古道、楚河谷地的碎叶城，被称为"亚洲的十字路口"。古往今来，无数的使节、商人、僧侣，当然更多的是军队，踏上这条险峻的路，"难以全生的危险道路"。当他们来到楚河谷地，就像是重又看到了生命，看到了希望。南丝绸之路和北丝绸之路将会在楚河河谷分道扬镳，走向西域各国乃至世界各地。沿着锡尔河北岸往西北走是草原之路，一直可以通向哈萨克斯坦和南俄草原；向南折转，则是"绿洲"之路，通过大片绿洲，翻越兴都库什山，绕过咸海、里海，西去波斯、阿拉伯、地中海、罗马，或者径直朝南经阿富汗达印度。世界四大文明——中华文明、地中海文明、波斯文明、印度文明，在这里分手又在这里牵手，在这里揖别又在这里聚首。李白，伟大的诗人李白，玄奘，伟大的僧人玄奘，都在这样一个宏大而又宏大的坐标上书写过他们的人生。李白与碎叶城，暂且按下不表，先说唐僧。

《大唐西域记》记载，玄奘翻越天山时，在西行古道上经历了取经以来最大的一场劫难，他的团队徒步跋涉了七天七夜，随行人员在暴风雪的袭击

丝绸之路上的旅游观光马车

中伤亡惨重。后来他从当地人那里知道自己翻越的山叫凌山，也就是天山山脉的主峰群。之后玄奘进入了绿色的河谷地带，这里的人生活得素朴而快乐。一位碧眼鹰鼻的胡商告诉玄奘，这就是楚河河谷，这里的富饶是来自天界的楚河恩赐的。大概公元628年暮春，玄奘进入碎叶城。比肩摩踵的行人中，不见了黑眸杏眼的汉人，全是浓眉虬髯、碧眼鹰鼻的彪悍胡人。他拜会了来此地寻猎的西突厥统叶护可汗，得到了取经西天的丰厚资助和通关文牒。可汗还派了一名懂得汉语的西域少年，护送唐僧西去。

　　也许是玄奘西行的文化开道，更重要的当然是唐代开疆拓土、稳定西部边陲的国家需要，在玄奘离开五十年后，碎叶城成为唐王朝在西部设防的最远的一座边陲要塞之城，与龟兹、疏勒、于阗并称为"安西四镇"。大唐帝国开始在这里大兴土木，仿照长安城，修建了长达26公里的城墙，城内也按九宫格形制，建造街坊。除了屯驻军队，也形成了天山西北麓最大的丝绸集散中心，商铺贸市鳞次栉比。当年丝绸之路的盛况可以想见了。直至今天，据说，登上荒草萋萋的古城遗址，仍然可以看见当年唐朝军队修建的城墙的残垣断壁。考古学家也在废墟中挖掘到四枚唐代钱币，连严谨的历史学家也给当时的碎叶城赠送了"西域长安城"的称号。我想这不仅是指此处有汉人，有方城，恐怕还指这里有与长安城类似的西域小西市。由于大量唐军汉人的驻扎，中国的钱币在这里可以流通使用，就连当时城内粟特人使用的钱币，除了王名及粟特字母不同，大小与质地也与大唐外圆内方的开元通宝一个样。看来当时与西域各国的贸易恐怕主要是以中国钱币结算的吧。

也许就是在设安西四镇的时候，李白的父亲李客（客居边陲，一个多么贴切而又悲凉的名字）随军来到碎叶，二十多年后，即玄奘离开碎叶大约七十年后，李白在这座西域边城呱呱坠地。一位唐代诗歌的标志性诗人，一位唐代佛教传播改造的标志性高僧，在这里失之交臂，又在这里遥相感应，共同铸造了盛唐精神伟岸的纪念碑。

思及千年前的种种，心中一阵闷热，有点儿喘不过气来。辉煌的过去，变成了沉重的历史。我摇开车窗，一阵小风儿刮进车内，于是有了一丝凉爽，依然还那么干燥。

2014 年 8 月 13 日，于乌兹别克斯坦努库斯

遥望碎叶念李白

吉尔吉斯斯坦首任总统阿卡耶夫在纪念李白诞辰一千三百周年活动上说："古老的丝绸之路将吉中两国和两国人民紧密联系在一起，唐代大诗人李白出生在碎叶城，这给两国传统联系和友谊赋予了新的内涵。碎叶城就在现在的吉尔吉斯斯坦，李白就在我们中间。"

从我们目前的具体位置，从撒马尔罕往东北，坐中亚国际列车不到四小时，便到了吉尔吉斯斯坦首都比什凯克，再东行百里，在托克马克市附近有个碎叶古城遗址，被认为是中国大诗人李白的出生地。与托克马克市仅隔着一条楚河的哈萨克斯坦东干人聚居地，还有李白的衣冠冢。近年来，中国与中亚各国文化交流不断深入，"李白热"也在楚河两岸悄然升温。我对那个地方极有兴趣，便多方打听。

极目东部群山，均是天山支脉。河水像一条哈达从山头款款飘落。身后是蓝天般的牧场，前面是牧场般的蓝天。一只黑色的鹰，钉在天上，一动不动。我的思绪越过4000多米的别什塔尔峰，来到了李白的出生地碎叶城。

李白祖籍在陇西成纪（今甘肃静宁西南）。关于他的出生地，史学界讨论很多。一般认为他于武则天长安元年（701）生在中亚碎叶城的一个富商之家，一直在这里长到五岁。也有学者认为他出生于河南洛阳、四川江油等地。那时的碎叶城是丝绸古道上的一个要地，属于唐朝安西都护府最西边的城镇，是当时"安西四镇"之一。

李白一家迁至碎叶城的原因，有学者认为是其祖先在隋代时因犯罪被流放，还有的说是家族经商迁居于此。不论何种原因，李白的父亲有了一个李

碎叶城遗址

客的名字，便传达了客居异乡的漂泊感。国学大师陈寅恪甚至曾断言他根本就是西域胡人，但历史很难细究其真实。

如今的碎叶城早已不是古道重镇了。遗址只比楚河平原略高一点，遗址上杂草丛生，此外没有任何标记。许多拜谒过碎叶城遗址的人，希望能接受一点诗人的信息，寻找点滴盛唐的遗迹，都失望而归。可是，当岁月一点一点剥蚀它，光阴将苔藓和水迹一层一层覆盖在残垣断壁上，然后连残垣断壁也沉入了地下。一切早已融入了大地，唯有一江清水向西流，将远方的大海当作自己波涛的乡土。岁月和光阴如此蹒跚而又如此强劲的步履，难道不正是诗吗？

从托克马克市向北，穿过楚河，就到了哈萨克斯坦东干人聚居地。清朝末年，我国西部部分回民翻越天山来到了这里，一百多年来繁衍生息，蔓生出一个群体——东干人。东干协会会长安胡塞两次来西安，详细告诉过我碎叶城的情况。安胡塞说，据史书记载的位置，当地人曾修建了一个李白的衣冠冢，就在碎叶城西北18公里处。东干人专门用铁栅栏将这个坟墓保护起来，并邀请中国有关专家来这里考察。如果属实，将在墓前建一座墓碑，让这里的人们了解李白，了解中国。

东干人中流行这样一句顺口溜："卧龙口，金盆碗，骑白马，佩金鞍"，表示这是块风水宝地，定居于此一定能发达。这与李白在《将进酒》里的诗句"五花马，千金裘""千金散尽还复来""钟鼓馔玉不足贵"何其相通！诗人李白，成为东干人告诫后人不要忘记中国根的历史佐证。

据报道，在中国驻吉尔吉斯斯坦大使馆的大力支持下，《李白诗集》中、俄、吉三种文字对照版本已出了第二部，这本诗集收录了100余首李白最经典的诗篇，出版仪式在比什凯克人文大学举行。早在2001年，李白诞辰一千三百周年时，《李白诗集》吉尔吉斯文版本首次在比什凯克问世。安塞胡去西安时曾赠我一本。虽然看不懂，但封面上李白那熟悉的肖像使人如遇故知。

如今，吉尔吉斯斯坦学习汉语的大学生越来越多，很多大学都开设了汉语课。在南部的奥什市还有专门教授汉语的学校。5000册新版《李白诗集》都无偿地送给了这些大学的汉语中心或中文系，诗集正准备再版，以满足更多学习者的要求。由于李白出生地在这里，吉尔吉斯斯坦学汉语的大学生对李白非常感兴趣，总爱背诵诸如"日照香炉生紫烟，遥看瀑布挂前川""故人西辞黄鹤楼，烟花三月下扬州"之类的诗句。他们希望通过诗句加强对中国的了解。能背诵李白的诗，是他们很得意的事情。

新出版的《李白诗集》还收录了吉尔吉斯斯坦首任总统阿卡耶夫在纪念李白诞辰一千三百周年活动上的一段讲话。他说："古老的丝绸之路将吉中两国和两国人民紧密联系在一起，唐代大诗人李白出生在碎叶城，这给两国传统联系和友谊赋予了新的内涵。碎叶城就在现在的吉尔吉斯斯坦，李白就在我们中间。"

李白在一首送友人的诗中有这样的句子："青山横北郭，白水绕东城。此地一为别，孤蓬万里征。浮云游子意，落日故人情。挥手自兹去，萧萧班马鸣。"这里的班马是离群之马。虽不是写的碎叶故地，但我们从万里孤蓬、浮云游子、班马萧萧之中，不是听出了诗人离开中亚碎叶之后的漂泊生涯中，那种思念故乡、悲凉人生的心境吗？

2014年8月14日夜，于乌兹别克斯坦扎斯雷克

硬汉子·大山人·大性格

硬汉子，大山人，大性格，从文学的角度印证了丝路文化的世界性。

按不同的坐标，可以对文学和文化做各种分类，如当代世界文学可以分为现实主义、现代主义和民族主义三大潮流。从西部文学、丝路文化的坐标，我们不妨对世界文学和中国文学做另一种分类，姑且称之为一种"纵向三分法"。

按这种分法，世界文学，一种是欧洲文化的产物，一种是东方文化的产物（主要在亚洲），这两类都有悠久的历史传统。还有一种则是文化交汇的产物，这主要指美、澳两大洲的文化。因为这两大洲的文化主体，是杂居移民从世界各地引入交汇而成的。这一类文化，历史只有几百年，却有很强的活力。这三种文化在当今世界已经三分天下。

中国文化也可以做这样的纵向三分：一类是中原文化，中华民族的主体文化。另两类，东边是沿海文化，是中华主体文化和"海上丝绸之路"文化信息交汇的结晶，泛指历代华人文化。西边就是中华主体文化和"陆上丝绸之路"文化信息交汇的结晶。这三种文化，在中国文化格局中呈鼎足之势。

"类西部"现象，是指在气质和形态上和中国西部文学乃至中国西部文化存在着某方面的类似，地理位置却又不在西部的那些文化现象。在纵贯南北美洲的洛基山脉两侧的大原野和大丛林，在加拿大育空河畔的雪原冰山，在澳大利亚广袤的大草原，在非洲撒哈拉大沙漠和中部大峡谷，在中亚细亚和俄罗斯西伯利亚，以及在中近东，我们都可以感受到那种雄奇豪阔的西部气质。在艾特玛托夫、马尔克斯、斯坦贝克和库柏、惠特曼、马克·吐温等的作品中，我们可以感受到某种属于西部的美质。

我们在草原上起跳

　　国内，从内蒙古草原、大兴安岭的原始森林、北大荒的屯垦戍边一直到云南、海南岛的热带丛林，也同样能感受到这种"类西部"气质。他们和西部文学遥相呼应，成为新时期文坛上极有实力的一脉。可以说，在遥远的国境线上，在神奇的小村镇和小毡房里，在民族与民族交汇的地方，在现代文明和淳朴的农牧村社生活交汇的地方，在待开发的土壤上，在不息奔波的旅途中，在人独处于大自然的时候，在人沉浸于浓重的宗教感的时候，在人的原始生命力得到张扬而现代社会给予他的压抑得到某种解脱的时候，或相反，在原始生命里一直处于舒张却乍然进入各种现代社会的文化规范中的时候，等等，都容易产生"类西部"生活和"类西部"文化、文学现象。

　　美国西部文学是随着新大陆移民的西迁运动发展起来的。滚滚如潮的西进运动为西部带来了勤于拓荒、工于采矿、乐于狩猎、善于放牧的人流，以及唯利是图的投机商人、浑水摸鱼的冒险家。这一切构成了最初的创作源泉，使美国西部文学应运而生。主要作品被后来产生的"西部电影"搬上了银幕。中国早期的西部片受到美国西部文学的直接影响。

　　从人物形象系列看，美国传统的西部文学，大致可分为三类：浪漫的印第安人形象系列、独来独往的大山人形象系列和叱咤风云的牛仔形象系列。大山人指那些对美国西部做了第一批开拓性远征的人群。他们横穿沙漠，为大山命名，在印第安人中间混居、打猎、做生意，自称白皮肤印第安人。他们传奇式的遭遇，独来独往、无拘无束的生活方式，以及个人英雄主义精神和强者的体魄和品格，即欧文说的大山人的"罗宾汉风度"，通过西部作家的笔一时成为美国社会的红人。库柏的著名美国西部系列小说《皮袜子故事集》（五部曲），集中反映了西部大山人的生活，为作者赢得了世界声誉。而威斯特的《弗吉尼亚人》所塑造的浪漫牛仔形象，成为牛仔故事的范本，为许多人崇拜。

俄罗斯和苏联时的中亚各国大都和我国西部接壤，正是我们"丝绸之路万里行"经过的地方。这里的自然面貌、人文习俗十分相似。有些民族，像哈萨克族、俄罗斯族、乌孜别克族、柯尔克孜族同时分布在国境线两侧，同文同种，历史上互有迁徙，民间更是来去自由。1928 年，第二次西伯利亚作家代表大会召开，正式提出了西伯利亚文学这一概念。高尔基当时曾热情地鼓励："既然西伯利亚在科学界出现了门捷列夫，在艺术界出现了苏里柯夫，那么文学界为什么就不能出现这样的大师呢？我以为，我们未来的大小说家将在西伯利亚人之中诞生。"这一预言不到半世纪就实现了。一支包括法捷耶夫、马尔科夫、伊凡诺夫、拉斯普京、万比洛夫、阿斯塔菲耶夫等著名作家在内的各民族作家队伍出现了。西伯利亚文学着力塑造崭新的西伯利亚性格，苏联人称之为"大性格"——强调这类形象的严峻豪迈、刚毅强健。这些都和我国西部文学创作有许多类似的地方。

艾特玛托夫的作品《查密莉雅》和《白轮船》在我国早已脍炙人口。其中表现出来的强烈的民族色彩和地域文化感，把民间传说、神话故事与现实生活相结合的追求，对我国新时期作家，特别是西部文学作家具有深刻的影响。在张贤亮的《绿化树》、张承志的《黑骏马》中，都可以看到这种影响的痕迹。

硬汉子，大山人，大性格，从文学的角度印证了丝路文化的世界性。

2014 年 8 月 16 日，二进哈萨克斯坦阿特劳

和美丽联姻的城市

伏尔加河湿地和路边湖泊中的成片荷花，七八月正值盛开季节。这是地球上纬度最北的荷花，它与当地鞑靼人的豪爽、强悍相反，那么娇羞、艳丽，亭亭玉立，恰似俄罗斯妇女穿着大裙子轻移莲步的舞蹈。路边的垂钓者，河上的捕鱼人，也与伏尔加河的波光云影融成一幅松弛而现实的画面。

当车队驰近阿斯特拉罕时，伏尔加河出现在左侧的大地上。我们陌生于阿斯特拉罕。这个"罕"字传达了中亚的许多信息：突厥，鞑靼，成吉思汗……但这座城给我的直观印象则是美丽，伏尔加河湿地和路边湖泊中的成片荷花，七八月正值盛开季节。这是地球上纬度最北的荷花，它与列宾油画《查波罗什人复信土耳其苏丹》中描绘的鞑靼人的豪爽、强悍相反，那么娇羞、艳丽，亭亭玉立，恰似俄罗斯妇女穿着大裙子轻移莲步的舞蹈。路边的垂钓者，河上的捕鱼人，也与伏尔加河的波光云影融成一幅松弛而现实的画面。我知道这里有俄罗斯许多文学作品中都津津乐道的熏鱼和鲤鱼，还有那令人神往的鱼子酱。

到达宾馆后，就端上来西瓜。一路干渴，我们抓起这里号称世界上最大最甜的西瓜就下口，汁液满嘴漫流。的确名不虚传，与咱陕西的同州西瓜好有一比。这里每年举行西瓜节。也许是旅途的劳累和中亚干燥的天气使然，当阿斯特拉罕用凉爽、美丽和闲适迎接中国人时，我们内心充满感谢，感谢这座遥远而陌生的城市对我们深深的理解。

在这座仅有五十万人口的城市中，竟然有克里姆林宫，不错，就是和莫斯科那座举世闻名的城堡用的同一个名字。阿斯特拉罕在古代是波斯、印度通往俄罗斯和其他欧洲各国的一个很大的商贸中转站。俄罗斯伊万四世在 16 世纪中期占领了这座城市，将他并入莫斯科公国版图。这里的克里姆林宫，就是俄罗斯化的一个标志。这座克里姆林宫与莫斯科的如出一辙，只是小了一号，那熟悉的身影我想是不用描绘的。不仅建筑，这里的宗教也开始俄罗斯化，伊斯兰教依然存在，但东正教已经成为主要宗教。构成市内主要景点的几座教堂都是东正教教堂。从这些美丽的建筑中，我们能够隐隐感觉到深藏于历史深处的腥风血雨。其实，每个地域的历史都有这样的风云变幻，有时是文化的、和风细雨的浸润，有时是铁血的、暴风骤雨的冲刷。

我们还是不去回首历史的沧桑吧。其实阿斯特拉罕关于自己城市的名称来源，流传着一个美丽的传说。阿斯特拉罕，直译突厥语的意思是"位于下游"，以伏尔加河的方位为名。但人们更愿意相信另一种传说，说自己这座城市的名字原来是一位叫阿斯特拉的草原美女的名字。一位好战的可汗与邻国多年征战，烧杀掳掠无所不为。有次在被俘的人群里发现了一位美丽无比的姑娘，像草原上艳丽的花朵般光鲜夺目。可汗的儿子一见钟情，从此神魂颠倒。他给美女取名阿斯特拉，多次约会均遭到拒绝。每次少年悲伤欲绝地离开，嘴里念叨着姑娘的名字——阿斯特拉罕、阿斯特拉罕……结果传开来，人们就把自己的城市叫"阿斯特拉罕"，象征着家乡无可比拟的美丽和对家乡永不褪色的爱恋。

这个故事像许多民间传说一样，反映了民间故事在历史进程中的不可移易的力量。众口铄金，民众用自己对和平、爱情、幸福的向往遮蔽了岁月的烽烟，抹去了历史的血迹。人民的愿望，我们能不尊重吗？你不尊重又能挡得住这无形的文化力量吗？我的心，深虑起来……

2014 年 8 月 18 日，于俄罗斯阿斯特拉罕

伏尔加船夫曲

《伏尔加船夫曲》从遥远的地方沉缓而结实地响起来，伴着伏尔加河的光波，从我心上流过。以纤夫沉重的步伐为节奏，像劳动号子，由远而近，震撼着你，又由近而远，带你走向远方。

快到阿斯特拉罕时，我们一直傍着伏尔加河行驶，并且几度穿行于伏尔加河桥上。这里是她流入里海的三角洲水网区，水草丰美，金黄的待收割的庄稼和墨绿的树丛草原都厚厚的，每一笔都像是俄罗斯风景画大师列维坦用油画刀刮上去的。终于看到了魂牵梦萦的伏尔加河，我青春时代心中的河，脑海像一片草地般展开，心情如河水绸缎般地亮过去。

哎哟嗬，哎哟嗬……齐心合力把纤拉，拉完一把又一把，穿过茂密的白桦林，踏开世界的不平路，我们沿着伏尔加河，对着太阳唱起歌。哎嗒嗒哎嗒，哎嗒嗒哎嗒，对着太阳唱起歌。哎哟嗬，哎哟嗬……

《伏尔加船夫曲》从遥远的地方沉缓而结实地响起来，伴着伏尔加河的光波，从我心上流过。以纤夫沉重的步伐为节奏，像劳动号子，由远而近，震撼着你，又由近而远，带你走向远方。那是只有俄罗斯才有的浑厚和辽阔，沉重忧郁中带着命运悲剧的呼号和人生沧桑的叹息。当那号子声最近最大的时刻，旋律和节奏铺天盖地浸漫到我的灵魂中。

永远也想不到会有今天这样的机遇，能够来到俄罗斯的阿斯特拉罕，在伏尔加河行将流入里海的这座城市，聆听和感觉《伏尔加船夫曲》的旋律。我真幸运，真的，年迈的生命又一次有了重量，有了噗的一下被点燃的感觉。

向阿斯特拉罕旅游局赠送中国书法作品

　　俄罗斯的《伏尔加船夫曲》和美利坚的《老人河》，两首男低音名曲，是我少年时代的梦、青年时代的爱。中年以后，又对《黄河船夫曲》情有独钟。三首咏唱地球上大河的歌，无数遍地听，无数遍地唱。它们都不是小桥流水人家般的柔婉，无一例外都有大江东去的恢宏。我想其中有我的生命选择和气质感应。

　　这三首歌，年轻时听世界低音之王俄罗斯男低音夏里亚宾唱，听中国知名男低音温可铮唱，听美国黑人男低音罗伯逊唱，我们自己也唱，假模假式地压低了嗓门唱，将自己完全浸入那深深的河水中，久久不能自已……这些歌在半个多世纪以前，成为我青春的主调，成为我对一种伟力的渴望和苦难的向往。她们给一个年轻人以承担，以责任，以宗教般的受难精神，以不屈前行的坚忍，也给了我些许小资情调。也许正是她们铸造了我的悲剧气质，在冥冥中引导我来到西部、研究西部，终生与一块悲怆而沉厚的土地为伴。歌中的这些精神要素，笼罩着我的青年时代，构成了我生命的底色。

半个多世纪过去，我经历了应该经历的，承受了应该承受的，也成熟了应该成熟的，超脱了应该超脱的，竟然在我的异国、她的家乡，又听到了这首歌。有了回到故土的感觉，有了与老亲戚在老屋里重逢的感觉。

　　齐心协力把纤拉，伏尔加，伏尔加，可爱的母亲河，河水滔滔深又阔，哎嗒嗒哎嗒，哎嗒嗒哎嗒，河水滔滔深又阔，伏尔加，伏尔加，我的母亲河……

在这歌声中，我想起了俄罗斯油画家列宾的名作《伏尔加河上的纤夫》，画面上衣衫褴褛负重躬身步步艰难步步前行的纤夫，就踏着这歌的节奏前行。一歌一画，成为俄罗斯艺术永恒的姊妹篇。我想起了黄河纤夫、三峡纤夫，他们在"天下黄河几十几道湾"的拷问中，行进于悬崖峭壁之上，他们渴望歇息，却永不停步，永不卸载。也想起走丝路、走南洋、走西口、闯关东，那些在流动中奋起求生的人，想起马背上的中国西部人和中亚人，想起永不回头的张骞、班超、玄奘、法显、王玄策、王昭君和文成公主……

音乐是灵魂的回响。旋律自生命的第一声啼哭就已开始。而人生对节奏最早的感知，则是腹胎中的自己和母体共同的心跳。音乐是生命的念想和时代的标记。音符顺着旋律、和着节奏在每个人心里点燃感同身受的共鸣，才可能在共同的事业中去完成一个大合唱和只属于自己的独唱。

伏尔加，伏尔加，俄罗斯人的母亲河，欧亚人的丝绸路。

　　　　　　　　2014 年 8 月 18 日，于俄罗斯阿斯特拉罕—五山城

伏尔加河，俄罗斯的母亲河

"帆在风暴中寻求安详"

而对他因毫无意义的决斗而猝然死亡在这座城市的痛惜，就像一百四十多年后中国诗人海子的自杀一样震撼着我。他们一个二十七岁，一个二十五岁，用最好的年华，闪电似的短促的生命向平庸的人生发出了警告。

从西安出发前几天，看到最后定下来的日程，依然保留了五山城这个地方，我脱口而出：终于可以去那里了！我曾写到过俄罗斯高加索地区的这座城市，是因为一位诗人：莱蒙托夫！

在那大海上淡蓝色的云雾里，有一片孤帆儿在闪耀着白光！它寻求什么，在遥远的异地？它抛下什么，在可爱的故乡？……它不是在寻求什么幸福，也不是逃避幸福而奔向他方！……而它，不安的，在祈求风暴，仿佛是在风暴中才有着安详！

这是他流传甚广的诗——《帆》。他写帆，也是写自己，将自己的生命追求熔铸到追求暴风雨的孤帆中，"帆我两相知"，这首诗让我们懂得了诗人。

我的青少年时代是受俄苏文化熏陶的时代，而普希金和莱蒙托夫是最能点燃我青春的两位诗人。我曾在南方老家的后院中悄悄地、装模作样地诵读普希金的爱情诗，于是便有了青春的忧郁、少年维特之烦恼。在那个理想主义时期，莱蒙托夫给我的是更深刻的人生启示：生命的帆，要去风暴中寻求安详！记得那是偶然在中学阅览室看到《黑龙江音乐》征集歌曲的启示，我竟然忍不住仿照莱蒙托夫写了一首抒情歌曲的词，就叫《白帆》，写完意犹未尽，还哼哼唧唧自己谱了曲子，寄去哈尔滨。当然石沉大海，因为其中有明显的模仿，而且将莱蒙托夫深刻的人生哲理诗变成了浅薄的浪漫青春梦幻

五山城莱蒙托夫纪念碑

曲。但这次创作投稿经历，依然是我青春序曲中的一个音符，长久地鸣响于心中。

到了大学，我曾顺着欧洲文学史的线索，读了一个又一个代表性作家的作品，对莱蒙托夫有了更多的了解。他的孤傲不群，他永远向着远方的目光，他心灵与现实在抵抗中的苦闷，他在流俗平庸生活中放任不羁的人生态度，以及传奇般的高加索流放生活，无不令我那般神往并与我共鸣，影响着我的人生。

——其实，某种程度上，我是他独行侠式的人生与当时的革命理想主义的混血儿！

而对他因毫无意义的决斗而猝然死亡在这座城市的痛惜，就像一百四十多年后中国诗人海子的自杀一样震撼着我。他们一个二十七岁，一个二十五岁，用最好的年华，闪电似的短促的生命向平庸的人生发出了警告："像他

（拜伦）一样被世界放逐，却怀有俄罗斯的灵魂。""我们刚离开摇篮，心中就装满祖先的谬误，和他们的迟钝的才能，而生活就像无目标的长途，像他人喜庆中的酒筵，折磨我们。对于善和恶可耻地漠不关心，初入竞技场没有斗争便败退下来。"这些诗句让我们感受到，他与人口角而赌气决斗，虽然死得很偶然，但内里无疑有着必然性。一个天才，一个"超前者"，一个"当代英雄"，得不到社会和庸人的理解，才会有真正的痛不欲生。

莱蒙托夫与高加索终生有缘。小时候与外祖母在这里疗养，因《诗人之死》以过激诗句悼念普希金，加之桀骜不驯的性格，两次流放高加索。高加索是他诗歌创作的一个主要天地，这里的山野风光和高加索性格，启发他反思俄罗斯糜烂的上层社会。而最后，他倒在高加索的土地上。他被对手马丁诺夫一枪击倒在雨中，数小时后人们才找见他，将他抬下山，他已经停止了呼吸，而诗魂永远留在了窗外像笔架似的山峦之中。

一年又一年，人们踏着沙沙的落叶去山上寻找他、怀念他。我在莱蒙托夫博物馆参观时，了解到一个细节：决斗时，他获得了先开枪的机会，但枪口朝天，不想伤害对方，而对方却一弹直射心脏。至死，莱蒙托夫都以真诚无邪对待这个世界，而这个社会却以阴险的目光瞄准他。

2014 年 8 月 19 日，于俄罗斯阿斯特拉罕—五山城

漫长的历史胶卷压缩为眼前的蒙太奇

　　将这两天几个类型的参观点拉在一起，便出现一个有趣的逻辑：我们从古代开放的丝绸之路的商贸，大步走进中世纪格鲁吉亚文化的殿堂；然后又由传统社会主义的计划经济，走进了"一带一路"（指华凌集团）开放的市场经济。由开放到封闭又到开放，历史的漫长的胶卷就这样被剪辑为短短一天的路程，在我眼前蒙太奇般地拉过。

　　昨天在第比利斯参观金顶教堂、格鲁吉亚母亲大雕像和古城堡，然后来到以4亿多美金投资当地的著名中国企业华凌集团。格鲁吉亚总统光临了华凌集团为我们举办的活动，讲话并接受采访。一天时间安排非常紧张。

　　今天路过斯大林的故乡哥里，看到了路边的斯大林纪念馆。然后去附近丝绸之路的重要节点城市、世界文化遗产石头城，参观后前往格鲁吉亚直辖市库塔伊西，住在华凌集团千亩工业园区中。抽空参观了山巅上另一处世界文化遗址巴格拉特大教堂。

　　走马观花的掠影式参观，不及细谈每一处的情景。但将这两天几个类型的参观点拉在一起，便出现一个有趣的逻辑：我们从古代开放的丝绸之路的商贸，大步走进中世纪格鲁吉亚文化的殿堂；然后又由传统社会主义的计划经济，走进了"一带一路"（指华凌集团）开放的市场经济。由开放到封闭又到开放，历史的漫长的胶卷就这样被剪辑为短短一天的路程，在我眼前蒙太奇般地拉过。

　　斯大林，我少年时代崇敬的伟人和英雄。记得1953年年初他患脑出血倒下，中央广播电台（那时还没有电视）播送他逝世的讣告，那时才上初二的我和我的少年同学们都聚在南昌一中的校园里，心情分外沉重。当播音员沉重地宣告："约瑟夫·维萨里奥诺维奇·斯大林同志于 × 月 × 日 × 时 × 分不幸逝世……"我和同学们都忍不住大哭，那的确是由衷的悲恸，真有一种如丧考妣的无助感。好像那时候的中国人都长不大，有鲁迅指出的儿童化倾向，精神上要依赖一种外在的力量才有安全感。而斯大林的逝世，让我心里感觉屋子的梁垮了！

年长后，或者说，对斯大林个人崇拜的历史隐情被逐步揭示出来之后，我才知道，斯大林半是英雄，半是暴君。他辅助列宁取得十月革命的胜利，推翻沙皇专制制度，他领导苏联人民战胜德国法西斯，并在最后战胜日本法西斯的战争中起到了重要作用。战后，他领导苏联实现了政治、经济、文化在全球的领先地位，都叫人感受到一种英雄气概。但是他为了巩固自己的权力，在政界和文化界展开大清洗，剥夺农民利益，不顾老百姓生活，强制发展重工业，排斥市场经济，大搞个人崇拜的集权制。格鲁吉亚美丽的女翻译娜塔在参观古城堡时告诉我："我们为格鲁吉亚出了斯大林自豪，但我们不喜欢他的许多做法！"

在大清洗中，除了政敌，大量优秀的知识分子和艺术家被流放、监禁甚至处决。斯大林时代甚至发明了一个"敌对思想走私犯"的帽子，专门迫害知识分子。知名音乐家肖斯塔科维奇多次受批判，一直生活在被迫害的恐惧之中，被称为"终生等候审判的音乐家"。这些在索尔仁尼琴的《古拉格群岛》一书中都做过细致描写。发生在斯大林时代的这些悲剧，其实也是苏联解体的一个原因。

有时我想，历史的轨迹当然是按照一种潜在的必然性延展的，但在一些关键时刻，又常常受到历史潮头上那些大人物个人性格的影响。斯大林个性中阴暗的一面就严重影响了苏共的历史。而斯大林某些阴暗性格的形成，有政治社会原因，有群体文化原因，是不是和个人的某些心理缺陷也有关系呢？

革命诗人马雅可夫斯基雕像

因为个人心理的缺陷而祸及国家社会，一般人不可能有如此大的能量，但作为党和国家的最高领导者是可能的。

斯大林身高只有1.62米，左脚第二三个趾相连，小时得过天花，脸上留下很深的麻子。上学时又得过败血症，左臂严重感染，导致肌肉萎缩，病愈后终生左臂略短。他这只手总是戴一只厚手套，在办公室也如此。这些生理缺陷产生的自卑，可能反弹为过敏、偏执与虐待狂。他参加革命将自己的名字改为"钢铁的人"（斯大林），可以视为革命者的志向，其实也不是不可以视为一种自我心理补偿。想起这些，我只能一声叹息！

好了，好了，不去扯这些陈年老事了。我们来到中国新疆华凌集团的活动现场，马上被另外一种气氛——喧闹欢腾和生龙活虎的气氛所感染。新疆华凌集团2007年来格鲁吉亚投资，建立了上千亩免税自由工业园区，购买了二十年期每年8.8万立方米的森林开采权，还收购了一个商业银行90%的股份。使馆邓代办告诉我，该国的古典小说《虎皮骑士》已经写有中国的情况，有的古代《圣经》封皮上也镶着中国玉。中国现在已是格鲁吉亚第三大贸易伙伴，格鲁吉亚首所孔子学院也已挂牌四年。在仪式上，中国工人舞起了长龙，挂起了宫灯，陕西籍工人还认出了主持人亢凯，争着和乡党照相。

这像是走进了改革开放的中国的气氛和心情，也是独立后格鲁吉亚的气氛和心情。

2014年8月22日，于格鲁吉亚库塔伊西

抱 愧 巴 统

人生最宝贵的是生命，生命每个人只有一次。一个人的生命应当这样度过：当他回忆往事的时候，他不因虚度年华而悔恨，也不因碌碌无为而羞愧；在临死的时候，他能够说：我的整个生命和全部精力，都已献给世界上最壮丽的事业——为人类的解放而斗争。

我真是抱愧巴统。来到这座美丽的海滨城市有点儿心不在焉，老想着隔着黑海相望的另一座城市——索契。两座城都是黑海明珠，巴统是我才结识的新朋，索契则是我深交几十年的旧友。对不起了，巴统，我得在此行离索契最近的点上，借你的地盘，先说说索契。

人生最宝贵的是生命，生命每个人只有一次。一个人的生命应当这样度过：当他回忆往事的时候，他不因虚度年华而悔恨，也不因碌碌无为而羞愧；在临死的时候，他能够说：我的整个生命和全部精力，都已献给世界上最壮丽的事业——为人类的解放而斗争。

这段话，在网络时代、微信时代，不是人人都知道，甚至大多数年轻人都不知道了，但是在我们那一代，以及我之前之后的两三代人，奥斯特洛夫斯基的《钢铁是怎样炼成的》主人公保尔·柯察金的这段话可以说家喻户晓，许多人都可以背诵出来。在五四篝火晚会上，在团支部的组织生活会上，在父母教育孩子的饭桌上，在青少年的促膝谈心和聊天中，时不时就会提到这段话。

这段话把多少人引上革命之路，把多少人青春的生命点燃。它成为彰显那个时代价值观的标志性话语。它甚至成为当时年轻人择偶的一个重要的精神坐标。

真想不到，我此生能够进到这部名著的气场之中，和记忆中的作家、英雄相逢，我的青春刹那间被激活了，不息追求、艰苦奋斗的理想主义被激活了。几十年来，我有过怠懒，有过消沉，有过浮躁，有过自私，也有过小小的贪婪，但当这段黄钟大吕的人生格言再度在心中响起时，我发现自己心中的美丽和力量依然很是强大。

奥斯特洛夫斯基崇拜小说《牛虻》中的主人公亚瑟，决心做一个亚瑟那样的硬汉子、反抗者。年仅十五岁的他为了救出自己的引路人，因赤手空拳打倒押运兵而被捕入狱，受尽了各种非人的折磨，获救后参加红军，编入布琼尼骑兵师，成为一名出色的战士。1920年十六岁时，他被炮弹炸伤头部和腹部，整整昏迷了十三天，抢救后生还，右眼失明，伤势没有康复便要求重返前线。组织照顾他，派他去铁路工地搞共青团工作。他带领青年工人冒着零下50摄氏度的严寒修建铁路，连袜子也没有，赤脚穿一双漏水皮靴在冰天雪地中苦干，最终染上了严重的伤寒和肺炎。同志们以为他必死无疑，他却又一次战胜死神，站了起来。

他在二十岁时参加了共产党，先后受命担任共青团的领导工作。他不分昼夜地工作，最终导致全身瘫痪，身体彻底垮了。他与妻子被安排到莫斯科、索契疗养。在首都一条静静的胡同里，在索契这个疗养的小楼中，开始创作长篇小说《钢铁是怎样炼成的》。由于浑身疼痛，几乎不能动弹，他借助刻字版完成了开篇后，只能依靠口述著书。他常常为了抓住转瞬即逝的灵感，彻夜不眠，反复吟诵脑海中的片段。三年后，上下两卷长篇付梓，引起了极大反响。二十年间，仅在苏联便用43种民族语言出版了一百五十多次。他和他书中的主人公保尔·柯察金，化为一个整体，鼓舞着无数青年读者。

他只活了三十二岁，生命质量却是沉甸甸的，以短暂的生命凝聚一个时代的精神，远远超越了当时阶级斗争和意识形态的局限，成为真善美和生命

力量的象征。对于具有精神追求和人生理想的人们，生命当然不是以财富和时间长度来计算的。

　　我上高中时，在南昌第一高中，听过"中国的保尔"吴运铎的报告。他为了给解放军试验炸药，毁坏了自己的身体，但坚强地拿起笔将自己的经历写出来，就是那本名为《把一切献给党》的作品。我们读着，内心升腾起要报效祖国、报效革命的强大精神力量。

　　更想不到的是，我上大学时竟然又成为中国另一位有保尔色彩的战士作者高玉宝的同学，他与妻子姜玉娥从人大附中考入中国人民大学新闻系。夫妻俩利用假期为学校修桌椅书架，饥饿时期挺身办食堂改善同学们的伙食。我虽比他高一级，但年龄小，一直视他为兄长，为人生楷模。

　　保尔、吴运铎、高玉宝、雷锋，使我们那一代有了和韩寒、郭敬明这一代完全不同的青春。我祝福郭敬明的青春，但也不为我们那艰难、苍凉而激情喷发的青春悔恨。

　　岁月逝去，我们会遏制不住地苍老、衰弱，最后离开这个世界。生命还能留下什么呢？留给我们的不就是那么一点精神闪光，永存于后代的心中吗？

2014 年 8 月 23 日，于格鲁吉亚巴统

无处不在的阿凡提

我感到阿凡提不竭的生命力，除了来自他自身，也表明了老百姓在改善自己生存状况的奋争中的一种心理需求。那是弱者制胜的需求，以民力制胜官力，以软力制胜硬力，以反讽制胜说教的社会心理需求。其实，每个人心里都有个阿凡提啊！

从中国新疆开始，我们一路走过了哈萨克斯坦、乌兹别克斯坦、俄罗斯、格鲁吉亚的二十多个城市和景点，今天进入了土耳其的奥尔杜城。在10000多公里的行程中，纳斯尔丁·阿凡提——那个头戴小花帽，倒骑小毛驴，走到哪里把笑声带到哪里的幽默的小老头儿，似乎一直如影随形跟着我们。我预感在往后的路程中，他还要陪我们在土耳其旅行。

这些国家和地区几乎人人都知道阿凡提，都会讲到他，并且能够津津有味地说几个他的故事。讲到他时都会笑声不断，都确定无疑地说，阿凡提是我们这儿的人，你看，我们这里不但有他的故事，而且有他的遗迹。

由于语言不一样，阿凡提在各地的名字也不一样，在中国，他叫阿凡提，在乌兹别克斯坦、哈萨克斯坦一带，他叫"纳斯尔丁·阿凡提"，在高加索、伊朗一带，他叫"毛拉·纳斯尔丁"，而到了土耳其，他又叫"纳斯尔丁·霍加"。"霍加""阿凡提"都源于突厥语，意为导师、先生、有学问的人。"毛拉"是阿拉伯语的音译，是"主人""保护者"的意思。怪不得阿凡提被誉为"世界民间艺术形象的顶尖级人物"。

我很作难了，在哪一段丝绸之路上写这个不能不写的人物呢？颇费踌躇。在这里写，那里会有意见，反过来也一样。所以一直到上路一个多月一直没

乌兹别克斯坦布哈拉城的阿凡提雕像

提到他，但阿凡提是丝绸之路上绕不过去的人物啊。现在再不能不写这个题目了，穿过土耳其到了欧洲，就难下笔了。

今天一到土耳其，当地人就力荐我们要去西南方向的阿克谢希尔城，因为那里有他的陵墓。你们若去瞻仰，可以看见他墓碑上写着："纳斯尔丁·霍加，土耳其人。生于一二〇八年，卒于一二八四年。伊斯兰学者，教师，清真寺领拜人。一个善于雄辩、善于讲故事、善于讲笑话的人。"早在16世纪，土耳其著名作家拉米依就把阿凡提的笑话整理成《趣闻》一书出版。欧洲的学者们比较认可这个说法。

但是中国人，尤其是新疆维吾尔族人坚持认为，这位永远快乐的民族达人出生在吐鲁番葡萄沟的达甫散盖村。那里也有阿凡提的故居，石碑上介绍他活了九十九岁。中国先后用汉语、维吾尔语、蒙古语、哈萨克语、藏语五种文字出版了上千种版本的《阿凡提故事》。而在乌兹别克斯坦的布哈拉和阿塞拜疆的巴库、大不里士，也发现了阿凡提写的游记。可以说，阿凡提是在当年奥斯曼帝国所有的领地，从中亚到西亚，从北非西北到印度、孟加拉国，以至高加索，还有中国西部地区流传的知名人物。数以千计的阿凡提故事在以突厥文、中文、维吾尔文、阿拉伯文、波斯文传播。每一地区、每一语种的传播，都加进了当地百姓的加工创造，当地人也将自己民族的智言和幽默归到了这个小老头名下。阿凡提以强大的品牌效应，凝聚了人类的智慧，成为伊斯兰世界民间文学的集大成者。

按照中国维吾尔族的传说，阿凡提出生于一个贫苦农民家庭，读完小学后就学习《古兰经》，十七岁就可以翻译阿拉伯文书籍。他以自己的智慧为武器，反抗巴依、富农，也包括披着宗教外衣的骗子，为老百姓伸张正义。他化愁眉苦脸为笑逐颜开，是民间智慧和欢乐的化身。

我感到阿凡提不竭的生命力，除了来自他自身，也表明了老百姓在改善自己生存状况的奋争中的一种心理需求。那是弱者制胜的需求，以民力制胜官力，以软力制胜硬力，以反讽制胜说教的社会心理需求。其实，每个人心里都有个阿凡提啊，不是吗？

阿凡提在土耳其的墓地，是根据他最后一个笑话设计的。坟墓不沾地、悬空，建在四根柱子上。柱子四周没有围墙，可以随便出入，却在大门上锁了一把锁。来这里的人都免不了发笑。笑过之后又会想：正义的思想和智慧如此凌空遨游、自由去来，你想锁住它，不是太可笑了吗？

2014 年 8 月 24 日，于土耳其奥尔杜

城因人而活

由新城猛然来到古城，像是一首乐曲进入了休止符，这才懂得静音也是音乐，空白也是色彩。你若又从古城驶进新城，又像是那首乐曲由低婉进入高潮，由林子驶进阳光。一座城市不能只是一个调子，城市也好，任何事物也好，都应该是复调的。

今天跑了 547 公里，由卡帕多西亚直奔土耳其首都安卡拉。我上次到土耳其，没来这里，从伊斯坦布尔往南去了南非。但对这座有着三千年历史的古城，对这座在八九十年内由几万人发展为五百万人的现代大都会，一直怀着敬意和期待。饭后我们即参观了土耳其国父纪念馆和安卡拉古城。

参观古城当然由不得和欧洲的城堡和亚洲的古城，尤其是长安古城比较。在这种比较中，我归纳出了三点启发。

一是古城因住人而鲜活。安卡拉古城，不是我印象中的城堡，博物馆似的静态呈示性的城堡，而是一个古老的活着的社区，很像我们陕西北部的绥德古城，有坡度有起伏，处处曲折而处处生着悬念。当你的车一开进去就有一群孩子呼喊着跟着车跑。也像我在爱沙尼亚首都塔林一条古怪的街道"长腿街"附近看到的那种感觉。石头砌成的拐弯巷子尽头有着古老的城门洞，门洞里现代青年正在吉他的伴奏下唱披头士的歌曲。当然更像我在新疆喀什古城看到的，维吾尔族兄弟姐妹在那几百年的地道式的古城中，安静而又繁忙地生活着。

你在安卡拉城散步，刚放学的孩子们好奇地看你一眼，便又继续着他们的游戏。邻居们在错落有致的房子前照旧随意说着他们的家常。窄窄的石板路旁，是破旧的泥石混制的老房，没有招牌、广告。墙像万年山岳似的斑驳而厚重，房子陈旧得就像历史。无一处没有故事，但老墙老房之间，又有大片绿地。那树也有千年，却依然绿得青春。城因人而活着，人因城而沉稳。人与城相濡以沫，相互营养着对方，形成一种难得的历史与现实对冲的活力。

二是古城因分治而传承。据说这座古城的历史，可以追溯到公元前 7 世纪，一个叫佛里几亚的部落来到这里，发现了一只船锚，便在这里落脚，建起了一座城。在印欧语系中，"安卡拉"的意思就是"弯曲的锚"。扳手指头算起来，那应该是中国的先秦时代，甚至是西周了。

这么老这么老的一座城，为什么就保留下来了，没有被灾害和战乱毁掉，也没有被历朝历代的新建筑活埋了呢？那是因为新古分置、分建、分治。安卡拉在 1923 年正式定都前只有数万人。建都于此之后，全面保留了老城，整个现代的新城环绕在老城的东、西、南三面。新古分置，老城因"留"下而得到了保护，新城因少了文物保护的顾虑而放手搭建，不到百年便发展为五百万人的现代大都会。都会再大再现代，老城依然安安静静地躺在一边，看着子孙们的作为。写到这里便想起了西安和北京，便不由悔恨交加。

三是古城因对比而有张力。这对比指的是新城、古城两座城的对比。你由新城猛然来到古城，像是一首乐曲进入了休止符，安静中似乎听到了清新的乐句，这才懂得静音也是音乐，空白也是色彩，都是城市的文化语言。你若又从古城驶进新城，又像是那首乐曲由低婉进入高潮，由林子驶进阳光。情绪在落差中奋起，心在起伏跌宕中加快了节奏。一座城市不能只是一个调子，城市也好，任何事物也好，都应该是复调的。在这种复调之中，你对安卡拉便有了这样的感觉：传统也好，现代也好，传统与现代融汇，那更是再好不过了。

2014 年 8 月 27 日，于土耳其伊斯坦布尔

蔡侯纸与羊皮纸

　　东汉蔡伦规模化生产的"蔡侯纸"，六七百年后，通过丝绸之路传到波斯、中东。又过了两百年，到公元1200年以后，才又通过丝绸之路传到欧洲。

　　在中国，公元前西汉初期，民间造纸就出现了，在甘肃天水放马滩出土的纸是世界上目前发现最早的纸。近年来在甘肃悬泉置又发掘出460件用麻类造的古纸。通常我们说的蔡伦造纸是指公元100年左右，东汉蔡伦总结了民间经验，用树皮、麻头、碎布、渔网造出了官方和社会认可，并实现了规模化生产的"蔡侯纸"。六七百年后，通过丝绸之路传到波斯、中东。又过了两百年，到公元1200年以后，才又通过丝绸之路传到欧洲。

　　我曾多次在陕西洋县看过复现蔡侯纸的制作过程，那已是从人工粉碎原料，到沤制搅拌使之纤维化，再到用丝网过滤纸浆成型，然后晾干、揭剪、码齐，叠成"刀"的有序化过程。世界上任何创造发明其实都萌动于民间的点滴积累，然后由某些杰出人物归纳、总结、提升而造就为一种成果。黄帝造指南车，仓颉造字都是这样一个过程。因此，在放马滩发现纸其实和史载蔡伦造纸并不矛盾。

　　古希腊和罗马，出现了众多的文化名人。这些文化名人写下了许多巨作，留给后人无与伦比的精神财富。人们不禁会产生这样的疑问：距今一千多年前写成的典籍是怎样保存并流传至今的呢？这就不能不谈到在欧洲与近东文化传承中起过巨大作用的羊皮纸。

　　在古希腊、古罗马时代，既没有纸，也没有印刷术，人们用羽毛或者芦管当笔蘸墨水在羊皮纸上写字，然后装订成册。谁要想得到一本书，一般的

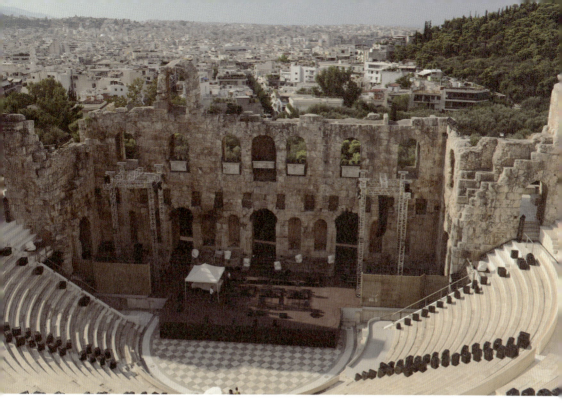

古希腊音乐厅遗址

办法就是抄写。当时的富人和权贵，都有专门抄书的奴隶。公元6—10世纪，欧洲中世纪的黑暗时代，古希腊、罗马长期积聚起来的典籍，经过无数次战乱、劫掠、焚毁、刮削，以及虫蛀、霉烂，损失无法估算。尽管如此，古代希腊和罗马的多数羊皮纸典籍还是保存流传下来了。这些古代书籍是如何流传至今的呢？

一是通过修士们的抄录和教会的收集。有人说，修士们抄下了公元6世纪以来可以见到的几乎全部的羊皮古代书籍，使大批典籍得以保存至今。当然，其中不少古代书籍早在日耳曼人攻击罗马城之前就佚亡或流失到外邦。还有些书由于犯禁而没有抄写，不少书在抄成后又散失了。要全部保存是困难的。

二是有学者认为，阿拉伯人对于保存古希腊、古罗马羊皮纸典籍立了头功。自公元7世纪开始，阿拉伯人在长达几个世纪的扩张中，攻占了地中海沿岸大片区域，接受了大量珍贵的希腊、罗马古代书籍。阿拉伯人甚至不惜动用军队劫书。公元9世纪，哈里发马蒙在巴格达建立了宏大的智慧馆，将搜集到手的希腊古书译成阿拉伯文。据估计，阿拉伯人搜集的希腊古书比欧洲修道院保存的还要多，而且他们有意识地保存了一些极具价值的医学和自然科学方面的著作。这些书后来都陆续译成了拉丁文在欧洲流行。了解了这些情况，联想起秦始皇的焚书坑儒，我真是面有愧色。

三是还有人认为，希腊古文献的最大保存者是拜占庭帝国，即东罗马帝国。中世纪大量羊皮纸典籍遭毁，而拜占庭王朝却热衷于保存书籍。所以有人把拜占庭称为古典文化的保存者。如果不是拜占庭帝国，今天的人们将无法看到荷马、柏拉图、索福克勒斯甚至亚里士多德的伟大作品。看来，拜占庭帝国强调自己是罗马人的传承者，而历史上也将他们称为东罗马帝国，从文化坐标上看，的确是有道理的。

上述各种说法都有一定的道理，虽不能作为确切的定论，却给我们提供了探索这个问题的多种路径。

2014 年 8 月 31 日，于希腊卡兰巴卡

守 住 灵 魂

　　这个文明轴心宛如精神山脉一样横亘在北暖温带上，大致正好在古代丝绸之路的方位。这样丝绸之路与精神轴心便组合成我们这个星球上一个硕大无比的万象、万体，向宇宙宣示着人类生命的伟岸。

　　来到希腊，好像来到人类精神神话的世界。自小听说过的许多文化巨人，由幻想而鲜活，由心仪而不期然地迎面走来。亚里士多德、德谟克里特，当然，我第一个想趋前问安的是苏格拉底。来希腊不能不说、不见这位老人家。

　　苏格拉底是西方文明之父，在被德国学者雅斯贝斯称为"轴心时代"的时期，北暖温带附近，出现了一大批元典性思考者，有孔子、老子、佛陀，

跨越千年的美丽——雅典卫城

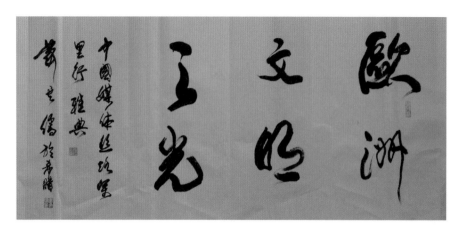

赠送给雅典市政府的中国书法作品

有号称"古希腊三贤"的苏格拉底和他的学生柏拉图，以及柏拉图的学生亚里士多德。苏格拉底，作为西方文化的标高，横空出世于爱琴海滨。千万不要忘记，这个文明轴心宛如精神山脉一样横亘在北暖温带上，大致正好在古代丝绸之路的方位。这样丝绸之路与精神轴心便组合成我们这个星球上一个硕大无比的万象、万体，向宇宙宣示着人类生命的伟岸。

苏格拉底自诩为神圣的雅典牛虻，他要刺激沉睡的国家及人民。他创立、宣传新神，这便是宇宙理性精神，主张有知即有往，所以无往乃是因为无知。他说："我唯一知道的，是我无知。"他让自然宇宙哲学回到人间，回到自我、心灵，发展为伦理哲学和道德结点，他说："认识自己方能认识人生。"他明确地将人区分为物质实体和精神实体，人生在物质境界与精神境界"两界"中演进。他说："这个世界上有两种人，一种是快乐的猪，一种是痛苦的人。做痛苦的人，不做快乐的猪。"他身体力行大众教育，这甚至比孔子进了一步。他们两个都述而不作，思想言论由学生整理。孔子虽然有教无类，也只教了七十二贤士和三千弟子。而苏格拉底常常在广场上给大众演说，与平民辩论。他用启发式的提问与对话，将自己的知识、思考与智慧传达给大众，创造了"苏格拉底问答法"。他说："每个人身上都有太阳，主要是如何让它发光。""问题是接生婆，它能帮助新思想的诞生。"

就是这么一位先知先觉者，被当局诬为"引进新教、蛊惑青年"，因传播、坚持宇宙理性精神而获罪，最后竟被雅典法庭判了死刑。他的学生们劝他逃亡，安排好了一切；他也可以请求赦免，只要他"痛改前非"，但他拒绝了。他不能放弃他的人文立场，也不能因权宜之计而言不由衷地"认错"。他终生维护雅典法律的权威，主张以理性法制而不是主观随意的人治来管理社会。他不能因自己的逃亡而破坏法制。这位精神理想的殉葬者对学生们说："分手的时候到了，我去死，你们去活，究竟谁过得更幸福，神知道！"

苏格拉底就这样壮烈地为精神主张而死，总让我想到我大学时期高我一级的两位学姐，一个叫张志新，一个叫林昭，她们为自己的主张而献身，巾帼远胜须眉。陕籍著名诗人雷抒雁在他那轰动一时写张志新的长诗《小草在歌唱》中写到，她们让所有的男子汉惭愧。当然更让我这位虚有一身臭皮囊的小学弟无地自容！她们真是苏格拉底的好学生！

但对于经历千年封建专制的中国来说，也许更有文化比照意义的是"史圣"司马迁之死。他为李陵辩护，也是为历史真实辩护，却遭到汉武帝暴虐的对待。他没有慷慨赴死，而选择了屈辱地活下来。他忍受着被皇权阉割的精神痛苦，无脸见人，浑身冒汗，埋头隐居撰写中国第一部纪传体通史——《史记》，完成自己史官家族交给自己的责任。他以对历史负责的神圣感，战胜了个人的荣辱。个人生命虽被阉割，但史笔史魂依然坚挺而光辉四射。这是在封建专制体制下独有的生存方式和生命光彩。

西方的苏格拉底为自己的文化责任而死，为自己崇尚的法典而死，东方的司马迁为自己的责任而活，一个挑战王权而屈从法典，一个屈从皇权而坚守历史，一个为法之魂，一个为史之魂，走向永生。

2014 年 9 月 1 日，于希腊雅典

庞贝，活埋的古代社会

我们这些不幸的祖先，有的趴在地上，灼烫使他们弹弓起了腰，有的被焚烧得身体蜷曲成一团。所有人的面部都显出震颤性的惊恐和痉挛性的痛苦，那是灾害突至时猝然间的反应。就像发生在刚才，就像发生在我们身边。生与死这种被光阴拉得漫长的生命两极，突然短路，是那样地灼痛了我。

去那不勒斯是这次"丝绸之路万里行"的尾声了，车队的十六辆车将开到港口，用集装箱运回中国，我们则由这里直接奔赴罗马达芬奇机场回国。

而我在这里最想看的是庞贝，最想听的是《桑塔·露琪亚》。

公元1707年，人们在那不勒斯附近的维苏威火山脚下的一座花园里打井时，挖掘出三尊衣饰华丽的女性雕像。1748年，人们在这里挖掘出了被火山灰包裹着的人体遗骸，后来，竟从地下掘出了整整一座庞贝城。这座城在地下已经埋藏了一千多年，考古发掘至今也没有结束。

庞贝废墟像一幅长卷，慢慢在我眼前展开。整座石质的城市，主街、小巷、广场、商店、剧场、医院甚至妓院，一一清晰地呈现着。天依旧蓝，云依旧白，泉水依旧可饮，只是游客的惊叹替代了当年的市声。当我看到几尊当年因瞬间窒息而死亡的人体遗骸时，震惊得似有太阳黑子爆炸！我无声立于其侧，脑子里冒着金星。眼睛贴着玻璃柜，想零距离地凝视我们这些不幸的祖先。他们有的趴在地上，灼烫使他们弹弓起了腰，有的被焚烧得身体蜷曲成一团，有的也许正在洗浴，瞬间的变故使他们护住下体。所有人的面部都显出震颤性的惊恐和痉挛性的痛苦，那是灾害突至、死亡突至时猝然间的反应，那是任何雕塑家也塑造不出的极致表情。就像发生在刚才，就像发生

庞贝古城遗址

在我们身边。当生与死这种被光阴拉得漫长的生命两极，突然短路，突然在电光炽火中毁灭，那情景是那样地震撼了我，刺痛了我。

庞贝有两千六百多年的历史，曾经是古罗马第三大城市，在维苏威火山脚下，富商云集，街市繁华，有地热温泉，有肥沃岩土，因酒色之都而闻名遐迩。更有火山石，可止痛、安神、止血，功效神奇。不幸的是，人们轻信了一位地质学家斯特拉波的推断，认定维苏威火山是一座死火山，而放弃了警惕，争先恐后来这里造花园建别墅，纵情于声色犬马。公元79年8月24日这一天，火山遽然爆发，滚烫的岩浆、火山灰瞬间埋葬了这个城市，刹那间窒息了城市所有的人。庞贝于是瞬间毁灭，一千多年后出土时，这里的居民便还保存着那个恐怖时刻的样子。

发现庞贝二百多年后，在遥远的东方，在中国西安的临潼，一位叫杨志发的农民在打井时发现了兵马俑的陪葬坑，经多年考古发掘，这里成为目前世界上最大的"古代地下军事博物馆"。专家们推断，在未开发的秦始皇主陵中，除了陶俑陪葬，按当时皇室的规矩，活人陪葬也不在少数，主要是嫔妃奴仆。

一种是自然灾害致死，一种是专制权力致死；一种是瞬间地失去知觉生命，一种是在缓缓降临的痛苦中（陪葬人）或在麻木中（陪葬俑）死去；一种是在死亡面前贫富贵贱、男女老少、人人平等，一种是在死亡面前君臣、主奴、将士、男女依然等级森严。

地中海的阳光和海风涵养着意大利这个民族的浪漫情调。他们总喜欢从现实与严峻的历史事件中，衍生出关于爱情、关乎人性的美丽故事，以缓解自己的创痛，去向未来。庞贝古城的灾难中就蒸腾出一些这样的故事。其中有一个叫《伤心欲绝的索菲娅》，说的是火山爆发的前几天，家住庞贝300公里外的美丽少女索菲娅，母亲胸痛咳血，危在旦夕。未婚夫卡洛闻讯赶来，要飞马去庞贝取止血石挽救未来的岳母，抚平情人的创痛。他说连跑两三昼夜一定能赶回来，说完绝尘而去……

卡洛万万想不到，自己正扑向死神。他遇上了那场灭顶之灾！索菲娅从此掉进了终老一生的等待。地中海的波涛传开了一首民歌——《伤心欲绝的索菲娅》。

我们不妨设想，倘若在庞贝城的火山灰中找到了卡洛，他一定还像千年以前那样年轻英俊。而可怜的索菲娅早已老去，早已故去……

故事让同伴们有些忧伤，归途中车里一片静寂。有人为了缓解气氛，提议晚上去吃意大利面，我接嘴道："意大利面中有一种，又粗又大，叫'耳括面'，跟咱老陕的裤带面有一拼，还真解馋。""走吧！"

2014 年 9 月 12 日，于意大利那不勒斯

在意大利回望西安

回望是回忆，是回味，也是思考。人类不同形态的文明，就是在这种回望与思考中选优汰劣，共同进步的。第三次到罗马，我对意大利的感受，渐次进入西安和罗马及意大利其他城市的比较和思索。这也许就是文明互鉴吧……

一

自古以来，罗马、长安可以说是最有缘分的两座城，它们同为世界四大古都之一，联袂出现于历史和现实的舞台，频率之高引人注目。它们的历史景深和文化气息在旮旯拐角散发着沉香木的幽香。而搭建这个舞台的，主要是两千多年横亘于历史和现实之间的那条闪光的丝绸之路。

我已经是第三次从西安来到罗马。第一次是四年前，我来罗马举办了"肖云儒中国书艺展"。展览在一座有着六百年历史的叫作"诗人之家"的书籍博物馆，整整展出了三个月。开展那天，中国驻意大使馆文化参赞和罗马文化官员以及各界人士，来了一两百人。当我现场做书写表演时，老外们为中国书法的笔、墨、水、纸在急速运动中自如地交融，为水墨线条极具东方审美意味的动态组合而啧啧称奇。围观者水泄不通，一次次响起了赞叹和掌声。之后我为听众做了"中国书法美学特征"的学术讲座，边讲边与热心的听众互动。意大利国家电视台做了现场播报。

第二次是去年，参加中国"丝绸之路万里行"全媒体文化活动，坐汽车西行3万里，经八国三十余城由西安到达罗马。记得到达罗马时，意方特意安排了警车开道，意大利国家电视台启动了直升机航拍。车队在罗马闹市

罗马"肖云儒中国书艺展"现场

绕行一周后到达米开朗琪罗设计的市政厅广场。在军乐队的伴奏下，罗马市政府在这里举行了隆重的欢迎仪式。中国驻意大利特命全权大使李瑞宇专程出席。罗马市副市长涅利主持仪式并致了热情的欢迎词。意大利前总理普罗迪发来祝贺视频。有一句话让人难忘，他说，在张骞之后两千多年，在马可·波罗之后七百多年，丝绸之路又开启了，罗马——长安又贯通了！

　　这次三到罗马，我由对古罗马文化的观光和景仰，渐次进入对西安和罗马及意大利其他城市的文化比较和思索。同为世界古都，其实西安和罗马有所不同。西安自古作为世界大都会，在历经十三朝，尤其是作为民族、国家基石的周秦汉唐几个大王朝的政治文化中心之后，都城迁走，始而东移洛阳、开封，继而南下南京、杭州，后来又北上北京，长安也就更名西安。尽管它仍然是中国的文化中心，政治、经济地位却在某种程度上被边缘化了。唐以后的西安，更多是作为国家的西部重镇雄踞三秦、辐射西北。辛亥革命之后，虽有 20 世纪三四十年代的西安事变和延安革命根据地时期，虽有 20 世纪 60 年代的三线建设和 20 世纪 90 年代以后的西部开发时期，西安的地位屡有提升却并未发生根本性改变。近年来国家"一带一路"倡议的提出，国际文化大都会的定位，给了西安一个重返国内外中心舞台、重温汉唐盛世的难得历史机遇。每思及此，我们这些血脉中潜藏着故都情结的西安人，心中的温度便会升高。

罗马不一样，它自古至今一直是国家首都，是排在欧洲乃至世界前列的中心城市，也一直是"条条大道通罗马"这一象征性话语的合格的寓指之城。罗马一直深刻地参与或被卷入意大利、欧洲和世界的古代史和近代史、当代史，文明史和政治史、经济史。这固然与世界历史书写中的欧洲中心论有关，却的确给罗马加了不少分。从对等交往的平台看，罗马人有一种心理：他们不轻视西安，却更愿意与中国的北京并列。这似乎不够公平，却又不可避免，可以理解。

二

意大利的古都佛罗伦萨虽然现在只有四十几万人口，放眼漫漫历史路，却完全可以和西安交相辉映。和西安一样，佛罗伦萨也曾是意大利的古都，也引领了一段让西方发展轨迹转向的、可以大书特书的历史。

古长安缔造了中国史上最辉煌、最可称道的汉唐盛世。这个盛世交响乐的序曲，是由张骞与汉武帝领衔奏响的丝路旋律，而后引出汉韵唐音的各个乐章。所有中国人一说起汉唐盛世就诗情洋溢，民族集体意识中那种血性而又恢宏的历史记忆和未来渴望，就会被一把火点燃。直至今天，汉唐盛世不依然是我们"中国梦"的一个重要的历史尺度吗？

而佛罗伦萨孕育了欧洲的文艺复兴。达·芬奇、米开朗琪罗、拉斐尔、但丁等人的文化思想和创作实践，以崭新的人道主义为基石，如惊雷和闪电划破了中世纪"唯神论"的阴霾，用"唯人论"照亮了整个欧洲的精神宇空，前导着资本主义社会的来临。

遗憾的是，东方的汉唐盛世辉煌了四五百年，终于没有引发皇权制度及其理性体系的根本变化，中国甚至反而沉入了宋明理学更为森严的文化桎梏。这之后，尽管国力和文化力在宋明继续维系了一段向上的昌明，之后却拐进了下坡路，进入近三百年落后挨打的历史，不堪回首！

两个历史时空为什么会有如此不同的走向？这就要谈到佛罗伦萨的一个人物：美第奇。中国历史上少的正是美第奇这样的官员和商家。美第奇家族的徽章雕在米开朗琪罗广场小教堂前厅的一面墙上，毫不起眼。徽章上没有爵位和财富的炫示，却将几颗普普通通的药丸镶成一个弧形。很少有人注意到它。我郑重地将它拍下来，收藏在心中。原来，美第奇家族是以经营药材起家而成为意大利最富有的家族，成为大银行家和"僭主"，即实际上的统治者。他们由制药而航海，由制造而金融，由商业而政治，却更深知、更重视以文化来为经济开路，以文化来巩固政权。他们投入巨资支持达·芬奇、米开朗琪罗、拉斐尔等大艺术家冲破中世纪的神权主义，引领欧洲的文艺复兴运动，催生资本主义的降临。这一切，又都反过来为美第奇家族的商贸和政治活动开拓了新的历史平台。

美第奇家族创造了以文化引领经济、政治的杰出例证。

对比中国近代史，我们看到了巨大的落差。自古以来挥之不去的重农抑商观念，使我们的晋商、浙商和秦商很少与文化结缘，与政治联姻。徽商好一点，出现了胡雪岩这样政企结合的"红顶商人"，而后却在政敌和洋人的打击下而衰败。中国的政界、文界呢，也从来不屑与商贸结合，借商贸之财力，推动思想观念、文化精神和社会建设、社会管理的提升转型。这可能是近代中国各地商帮衰败的一个重要原因，也是中国近代政治社会改革滞后、文化开放滞后的重要原因吧。历史呼唤中国的美第奇，而千呼万唤未出现！

从佛罗伦萨起步的文艺复兴，不但结出了一批经济社会硕果——像威尼斯水城这样的地中海商贸中心，而且推动意大利乃至欧洲彻底甩掉了封建制度的羁绊，以蒸汽机为转向标，走上了资本主义工业化新时代。佛罗伦萨对历史进程的影响是根本性的，现代社会的第一缕曙光便出现在佛罗伦萨。

面对佛罗伦萨，西安能够永远满足于"文化古都"这一美称吗？文化不止指已经储备的资源，有活力的价值观才是文化的核心，有活力的价值观所激发的当下实践才是文化活的生命。"文化古都"一定要同时成为价值观的创新者、领跑者，古都才能薪火相传、代代更新。

三

但发达的西方也有它的隐患，这就要再说几句威尼斯。相隔一年之后，这次我又乘船从同一个码头来到这座令人销魂的水城，又见到了圣马可广场和钟楼，又徜徉于那条条交错纠缠的小巷、那家我们吃过饭的温馨小店，又吃墨鱼面，又乘着已有一千余年历史的小舟"贡多拉"穿行于迷离曲折的水巷之中，还竟然又路过了马可·波罗故居——只是再也寻找不到去年"丝绸之路万里行"的朋友们的身影了！

怀旧的同时也充满了隐忧，两种感慨在心中旋涡般绞动。

这种隐忧是当我得知了一个信息后产生的。因海平面的上升，据说二百年后威尼斯将像泰坦尼克号一样沉没于海底！威尼斯建在100多个小岛之上，以177条水道、400多座桥梁连接而成，它的许多建筑是架在插入淤泥和水下的木桩上建成的。有座只有48米长的里亚托桥，两个桥头堡就用了12000根木桩支撑。气候的逐年变暖正在使海平面逐年上升，如若这座美丽的水城被淹没，凝结在水城建筑之中人类几千年的智慧、劳作和审美结晶将和我们永别。

身处覆舟的濒危心理笼罩着威尼斯人，再加上国际旅游名城无休无止的喧闹、拥挤、污染，威尼斯已经变为宜于旅游而不宜于居住的城市。本地居民正在悄悄逃离，原住民由三十万急速降低到五万多。但从街面上熙熙攘攘的人群看，丝毫没有大船倾覆前的惊恐，有的只是喜悦、赞美、陶醉。每年有上千万的游客从世界各地来这里观光，他们摆出各种美丽的姿势留影，幸福地购物消费，炫耀自己的富有或幸福，却很少有人关注城市深处、水巷尽头的幽幽泪光，也很少想到本土居民对家园即将沉没的忧虑。

资本主义推动了历史的进步。但资本主义，尤其是早期资本主义的工业化浪潮，也对生存环境造成极大的破坏。忽视大自然各种生命的价值，忽视天宇和大地循环的规律，最后必然遭到环境的报复性反弹，伤及人类自身的生存。马克思曾经这样一语中的地谈到处理好人道与自然关系的理想境界：一定程度上，自然主义就是人道主义，人道主义也就是自然主义。

不由得再次想起泰坦尼克号！船上的人们，在沉没前惊恐着，哀号着，逃生和挣扎着，有损人利己，也有救助与互助，无论何种状态，都可以视为人类在灾难前的一种抗争，都是积极的求生行为。给人印象最深的是那些放弃逃生、镇定自若演奏的音乐家，他们以优美的旋律给这个即将覆灭的世界奏响安魂曲。那是死亡无可避免时的镇静，是视死如归的救赎，也是重生与悟觉。而今天，我和我眼前的人们，站在这艘行将倾覆的巨轮上，却浑然不觉地欣赏着家园和自身的毁灭。以轻喜剧的态度对待沉重的生命悲剧，真是加倍的悲哀！

威尼斯，一个当下世界残酷的寓言！

四

倘若从发展的角度回望西安和意大利几座城市，也许最能启示我们的是米兰。米兰是意大利的第二大城，我们这次就是专程来这里参与第42届世界博览会的。我和中国陕西的代表一道，参观了意大利、中国和美、法、德几个展馆，并且在组织方的安排下，举行了一个小型的中国文化种子论坛。虽然匆忙，还是尽其所能地展示了书法、秦腔、中医等中国文化元素，我和张宝通、李刚、魏双良几位先生还分别就"长安—罗马，丝绸之路上的文化二重奏""从'秦那'到意大利""千年秦商""中国文字与书法"等论题做了主旨发言。

米兰也是个古都，曾短时间是西罗马帝国首都，拥有世界最大的哥特式建筑米兰大教堂和斯卡拉歌剧院这样闻名于世的宗教和艺术建筑。但米兰又是闻名于世的时尚之都、炫酷之都、制造之都，拥有世界半数以上的著名时尚品牌和时装大牌总部，拥有世界最著名的奢侈品大街。米兰时装早已通过T台打造了自己的全球形象。记得2013年夏天，在西安南城门古老的瓮城中，举行了一次米兰时装表演。意大利国家电视台专程赴西安现场直播。编导是我的意大利老友保罗·盖特和意籍华人聂红梅。他们盛邀我出席并登上T台讲话。矮小的我夹在高大的米兰名模中，很显出一点尴尬。瓮城内搭建起一个少见的"女"字形T台，世界级的名模们无比雍容华贵地在城楼的背景中从容走来。在华灯彩光照耀下，世界最酷最美的现代文化元素和南门城楼古老的东方元素在反差中融合为一组一组动态的画面，那样的天衣无缝，真的让我陶醉了！AC米兰和国际米兰两支足球队，跻身世界夺冠最多的球队之列，更是让无数年轻人狂热。米兰足球的影响已经远远超出了体育，而成为当代社会速度、智慧、青春的标志，成为人类生命活力的一个喷射口。米兰不愧是现代意大利、时尚意大利的第一符号。

传统与现代、古老与时尚就这样在米兰构成一种"二律背反"。两股看似反向的文化力量，在漩流般的冲撞中形成两极震荡效应，反激出源源不断的生命力、创新力。老传统给新时尚以底气以运势，新时尚让老传统鲜活地重生、获得新的青春。这一点，也许正是我们显得不足的地方。我们常常好怀古好溯源，好关在历史厚重的大门背后奢谈"老子天下第一"。记得十多年前我在《陕西人的"十好"》的文章和访谈中，痛切陈列过陕人的"十大不良精神嗜好"，其中就谈到过"好为中""好溯源"的现象，曾经引发轩然大波，在报纸上讨论了很长时间。随着时代的发展，陕人革新进取之精神已与日俱增，而且卓有成效地体现在经济社会发展实践的方方面面。尽管如此，站在米兰世博会的现代主义雕塑之前，我还是想起了自己文章中的一段话，不妨引在这里作结：

> 我们要当好子孙，把祖先创造的好东西留下来；我们也要当好祖先，给子孙创造新的文化财富，把自己创造的好东西传下去，将传统接续下去。我们不能装孙子，躺在祖先的成就上睡觉；我们也不能装爷，压制下一代鲜活的创造。我们要用切实的创造性劳动去证明自己的"代别身份"。

2015 年 11 月 7 日，于西安不散居

中

玄奘之旅

散步未央宫

　　因为安排我接待到访的比利时电视台北京分社社长华帆（中文名）带领的三人记者组，并作为出镜讲述的中国学者，陪同他们行走丝绸之路的国内段，在 9 月 28 日上午万里行车队出发式之后，我暂时被留了下来。未来的十天里，我将乘坐比利时记者组的越野车，与华帆及一名比利时摄影记者、一名中文翻译从河西走廊一路西行到新疆伊宁。出发式后，我离开了车队和战友，陪他们去参观西安的未央宫和大明宫。这是世界文化遗产"丝绸之路：长安——天山廊道的路网"22 个景点中的两个。

　　万里行车队驶离西安之后，我偕比利时电视台的华帆先生一行去西安大庆路的丝路群雕拍摄他们纪录片的片头。这个群雕是西安美术学院马改户的团队在 20 世纪 80 年代创作的。群雕以花岗岩为材质，通过两组中国和波斯商旅驼队络绎行进于丝路的构图，简洁、流畅而极有力度的线条和面块，将丝路驼队连绵起伏的动势、沉着坚毅的精神，十分传神地表达出来。镜头不多，但折腾了一个钟头，让我领略了一番欧洲人的精细和敬业。

　　然后我们去汉未央宫。今日西安天朗气清，汽车在拥堵的闹市艰难穿行，驶到一个名叫大白杨的去处，忽地一拐弯，眼前竟出现了一片无边的旷野。说"无边"毫不夸张，一眼望去，的确看不到边沿，看不到当今所有城市都有的楼群错落的天际线。一碧如洗的远天上，随意抹上了两道云彩，有若阴阳双鱼相向而游。翻译惊呼，这不是太极图吗？

　　在寸土寸金的大都市里，无意之中就能够肆意享用到如此辽阔的空旷之境，我们也太奢侈了。

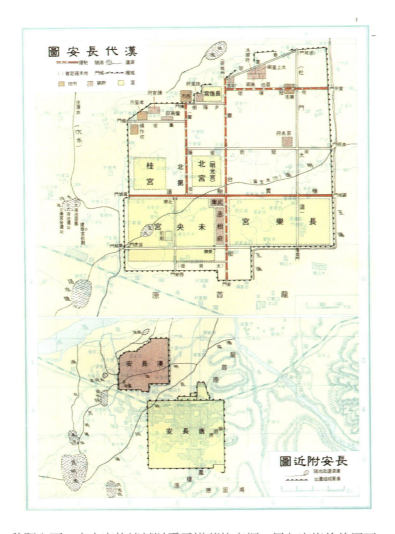

　　秋阳之下，未央宫的墙基以重叠错落的方框，呈九宫格徐徐展开。一步步登上前殿的 20 米高台，两千年前在这里理政的十二位汉朝皇帝，走马灯似的在眼前旋转，辽远、简朴的汉韵也就在耳旁悠悠响起。几道光柱斜落于树影之中，把那些陈年旧事一下子照得生动起来，过眼很久很久的烟云又一一成为眼前的烟云，有声有色地由着你一页一页翻读着。我知道我此刻与汉武帝、张骞、司马迁处于同一个生命场中，同一处阳光和婆娑的树影下。此刻他们在哪一处树荫深处等着我们呢？

进到西安门，蓦地被一个气场团团裹住，无色无味无声，看不见摸不着，却分明能够感觉到，是那样轻纱淡絮般地从心头漫过。是了，张骞当年就是在这里拜别汉武帝，远别故土，一路向西，以陕西汉子特有的执着，付出了十七年的时光，凿通了那条神奇的路。他的脚步，在迷离的宫墙中仍可听见回音，他的身影，这里那里犹从墙基掠过。我们"丝绸之路万里行"媒体团的记者，两年之后又要去走丝路了，又要自驾汽车奔驰 30000 里、行走丝绸之路七国了，今天竟在西安门与博望侯张骞邂逅，自是分外亲切。谈起丝路上的风情见闻，哪里关得住话匣子？不觉便羁留了好一阵子。

你无法不在天禄阁、石渠阁久久徜徉。这里曾是国家图书馆和档案馆，尽藏刘邦入关所得秦之图籍。你想象着，又无法想象，当年司马迁为了撰写《史记》，是怎样屈辱而又无畏地来到这里爬梳、检阅资料。对自己在宫刑之后痛不欲生的屈辱，他在《报任安书》中有过那么痛切的描绘——"仆以口语遇遭此祸，重为乡党戮笑，以污辱先人，亦何面目复上父母之丘墓乎？虽累百世，垢弥甚耳！是以肠一日而九回，居则忽忽若有所亡，出则不知其所往。每念斯耻，汗未尝不发背沾衣也！身直为闺阁之臣，宁得自引深藏于岩穴邪！"这位受了奇耻大辱而无颜见人，只想藏匿于岩穴之中的太史公，为了实现家族的续史大志、民族的存史伟业，目无旁骛、义无反顾地走过这里的一段段回廊、一扇扇窗口，领受着昔日同僚和宫闱下人以目光和议论对自己利刃般的凌迟，血流如注地走向历史，走向真理，那是怎样的惊心动魄！

而少府也很能勾起大家的兴味。当年花团锦簇的汉宫生活，透过繁华的宫廷庶务，依稀可感；皇后寝宫的椒房殿，取用椒花椒叶和泥砌建，依然似有若无地散发着芬芳……

向灯下展简疾书的太史公司马迁行注目之礼，向依然在丝路上行走的张骞和整个"博望侯群体"遥祝平安，也插空和怀揣《举贤良对策》正去上朝谏议的董仲舒互道一声珍重！待我们走到宫门口的汉阙之侧，不期又遇上了大步流星来汇报军情的卫青、霍去病将军，没来得及打招呼，已经擦肩而过，留下一股汗水和硝烟混合的味道。

沿着光阴的定格，行走于历史的棋盘之上，我们阅读着两千年前这部大汉书，体味着那个朝代的风光和气息。

真得感谢长安人为我们留下了汉朝，未央人为我们留下了未央宫。我知道，在大拆大建已成为当代城市改造大趋势的今天，吃梆梆面、锅盔馍的西安人，硬是用一股倔强劲儿，逼着二环路拐了个大弯绕开了汉城遗址，使之纤毫未损。"西安二环为什么不方正"已经成了导游词中精彩的佳话。未央宫的护城河一度成为城市排污渠，西安人不惜工本硬是把这里改造为汉城湖风景带，市民可以乘游艇观赏北方古都的水景，可以乘船由市区直达西安北站——西安新建的高铁专用站。这座城市的市民和管理者终于使西安有了城中河，改变了西安自古以来只有八水相绕于城郊的格局。未央人还下决心将汉城遗址内的村落陆续迁出，或就地改造为汉风小镇，又将位于汉未央宫、唐大明宫遗址附近的经济开发区内许多已成气候的制造企业，整体北迁20公里，远离保护区。是的，汉唐的一草一木，即便是汉唐的空气，也是不容侵蚀的。

如此在所不惜保护自己的城市、保护自己的历史的西安人，中国真要感谢你们。感谢你们留下了周朝、秦朝，留下了汉朝、唐朝，感谢你们收藏了中华古史的上半篇。

在卫星照片上，未央宫极像一块芯片，那些无言的墙基如集成电路盘桓成框形，其中每一个空框，都诉说着远逝的风云，装满了沉甸甸的岁月，等待后人去翻阅。其中，汉武帝会给你特别的触动。立于宏大的汉宫遗址群，那位缔造这一历史芯片的君主几乎无处不在。汉武帝是中国历史最重要的几位书写者之一，我们民族一些闻名于世的文化符号均在他手中创建。我要特别向此刻正在凭窗远眺的汉武帝刘彻先辈，拱手问安。

自古以来，有两位巨人在中国北部大地上疾步西行。一位从北纬 40° 的山海关出发，它的名字叫万里长城；一位从北纬 34.5° 的长安城出发，它的名字叫丝绸之路。它们像中国古代神话中的英雄夸父，在不同的空间沿着两条平行线，逶迤西去。

丝绸之路与万里长城，是中华民族的两大创造，中国历史的两大标志。它们西行到了甘肃河西走廊，一位稍稍偏北，一位稍稍偏南，蜿蜒的足迹渐渐形成一个美丽的夹角，终于在嘉峪关有了一个华丽的交会，碰撞出耀目的火花。"嘉峪"，匈奴语意为"美好的峡谷"。这美好的峡谷虚谷以待，在自己的怀抱中举行了两大文明成果壮丽的合龙仪式。刘彻派出来的张骞与霍去病，在嘉峪关下长揖相会，击节而歌。两位几乎处在同一时代的夸父，成为丝路与长城的形象代言人。

对入侵者出以铁拳，对朋友伸开双手——中国人自古以来就是如此气度，刘彻则将其提升为"以战合纵，以和连横"的国家战略。长城更以自己的防御功能宣示，中国人从来不轻易出拳，干戈烽烟皆为防卫。丝路则宣示了我们结谊天下的主动性，我们愿意先伸出双手去拥抱朋友——这便是"长城"和"丝路"昭告于世界的中国精神。

而就作为国策的这软、硬两手而言，汉武帝是最高决策者和成功实践者。

未央宫遗址、大明宫遗址、古长安、古长城、古丝路，和所有的人类文化遗产一样，都是智慧的聚宝盆、历史的回音壁。远去了驼铃，远去了鼓声，只要你一旦又站在了这里，它们重又会在城堞之间回响。

2016 年 9 月 29 日，于西安不散居

二上帕米尔

帕米尔是有尊严的，它不会让人轻松地从它身边穿过去，尤其是骨头很硬的中国西部汉子。西部人也是有尊严的，他们要大声告知帕米尔，我们姓甚名谁。这是强者之间的惺惺惜惺惺，这才是帕米尔，这也才是中国人！

一

2016年10月9日一大早，奔驰了4000余公里的丝绸之路万里行车队，马不停蹄地由西部边城喀什出发，奔向国境线上的吐尔尕特口岸。我们将从那里穿越帕米尔高原，进入吉尔吉斯斯坦——在古代传说中，那是一块有着四十个富饶的城邦和四十位美丽的少女的土地。

车队朝着帕米尔疾驰，洁白的云絮将天穹擦洗得锃明瓦亮，穹顶之下，帕米尔缓缓向我们走来。天边绵延的雪峰，远处淡紫色的群山，火成岩用铁锈色勾勒出极有力度感的山褶，驼色的山丘草地由眼前柔和地铺向渺远，一切无声无息地在车窗外旋转。

帕米尔，波斯语的意思是"平顶屋"，塔吉克语中则是"世界屋脊"的意思。它是我们星球上极致的高原，我心中极致的精神坐标。我曾把它当作圆心，说以它到黄河壶口为半径在中国版图上画一道弧，弧以西大体就是中国的西部，而以它到黄河兰州段为半径画一道弧，这道弧以西则大体是中国西部的游牧文明区。两道弧中间那块硕大的扇形地域，则大体是西部的农耕文明区。一切皆以帕米尔为坐标展开。

其实，帕米尔也是亚欧大陆的中心。由帕米尔北至北极圈，南至印度洋，东至长江三角洲，西至英吉利海峡，距离大体相当。登上帕米尔，俯瞰丝路，俯瞰欧亚大陆，任谁心中都会生出一股豪情。

车队渐渐驶进它的腹地。两亿四千多万年中大陆板块多次冲击，在印度板块强劲挤压下，它嘎啦啦隆起。那些刀劈斧砍出来的褶皱，让你感觉到造山运动无与伦比的伟力和无与伦比的惨烈。地壳爆裂，无数碎块跳起来，每一碎块都挺立为大山。想象那远古的野性，生命翻江倒海地激荡。

10月9日那天，喀什秋高气爽，年轻人只穿一件T恤，我多加了一件夹克衫。吐尔尕特是个不很知名的口岸，硕大的门廊却有着国家的尊严。十二时举行了简短的壮行仪式，办了手续，很顺利便出了境。不知怎的，我心里却生出了一丝遗憾、一丝期待：穿越帕米尔，就这么简单？能这么简单？以帕米尔的性格，它怎能如此轻易地放过我们？英雄应该有英雄的方式——我期待着。

果不其然，一到吉尔吉斯斯坦海关便陷入了遥遥无期的等候。吉尔吉斯斯坦海关可能很少遇见一次七八个电视台和媒体同时出关的情况，反复询问、登记、检查，直到晚上十时（当地晚八时）才算最后过了关。在高原口岸的十个小时中，温度由零上十五六摄氏度下降到零下五六摄氏度，由于过境时必须人车分离，行李都在车上，大家无法加衣，零下的低温和海拔2000米的高原反应，让大家真有点饥寒交迫。想跑步取暖吧，无奈心跳加速、头昏，举步艰难。我很为自己的身体担心，毕竟七十六岁了。

在等待中，我久久遥望着从这里往南二百多公里的红其拉甫方向，那里有号称"昆仑三雄"的公格尔九别峰，是著名的瓦罕走廊的东北入口。十多年前，也是初秋九月，我早年在人民大学求学时的授业老师、著名学者冯其庸先生，也以古稀高龄几度进入这一带，勘察和验证玄奘由古印度回到中土的路径。他确认了明铁盖达坂山口为玄奘取经东归的古道山口。七十六岁，正是我现在的年龄！

七年后，八十三岁的冯先生再登帕米尔高原，参加了为玄奘立碑的仪式。先生手书碑名"玄奘取经东归古道"，撰长文介绍古道历史及发现过程。这是在海拔 4000 米以上为玄奘立下的第一块碑石。现在，那里也正是中巴经济走廊由北向南的大门。

我们这次追寻玄奘之旅虽然不走这条路，而是向西穿越整个中亚，渡里海远赴阿塞拜疆、伊朗，到达波斯古都设拉子，再折向东方，由扎黑丹进入巴基斯坦。先访问中巴经济走廊，而后东行印度，沿恒河而下，一站一站抵达玄奘学佛的那烂陀寺。目的地是一样的，有高僧和业师在前引领，眼前这点耽搁算得了什么呢？

好不容易熬到出关，人车会合，纷纷添衣填食。刚驶出关口，只听车台里惊呼连连：快看窗外，窗外！——嗬，车窗外，在即将消失的最后一抹天光中，蜿蜒的公路九曲十八盘，盘盘都是等候出入境的车辆！目所能及的几乎全是中国产的加长重型载货卡车！能看出我们熟悉的"东风""黄河""陕重卡"。大家顾不得光线暗淡，不停地拍照。我索性探出半个身子，认真估算起半山腰几个大弯道等着过境的车辆，足足百辆以上，像不见首尾的龙蛇。不少车已经亮起了前灯，中国车队便像珠宝嵌满了帕米尔的山腰，峰顶的雪冠也就变成了丝路皇冠。

这就是今天的丝绸之路经济带！忙碌繁茂尽在不言之中。再没有了寒冷，没有了饥饿，喜悦与振奋盈满每个人心头。近几年丝路经济的落地，使这个原先冷清的小口岸变得如此繁忙，以至有些不堪重负。而此刻我们看到的还只是扉页，丝路经济这本大书该有多么厚重呢？

大家全来了精神，决定连夜驱车 250 公里山路，一鼓作气赶到吉尔吉斯斯坦的纳伦市，凌晨三时才入住宾馆。途中十多个小时没有进餐的伙伴们，聊得热闹极了，尽是关于丝路物流、中欧班列和提升口岸效率的话题。

国与国之间是有尊严的，一个国家不会让人随意走进自己的院子，哪怕是邻家好友。帕米尔更是有尊严的，更不会让人轻易地在它身边穿越，哪怕是同为好汉的中国邻居。它一定要给生冷蹭倔的西部人一点颜色。它要用寒冷、用饥饿、用高原反应、用山道的崎岖、用雪地的湿滑、用种种的困难考验这群硬汉子。而中国西部人也一定会大声告知帕米尔我们姓甚名谁。这是强者和挚友的交友之道，这也才是帕米尔，才是中国人！

我们每个人都平凡不过，但每个平凡人的心里总会潜藏着某种豪壮之气，在特定情境下，一被点燃便喷成火焰。不信你看看我的这些伙伴，第二天一大早起来，重又活力充沛地发动了车辆。

车队和帕米尔渐行渐远。既已一见倾心，必会肝胆相照。让我们在万里丝路上再做推心置腹的交谈。

再见，帕米尔，你等着我！

二

这个机会很快就来了。三年之后，2019 年的春夏之交，为了西安交通大学的一个课题，又有了一次中亚三国之行。我是专门瞅着帕米尔去的。

那天，我们从伊塞湖畔的一个休养地赶往吉尔吉斯首都比什凯克。比什凯克有一条"邓小平大街"，此街不远处，我们看到了陕西煤业化工集团援建的大型石油项目。在山区小店落脚，又发现坐垫上绣的竟是汉字图案"双喜"和"百年好合"。在异国他乡，一些中国符号不经意就出现在眼前，文明的动态交流是如此地不可阻遏。

晚餐时听了当地歌手演唱的几首歌曲，不知为什么，几乎都有丝丝缕缕的忧郁流淌其中，是世代迁徙的愁绪，还是对草原深处远山远水的牵挂呢？

第二天一早，朝天山深处的古城奥什疾驰，打算从那里登上帕米尔西北侧，去往塔吉克斯坦。

在奥什入住的是全城最高建筑、华商创办的"上海饭店"。次日参观了被列入《世界遗产名录》的苏莱曼圣山，然后沿托克托古尔湖进入费尔干纳盆地。

费尔干纳盆地及稍北的怛罗斯一带，是著名的古战场。但征战再多也阻断不了经济文化的交流。有时，战乱反倒冲决了疆域、民族的隔离，从另一个坐标上促进了文明互鉴。在唐代怛罗斯大战中，有些随军的中国造纸工匠羁留在中亚。几十年后，仿照中国蔡伦纸工艺的"撒马尔汗纸"开始上市。又经过一二百年的传播、提升，纸张的制作工艺传入了欧洲，在后来的文艺复兴运动中，给予新文化的传播以助力。新的传播工具总是更加便于新思想的流布。中国纸便这样走向了世界。

千年风云消失在历史尽头，现在在这里一切都看不到了，一切也都看到了。

这时，司机突然说他走错路了，因为不久前开通了另一条很宽很平的新路，是中国援建的，这条老路开始维修，前方已经暂时停用。而新路的标志系统还没有完全弄好，他没有办法走下去。只好折回奥什用餐，换了个识路的司机继续前行。

下午，我们沿着中国援建的新路前行。这条路的标志系统的确还没齐备，却是一级公路水准，很快要升级为连通吉尔吉斯斯坦与塔吉克斯坦两国的高速公路。听说这是"一带一路"的援建项目，不由感到亲近。

塔吉克斯坦第二大城市苦盏（胡占德），是一个名字非常有宗教色彩的城市。快要到达时，路过了"塔吉克海"，也就是闻名中亚的凯拉库姆水库。它不但滋润着塔吉克的大地，也灌溉着乌兹别克的庄稼，在当地被称为帕米尔高原上的大水缸。

这座高山水库真是美丽绝伦。碧绿的水泊像翡翠镶在环绕的群山中，水的倒影又将山染成淡绿色的玉雕。帕米尔像天庭上的雪莲在湖中绽开，也像一个盛着美酒的玉碗。不由想起李白的《客中行》：兰陵美酒郁金香，玉碗盛来琥珀光。但使主人能醉客，不知何处是他乡。

路边有了星星点点的灯光，苦盏应该是快到了。塔吉克斯坦高原和山地占国土面积的 90% 以上，有一半以上的地区海拔在 3000 米之上。和中亚各国不同，塔吉克斯坦是中亚唯一的非突厥语国家。塔吉克斯坦人面部棱角分明、线条清晰，具有伊朗与雅利安血统。波斯文化随着种族迁移由伊朗通过阿富汗流传至此，使她宛若深闺美女，藏在帕米尔重重山帏之中。伊朗、阿富汗、塔吉克斯坦三国横亘在北纬 36 度上下，用地缘、血缘和文缘将西亚、南亚、中亚紧密联结在一起。

三

越野车离开帕米尔西北部的苦盏城，朝群山簇拥的高原疾驰而去。

心底渐渐生出一种激动，这激动在聚集、升温。我打开大车窗，山风好硬好硬，像纸片在脸上拍打。拍照，拍照，拍照。留下来，都留下来，把视网膜中的一切印象，把心灵中的所有感光，照单全收，带回去再细加品味。这是用不完的矿藏，够我冶炼终生的。

一层又一层，越野车驶进大山的堂奥，在帕米尔的五脏六腑中穿行。驰过一道道悬在天际的急弯，一条条顶住泥石流的明隧，从中国援建的隧道中冲出来，我们便腾空飞翔扑进了帕米尔，置身于千山万岭的怀抱中。

贝多芬的《英雄交响曲》在心中壮丽地响起！旋律从天边升起又传向天边。它将眼前伟岸无比的空间转化为辉煌无比的时间。力的意象、美的情绪从丹田升起，心跳遽然加速。犬牙交错的山，层峦叠嶂的山，绵延不绝的山，纠缠不清的山，一往情深的山，就这样就这样一下子扑了过来！

不，用"山"这个词儿，已经表达不了此时此地的感受。帕米尔，横拉开是岭，起伏着是巅，竖起来是峦，高耸着是峰！不不，他们应该是成千上万胳膊挽着胳膊、顶天立地站在宇空之下的男子汉！不不不，他们实实在在就是天精地气铸就的远远超越形体之上的一种精气神！——怎么才能传达此时此刻的感受？直想呐喊直想高歌直想沉思，也直想流泪。帕米尔让人方寸大乱！

帕米尔之雄伟，在于它的褶皱切割极深，每座山的相对高差很大，像旋律那样错落着又呼应着，独奏着又交响着。巅与峰之间有着阔大的空间，形成了浓郁的气场，在辽阔中又显出了充盈。我看到鹰击长空，将自己定定地钉在苍穹之上。而热风旋过的不远处，山峪的白雪依然丰厚。在大山胴体的腰际，车队像玩具那样慢慢爬行。《英雄交响曲》的旋律以巍峨，以雄强，以劲勃，以无际，以宏达，以变化无穷的波光浪影、明褶暗皱，以颠连起伏的各种线条环抱着我们，缠绵着我们，让我们这些被都市文化娇惯得羸弱不堪的生命几乎窒息。

帕米尔是中亚、南亚、西亚、东亚的隔离之地和衔接之地。在远古的地壳运动中，大地板块以超强的速度和力度冲过来，于是隆起、陷落、纽结、纠缠，万山震颤，万象缤纷，有若地外星球那般壮丽而神秘。地壳运动的力四面八方挤压过来，在这里形成了一个均平各方的"结"。这使她成为亚欧大陆的一个中心山结，一个聚力、抗力、均力之"结"。

帕米尔还是古代波斯、马其顿、俄罗斯帝国，以及印度孔雀王朝、中华汉唐王朝，先后频繁出没之地。我们星球上各个历史时期的风流人物，都争着来这个舞台亮相，演几出威武惨烈的话剧，否则何以成就千古英雄？他们在这里交手，也在这里拉手、联手。在山河的纽结之外，于是又形成了万象纷呈的历史纠缠，人文"山结"。

而待你进入帕米尔腹地，待你以一个纯然个体的生命来感受这里的雄山大水和无际天宇，你又会有别一种打动。你会将上面的思考、感受一股脑抛开，被眼前的直观之美所占领。

你感受到的是那种不可言说、直击灵魂的生命震撼和审美震撼。眼前展开着地球上规模最大的英雄聚首、生命狂欢场面。一切宏阔、伟岸之美，苍凉、悲怆之美，沉郁、深虑之美，雄健、自强之美，都在这里对酌、酬唱、协奏，构成多声部的交响，是如此缤纷、灿烂、辉煌！这大美境界显示了造化的内力和魅力，也暗喻了人类审美境界无与伦比的丰厚多彩。——原来这里还是人类精神的审美之"结"，美感交集的"山结"。

迎着高原的硬风，车队朝塔吉克斯坦首都杜尚别绝尘而去。我们的心跑得比车还快。在那个小盆地中，有幽秘的波斯风情，有雅利安女性面纱掩隐的美丽，有鹰笛伴奏下雄健的舞蹈，有一顿就把你吃得告饶的烤羊肉，更有一个和伟岸的帕米尔世代相依、共存共荣的民族。

山风毫不留情地让我们集体感冒了，大家反倒为此高兴。朝拜神圣的帕米尔，不付出一点儿什么、留下一点什么，会遗憾终生的。

我们朝着高山大峒痛快而放肆地打喷嚏，本以为可以声振山河，不料声音瞬间消失得无影无踪。渺小的个人怎能在如此阔大的空间产生回音？但我们总算是在帕米尔的怀抱中留下了自己肺腑中的声音。

2019 年 11 月 9 日，不散居

玄奘从丝路带回来什么

来到了美丽的伊塞克湖，我们在湖畔的沙滩上寻找玄奘大师的足迹；来到了古碎叶城遗址，我们在遗址的荒原上谛听诗仙李白的吟叹……

玄奘从丝路带回来什么？这似乎是一个无须问也不需要回答的问题，其实事情并不这么简单。

玄奘在离开南疆的屈支（今新疆库车县）之后，本来可以朝南直接翻越葱岭，也就是帕米尔高原，进入阿富汗、巴基斯坦而去印度。但是他担心自己私自离开长安出境，会被唐朝的附属国扣留，加之还要寻求突厥统叶护可汗的庇护，所以就继续西行，兜了一个大圈子再往南走。这样他便来到了现在的吉尔吉斯斯坦地界，在美丽的伊塞克湖边见到了统叶护可汗，可汗十分礼遇，赠给他丰厚的旅资，并给通往天竺的沿途各国写了文书，希望他们帮助这位唐朝高僧西行取经。

玄奘在这一带遇到过大雪崩，几乎被埋葬，遇到过高原反应，几度晕厥不醒。到了热海，也就是现在的伊塞克湖，从那里西行一段，便是今天吉尔吉斯斯坦首都比什凯克东北面的托克马克市，也就是中国人熟悉的碎叶城。在那里又遇到了强人的拦截，在强人刀剑的威逼下，他说：你们要财物就拿走吧，只要让我西行。然后便镇定自若闭目念经。他的定力反倒让强人们失去了定力，强人们为了争夺分抢他的财物，开始了争执以至于激化到格斗厮杀，这却正好给了玄奘逃生的机会。《大慈恩寺三藏法师传》中，对伊塞克湖做了这样的描述："周千四五百里，东西长，南北狭，望之淼然；无待激风而洪波数丈。"《大唐西域记》中则这样描述："山行四百余里至大清池……

天山骏马

色带青黑，味兼咸苦，洪涛浩汗……水族虽多，莫敢渔捕。"

玄奘在伊塞克湖畔还收了三个徒弟，三个徒弟有点像《西游记》中孙悟空、猪八戒、沙和尚的原型。一个徒弟是娄沙，替玄奘法师背行囊、办事、牵马，很像是机智的孙悟空；一个徒弟是小沙弥智远，主要照顾高僧的生活起居，类似于沙和尚；另外统叶护可汗还送给他一名向导兼翻译——突厥人比蒙，是个三十多岁的大黑胖子，扛了根7尺长的大铁铲，大大咧咧走在队伍前面，是不是很有点像猪八戒呢？所以吴承恩写《西游记》，恐怕多少也是有一点历史根据的。

玄奘留下的《大唐西域记》较为精准地记录了沿途一百多个国家及多处城邦、地区的风习、都邑、山川情况，使印度一部分没有历史记载的邦属，拥有了真实确凿的史料。这使得唐僧在印度知名度极大，印度的小学课本为此提到过他。玄奘这种实实在在的历史记录，体现儒家入世实践的精神，是地道的中国作风，成为印度文化的另一种参照坐标。

玄奘从印度带回了佛经，不错，但又何止是经文。他带回的更有佛经中关于生存的哲思和生命之梦的理想，有佛经中执着于在此生的苦行中圆梦于来生的那种美善的追求、那种在有所敬畏中救赎自身的精神。这与入世务实的儒家、融入天道的道家区别开来又组合起来，成为中国文化价值观三足鼎立中的一足。这又是对中国精神的一种补充和完善。

玄奘从丝路还给我们带回了唯识宗和因明学，并在中国佛教界开宗立派。其实这些学问也远远超出了宗教信仰，它们是一种哲学观和思维方法，即唯心论和唯灵论，它们与中国固有的唯心主义哲学流派相融汇，在发扬人的主观能动性方面，起到了非常积极的作用。

当然，最重要的是，以千千万万个玄奘为代表的中国人既开放地引进、包容了佛教文化，又以本土文化化育融汇之，使其由一个古国、一块土地上的宗教发展、提升为世界性的宗教和人类文明的瑰宝。

伊塞克湖

　　玄奘离开伊塞克湖大约七十年后，相传唐代著名的诗人李白在这块土地上诞生了。这位激情豪放的诗人为自己生命的起步选择了一块激情豪放的土地。有观点认为，李白是随在西域经商的父亲在这里整整度过了他五六年的童年时光之后，才归返大唐的。他的父亲给自己起了一个域外游子的名字：李客。客居异地异域，这名字多少反映了他们一家人漂泊的生存状态和思乡的情绪。通过李白诗歌中展现的阳光下美丽晶莹的伊塞克湖，我们能够明显地感觉到不同于同代诗人杜甫的性情和情怀，那种浪漫情怀和豪放意趣，也许与这段在丝路上的童年记忆和最初的人生经历有关吧。

　　李白以大量的诗歌点燃了中国人被压抑的浪漫主义情怀。浸渍在他人生和诗歌中的酒神精神，是对杜甫诗歌中体现的日神精神的重大补充。中华民族之所以如此热爱李白的诗，除了审美上的原因，其中一个深层的文化原因，恐怕就是李白的歌吟给世代被礼教束缚的中国人提供了释放真生命、真性情的极新鲜而又极宏大的空间。

此刻，站在托克马克碎叶城遗址的原野上，我们已经很难寻觅到一千四百年前的遗踪了。夕阳在旷野上烧成一个火球，给我们每个人的剪影勾上了金色的轮廓。夕阳下，萋萋荒草若碎金跃动。这块苍凉而辉煌的土地，见证了玄奘与李白给中国人带回来的理想之云、信仰之梦和浪漫诗情，见证了丝路对中华民族精神的滋养与拓展。这才是玄奘、李白带给我们最最重要的东西啊。

记得我曾说过，中国历史是按四分之二的音乐节奏前进的。中国中、西部物质和文化的交流融汇——包括战争中血的交流融汇，和中部周期性的统一，常常以分—合、分—合的四分之二的节奏，推动着中国历史的进步。丝路的交流，使中华文明与世界文明从古代开始就相互激活，点燃着我们民族的内在力量与理想情怀。玄奘、李白正是这方面筚路蓝缕的前驱人物。

在岁月的漫漫长路上，一个历史事件和历史人物有可能留下好几个层面的积淀：具体事件和故事层面，这是历史与文艺；具体事件背后包含的结构模式和处理这一事件的思维模式层面，这是哲学与逻辑；还有更深层、深到自己都浑然不觉的一个层面，那就是境界与情怀，就是文化记忆的积淀。玄奘和李白在这三个层面上，信息量都十分丰沛！我们走在他们曾经走过的古丝路上，不经意中就会接收到他们跨越时空发过来的强大的信息场！

车队离碎叶古城渐行渐远，夜色若轻纱一层层从天际挂下来。而我心里一直萦绕着这个话题，它启动了我思考的兴趣，我的目光久久羁留在西边地平线的缕缕光彩中。

2016 年 10 月 11 日，草于吉尔吉斯斯坦比什凯克，13 日改于奥什

丝 路 桥 墩

我们先后访问了从中国迁居到中亚三国的东干人。境外华人既将中华本土文化扬播于世界，也将人类文明的优秀成果传递到国内。撒播在"一带一路"沿线各国的华人群落，像是一座座桥墩，支撑起宏伟的亚欧大陆桥，将中国与世界联为一体。

这次再度西行，又访问了两个一百四十年前从中国西迁中亚的东干人村落，和上次去的东干村加到一起，中亚有东干人的几个国家的陕西村，我都选择性地去过了。这里只说先后到过的三个家庭，交往的三个朋友：乌兹别克斯坦塔什干市卡拉素乡的白东山家，吉尔吉斯斯坦卡拉科尔市二道沟的阿卜拉欣家，哈萨克斯坦江布尔州的安胡塞家。

这三位华裔朋友，对中国故土的思恋一样浓郁而强烈，但表现却是那么不同。阿不拉欣是以传承东干人血统、保持家族稳定为特征，安胡塞是以积极开展当下丝路上的经济文化交流为特征，白东山则主要表现为一种文化依恋，执着地收藏、研究中华文化和东干文化，收藏相关的器物和资料。

现在我由近及远，逆时间顺序，来说说我的这些国外的陕西村朋友。

一

2016 年 10 月 15 日一大早，"丝绸之路万里行"媒体团驱车来到距塔什干仅 40 公里的卡拉素乡谢尔道斯东干村。这个村是给我们 7 号车开车的东干人司机白二山的家乡。

白家几位老兄弟在村里连畔而居，今日个白家过事，白家老少两代在村里的兄弟们全来了。几家的女人忙里忙外正为我们这些从"东岸子老舅家"（"东岸子"，陕西话指东边，据说是他们给自己民族命名的一个因由；"老舅家"，是他们对故土来人的习惯性称呼）来的客人做席面、炒菜、蒸馍、拉面，案板嗵嗵响，灶里的火冒得老高，看来那是一桌地道的中国关中席面。老大白东山是民族学博士、医师，专门从塔什干城里赶回乡里作为家族代表主持对我们的接待。

基本没有语言障碍，气氛一开始就热烈得火爆。语言是心灵的密码、感情的光缆。一开始就交流地道的陕西话：你们把政府叫啥？"衙门"嘛！把干部叫啥？"衙役"嘛！把飞机叫啥？"风船"嘛！开汽车咋说？"吆车"嘛！一直朝前走咋说？"端走"嘛！见面咋问候？"吃了吗？"……几千里外竟同音，高山大河、国界地界隔不住，把大家逗得一阵阵地爆笑。

老年妇女会绣花，绣中国字"喜结良缘"。青年一代大都留学于中国，以流利的汉语传承着他们故土的文化。白东山先生全面介绍了村里情况。他说这村里还住着土耳其和朝鲜人，大家相处很和睦，但只有东干人保存了自己原有的语言。这时他随口说了一句很触动我的话："没有了自己的语言，还有自己的民族吗？"

我们互赠礼品并合拍"全家福"。白东山代表主人给我们送了两个收藏了五六十年的中国瓷碗。他说，这里的每一代的老人都会教导儿女，一定要把"东岸子"的东西藏好留好，这可是咱世世代代的念想！

晌午饭真是太丰盛了，六七个凉盘子加七八个热菜，豆腐、粉条、炖羊肉、炸带鱼、肉炒蘑菇、粉煎肉、蜂蜜粽子，全套的关中家常菜。入席，致辞，互相夹菜，边聊边吃，兴致来了，全体合唱："他大舅他二舅都是他舅，高桌子低板凳都是木头，天在上地在下你娃耍牛，东岸子西岸子都是骨肉。"最后一句"东岸子西岸子都是骨肉"是大家触景生情现场改编的，唱得分外得意。席间我提议将今天定为"乡党节"，大家用热烈的掌声代替鞭炮，齐

白东山在塔什干家中珍藏的中国瓷器

声高喊："同——意！"饭后，他们按关中风俗，将席上剩下的菜饭每家带回去一点，让大家庭人人吃一点。这也是一种家族凝聚的习俗呀。

白东山是民族学博士，下午领我们回到了塔什干他城里的家。家中有很多书，有间房子摆得满满的，全是个人收藏的中国器物。柜子里是中国的陶瓷藏品，床上是中国刺绣，窗前挂的是中国年历……他说，只要是中国的东西，再破旧他也收藏。

这是我见到的思故乡思根脉的一种很深刻的状态，白先生对中国器物的收藏癖，反映了两个层面的情怀。一是家国、根祖情怀，睹物思亲，睹物思乡呀，他让自己生活在乡情乡亲的小文化环境中。二是文化职业情怀。作为一位文化学者，他将自己的乡土思念和专业兴趣结合起来，既有了深层思考，也有了人生乐趣。

白东山现在的心愿是想集资给东干村村口修一个写有中文、乌兹别克文和俄文的大牌坊、大门楼，再修建一个东干文化的博物馆。语言是民族文化

我们用中国话齐唱："他大舅他二舅都是他舅，高桌子低板凳都是木头，天在上地在下你娃要牛，东岸子西岸子都是骨肉。"最后一句是即席创作，以抒发我们和东干兄弟的乡党之情

的核心载体，民间习俗、民间艺术则是民族文化的营养液。他自己垫进去很多钱，老伴有点不高兴，他的决心却不为所动。

这个村许多东干人的孩子在中国上学，白东山的儿子从山东师范大学才毕业，白二山的孩子已在安徽大学学成归来，在一家公司当销售经理。

二

推前几天，10 月 10 号的早晨，阳光明媚，秋风习习，团队虽然前一天后半夜三点钟才睡，却因了一种穿越了帕米尔的豪情，依然个个精神饱满。车队今日将行进 500 公里，去伊塞克湖畔的卡拉科尔市，那一带有从陕西、宁夏、青海、甘肃迁徙过来的华裔东干村落。

我们来到一个叫作二道沟的东干村，这个村以宁夏的回民为主。在八十多年前的 1930 年，为了逃避苏联在政治运动中没收自家的财产，阿卜拉欣的父亲从托克马克陕西东干人聚居的营盘村逃到这里，娶了一个宁夏的回族姑娘，最后生下了他。老人阿卜拉欣在这块土地上繁衍、生存，建立了大家大业。他现在有八个儿子、一个女儿，有二三十个孙子，有十来个重孙。

他的大儿子是市里东干协会的会长，用俄文写了很多介绍东干文化的文章，又是企业家，经营这个市里最豪华的宾馆。听说我们来了，要求我们回城时去会会他。他也想见一见"老舅家"的人。他另一个儿子在村里务农，先领我们去看他的老父亲。

到了阿卜拉欣老人家，老人和他老伴，还有几个小孙子都在。大家一起聊了聊他们的过去、未来。他们搬到二道沟以后经常想回中国的老家，2007年终于如愿以偿。阿卜拉欣老人回到了中国。他先到北京，到了天安门，看了长城。遗憾的是"没有去看毛泽东"（指没有参观毛主席纪念堂）。然后他来西安，到了清真大寺，登了城墙。又到兰州，再去宁夏、银川，整整跑了一圈。他还想回"东岸子"，但腿脚不行了，身体不允许了。

我热忱地邀请他："咱是亲亲的乡党乡亲，你啥时候回来，我们啥时候都会欢迎你。"我送给他们家一幅自己的书法作品，写的是习近平主席访问吉尔吉斯斯坦讲话时引用的中国古诗：海内存知己，天涯若比邻。我对老人说："不管你们走得多远，就是天涯海角，咱们都是朋友，都是乡党，都是邻居。"他眼睛笑得眯成两条线，连声呼应："是呢是呢，咱们是近近的亲亲的邻家吆。"

他们在家里几代都说陕西话，在学校和社会，则用俄语和吉尔吉斯语。村子里此刻正在文化室开会，筹划东干人迁移吉尔吉斯斯坦一百四十年纪念活动。外地东干人的代表也回村了，其中有国家议会的议员阿不杜瓦，有国家电视台的记者阿黑玛。可以感到东干人在吉尔吉斯斯坦还是很有尊严、很有地位的。这个地方以前一直是牧区，很少有人会种蔬菜、种果树、种庄稼，

赠给东干老人阿卜拉欣的书作

是东干人改变了这里的农业生产结构，给这个以牧业为主的地区带来了种植技术，带来了先进的农业文明。

从二道沟回城里的路上，车队又沿伊塞克湖畔而行。这个湖东西长 180 公里，南北宽 58 公里，平均深度近 300 米，最深处达 700 米。阳光下的湖面闪烁着一层层碧蓝的水光，晶莹剔透。湖边有现代化的露天浴场和旅游宾馆。游客们在阳光下展示着自己健康的肢体，孩子们在沙滩上嬉戏笑闹。玄奘一千三百多年前来过这里，曾在《大唐西域记》里描写过伊塞克湖，《大慈恩寺三藏法师传》中也提到过伊塞克湖。那时的湖水"望之森然""无待激风而洪波数丈""色带青黑，味兼咸苦，洪涛浩汗"。现在真是大不一样了。

我们还去看了伊塞克湖北岸的乔蓬阿塔岩画群，乔蓬是启明星的意思，阿塔是父亲的意思。有资料显示它和中国宁夏贺兰山岩画可能属于同一时期，这是否暗示在更早的时候，这条联结东西的丝路上就有了交往的迹象呢？

正这么想着，天空突然之间就下起了大雨，并且很快转为冰雹。苞谷豆大的冰粒像枪林弹雨扫过一块块苍老的岩画石，四五千年的历史有若瞬间烟雨，从心头掠过。

三

哈萨克斯坦江布尔州东干村的安胡塞，在陕西很有知名度。他的祖先是 1877 年冬，为了躲避清兵追击跟随陕甘回民起义领袖白彦虎从陕西来到中亚的。

安胡塞自 1994 年第一次回到陕西，就开始寻找自己的祖籍。曾先后到过陕西的大荔、澄城、临渭等地，寻而未果。2003 年 10 月底，安胡塞再次来陕寻祖，在研究东干人的陕西师范大学教授王国杰带领下，终于在西安长安区王曲镇一个村上找到了自己的本家姑姑，一位八十二岁的姓安的老太太。在安老太太拿出的家谱上，安胡塞找到了他爷爷弟兄二人的名字安兴虎、安兴皇，证实了哈萨克斯坦"陕西村"的来历。

安胡塞是一位行动主义者。近年来他频繁往来于丝路，先后从陕西引进了制砖机与饼干、油漆设备生产线，办起了相应的工厂。又从陕西引进了温室大棚技术，使江布尔州东干村成为中亚第一家拥有此项技术的村庄。现在哈萨克斯坦培植的蘑菇，最早都是从"陕西村"购买的菌棒。去年，他还协助陕西经销茯茶的一家公司，组织了拥有 100 多头骆驼的商队，跑中亚丝路，力争为村里引进种茶制茶技术。

从 2000 年开始，针对十二万多东干人只会说不会写汉字的情况，安胡塞群体还多方面联系，组织中亚"陕西娃"回老家学习汉语。目前，已有近百名"陕西村"少年分别在陕西师范大学、西北大学、兰州民族学院和西安博爱国际学校学习汉语及其他专业课程。他们回国后为汉语在东干人中的传承和发展做了很大贡献。

2008 年 4 月 7 日，在安胡塞的引线搭桥下，陕西省与哈萨克斯坦江布

结婚还是中国风俗，新娘子穿的是清末服装

尔州共同签订友好关系协议。现在西安已经有了哈萨克斯坦东干协会驻西安办事处。

中华文化本来就是由本土文化和海外华人文化叠交而成的。海外华人文化既将中华本土文化扬播于世界，也将人类文明的优秀成果传递到国内。撒播在世界各地的华人群落，像是亚欧大陆桥的一座座桥墩，将中国与世界联为一体。

中亚的东干人，现代丝路打前站的人。感谢你们，我们的好乡党！

2016 年 10 月 16 日，于塔什干至撒马尔罕途中

幽秘的撒马尔罕

离开乌兹别克斯坦首都塔什干，车队即将穿越克孜勒库姆千里大沙漠的南沿，地处河谷的撒马尔罕可以说是它的入口。撒城给人一种幽秘感，它不让你明晰地看到自己的面孔，而将美丽藏在那幽深的纱巾后面。那些传奇般的美丽故事，在我心里种下了无法言说的神奇和幽秘的回忆。

2016 年 10 月 16 日傍晚，车队进入古城撒马尔罕。我已经是第二次来这座城市了。撒城那些传奇般的美丽故事，在我心里种下了无法言说的神奇和幽秘的回忆。

夕阳西下时分，竟然有几对新人在古建筑前拍婚纱照。西斜的阳光给白色婚纱撒上一层金粉，恰是天庭赐予的礼金。新人们幸福地笑着，和拥上来

祝福的人合影。撒城的幽秘感瞬间便复活了。

这是上次西行我们多次见过的场面。不只是本城人，许多外地的甚至外国的人，也风行到这儿来拍婚纱照或者举行婚礼，为的是什么呢？当然为的是撒马尔罕有让人难以忘怀的幽秘之美，有难得的安宁和实现幸福期许的吉祥。

晚饭后天黑下来。一扇扇彩色的窗灯在夜幕中亮起，在深蓝的夜空中眨巴着眼向你问好。风在树中徜徉，絮絮叨叨地说着私房话。城市敛尽了白天的喧闹，以罕有的安详宁和营造着静夜的氛围，好让月色灯影背后那些幽秘的故事和人物登台、出场……

"撒马尔罕"，意为"肥沃的土地"，是生长故事和幻想的土地，是生长美丽和爱情的土地。但是，你可知道它也是苦难与血泪的土地？可知道它有着怎样铁血锻造的历史，有着怎样的撕心裂肺和浴火重生，有着怎样的信仰和灵魂活生生的撕裂？

作为丝绸之路上重要的枢纽城市，自古以来，撒马尔罕先后联结、辐射

撒马尔罕的列基斯坦经学院广场

着马其顿、波斯、印度、蒙古、中国几大帝国，各大帝国轮流登上历史舞台角斗争锋，演绎着风云变幻，后来则全部被括入成吉思汗蒙古帝国的版图之下。撒马尔罕饱受了在强者的拉锯战中像揉面那样被反复蹂躏的苦痛，却也让许多不可一世的帝王在这里折戟沉沙。

有关这个中亚古城最早的记载可以追溯到公元前 5 世纪。据说是善于经营的粟特人把撒马尔罕建造成了一座美轮美奂的都城。当马其顿帝国的亚历山大大帝攻陷它时，也不禁赞叹："我所听说到的一切都是真实的，只是撒马尔罕要比我想象中更为壮观。"

马其顿的入侵者遭到了撒马尔罕人的殊死抵抗。粟特贵族斯皮塔米尼斯带领骑兵伏击了入侵的一支军队，仓皇退却的来犯者困在河中，粟特骑兵冲入水里把他们砍死。有记载说，在这场战役中马其顿人损失了两千名步兵和三百名骑兵。亚历山大大帝立即派出庞大的军队扫荡了这一地区。沦陷的撒马尔罕遭到了地毯式洗劫和屠杀。

惨遭杀戮的创痛，使粟特人的性格转向刚勇甚至凶悍。唐初，西行的玄奘路过撒马尔罕时，令他惊叹的已不只是这里的肥沃和富裕，更有粟特人的勇烈。他在《大唐西域记》中写道："赭羯之人其性勇烈，视死如归，战无前敌。""赭羯"即是当时对撒马尔罕人的称呼。

1219 年，撒马尔罕作为花剌子模帝国的新都和文化中心，被成吉思汗的蒙古帝国攻陷，美丽的撒城又一次遭受了灭顶之灾。平民百姓惨遭屠戮，城市建筑夷为平地。

就在这块被鲜血浇灌的土地上，帖木儿诞生了。这个与成吉思汗有着某种亲缘关系的人，这个瘸着一条腿的异才，勇敢地带领他的子民走出蒙古文化的覆盖，并最终赶走了那位征服过天下的蒙古人。

被蒙古人诬为瘸子和叛徒的帖木儿，率领大军横扫波斯、印度、高加索、阿塞拜疆和蒙古。他将各地劫掠来的珍宝聚集在撒马尔罕，集中各地最精巧的工匠，为撒马尔罕修建辉煌的宫殿和清真寺。他发誓要让这里成为亚洲之都。那种魄力，你怎么想象都不会过分。

帖木儿死后，他的第四子沙哈鲁即位，正是这位第四子的儿子兀鲁伯，将爷爷帖木儿的丰功伟业推向了新的高度。

而这位兀鲁伯也有他的幽秘之处。他是个优秀的国王，把国家管理得很好，可又十分喜欢诗歌、艺术，尤其痴情于天文学，以致他在历史记载中最主要的身份是天文学家。现在兀鲁伯在撒城的塑像，背景上画着的不是辽阔的国土，而是无垠无际的苍穹和星月。当年他以自制的象限仪测定的许多星座，与利用现代天文仪器镜测定的相差无几。他创建的新历法对年月日的定位，也和当代大致吻合。这使他被公认为古希腊之后世界上十分重要的天文学家。

帖木儿家族性格上的这些多面性、丰富性和幽秘性，这种血与爱、厮杀与诗情、英雄气度和艺术情怀多面融汇而又统于一体，看似幽秘神异、难于把握，其实是完全可以将它读为大气宏博。大气宏博方能随心所欲。

这块战胜了蒙古人的英雄的、刚勇的土地，这块诞生了有着非凡想象力和神话构想力的《天方夜谭》的土地，大概你怎么都想不到，它同时又是一块有着少见的商业智慧的土地。的确，从经商做生意的角度，粟特人大约是丝路上最活跃、最智慧的民族了。

粟特人一出生，父母就会在他们手心涂上蜂蜜，祈望所有的钱都能粘在自己孩子的手上。孩子们长大后果然不辜负父母的期待。丝绸之路开始兴盛的唐代，长安到罗马的商道日益繁盛，撒马尔罕城很快便成为连接东西方文化的核心驿站。经粟特人之手，甘松香、阿萨那香、瑟瑟、麖皮、氍毹这些奢侈品从西方运至长安，他们又将中国的丝绸卖到叙利亚的海港，转用骆驼队运到君士坦丁堡（今伊斯坦布尔），换来不计其数的金银财宝。

他们把生意做到了大唐。贞观九年（635），粟特商人献给李世民一头

凶猛的雄狮，四个月后，来到长安的撒马尔罕使臣给皇帝献上的却是晃眼的金桃和银桃。从此李世民对粟特商人大开绿灯，允许他们从长安东进扬州，南挺广州、安南（今越南）。

商人工于算计而不敢横刀立马，英雄献身疆场却不屑锱铢必较，可是这群独特的粟特人，心中回响着市场的叫卖，血管里流淌着的却是战士的血！精巧的商业智慧和宏大的英雄理想在他们身上的融汇，竟然如此这般天衣无缝！

一连串的意外，一连串的变异，一连串的多向辐射和多维交汇，恐怕便是古老的撒马尔罕神秘活力之所在吧！他们执着于从异域文化的笼罩下走出来，但是对异域文化的优秀成果又抱着一种开放的态度，善用异域文化的优秀因子营养自己，甚至改变自己。

不按常规出牌，游走于事物的两面，在一种两极震荡的效应中获得前进的力量，也是这片土地的幽秘之所在。它总不让你明晰地看到自己的面孔，而将自己的美丽藏在那幽秘的纱巾后面。

2016 年 10 月 17—18 日，于撒马尔罕至希瓦途中

抓住丝路上的文化符号

从撒马尔罕经布哈拉到希瓦，在克孜勒库姆沙漠南沿的几个古城，你能遇见一些有意味的文化符号、文化细节，它们饶有深意地显示出丝路各国文化乃至人类文明的相似性和相通性。发掘其中的内蕴并将它们连接起来，便形成了一条精神路标，丝路也会在文化精神上落了地生了根！

行走在丝绸之路上，冷不丁会发现一些文化符号，像精神路标那样标记着人类文明在交流中形成的相似性和共同性，在漫长而遥远的丝路上，给你提供了一种沟通的渠道和路径。尤其是民间日常生活中的那些文化符号，更让你生出一种贴近和温馨，就像你在别人家里看到了和你家一样的家具和摆设。

两年前，我随丝绸之路万里行车队来到乌兹别克斯坦的撒马尔罕，在列基斯坦广场经学院楼下的一个旅游品商店，见到过三件一套的陶制工艺品，一个是中国的貔貅、一个是印度的大象、一个是中亚的骆驼，当即眼前一亮，心里有根弦咚的一声被敲响，然后是"嗡——"，长长的共鸣：那不是中华文化、中亚文化、印度天竺文化三大文

三个小陶俑

化在古丝路上交流、互融的一个象征和物证吗？

两年后，我们丝绸之路万里行的车队第二次来到列基斯坦广场经学院。一下车我就去寻找这三位久别的朋友，果然又看到了站在一起的这哥儿三个！但已不是上次那一型号的陶制品，而是另一种规格的另一批产品，色彩较深，造型也略有区别，即刻花30美元买下，我要将它们摆在我书房的案头。

第二天，在去下一站中亚古城布哈拉途中，参观了格斯杜温陶艺厂。在展厅中竟然看到了各式各样的中国龙，三头的，舞成三折的，卷成圈式的，昂首翱翔的。还有一群中亚人在中国龙身上骑成一个圆圈，咧着嘴高兴地笑着。我从各个角度将它们一一拍下来，久久不愿离去。陪我们的当地陶艺家阿不杜拉笑着说，中国龙，它们来自你的家乡！我也笑起来，一股热流在我们的笑容和目光中传递。

这些有关丝路文化交流和中华文化在丝路上传播的工艺品，从一个侧面显示了三大文明在丝路的交流融汇早就是一种历史存在，而且一定程度上已经转化为当下的行为和活态的记忆。也说明了，世界古文明的这种交流，正在进入当今市场，具有了市场价值。要不然，怎么会有那么多厂家持续地生产呢？

下午五时，到达传说中《天方夜谭》著名故事《阿里巴巴和四十大盗》的故乡布哈拉。没进宾馆便在门前的广场上看见了骑着小毛驴的阿凡提塑像。哈——阿凡提，又一个丝路文化符号。

两年前，我参观过土耳其安卡拉附近的阿凡提墓。据说这墓地是根据阿凡提的一个笑话设计的。坟墓悬空建在四根柱子上。柱子四周没有围墙，可以随便出入，却在大门上锁了一把锁。阿凡提智慧地告诉我们：朋友，理解我的人，就请自由出入和我对话吧；不懂得我的人，你永远别想打开我这把锁。百分之百的阿凡提风格！

阿凡提不竭的生命力，反映了底层老百姓在改善自己生存状况的奋争中共有的一种心理需求。那是以弱势制胜强权、以反讽制胜说教的独特的民间智慧，是以文化智慧获取胜利、实现追求的独辟蹊径。

丝路上还有更高端更精英的文化符号，那便是纸。中国纸，蔡伦纸。纸张的传播是古丝路贡献给人类的一项重大的文化成果。唐玄宗时，安西节度使高仙芝的部队与大食国的突厥部队有过一场大战，战场就在撒马尔罕东北方向的怛罗斯（今哈萨克斯坦塔拉兹）。这可能是强盛的大唐遭遇的第一次大败仗。唐军败溃而逃，有十几个随军造纸的工匠被俘虏。这些工匠留在了中亚的土地上，五六十年后，大食国出现了自己的造纸作坊。

中亚对中国纸进行了中转传递和再创造。在不到三百年的时间里，他们以"撒马尔罕纸"的名称，经由中东和土耳其，将中国纸传播到了欧洲。先是南欧地中海沿岸的意大利、西班牙，再扩展到全欧洲，逐步替代了那里的羊皮纸，极大地节约了文化交流成本，加快了文化传播速度。其时正值欧洲文艺复兴前夜，中国纸的西传，大大便利了科学文化的传播和交流，一定程度上起到了促进欧洲文艺复兴运动的作用。这真是得益于丝路沿线那种开放的、多维的文化结构。

在丝绸之路上，这样的文化符号很多很多，不但沉淀于历史之中，也会不断在今天和今后陆续地发生，一批又一批地成为丝路文化新的热词和新的景观。四百多年前居住于撒马尔罕的撒拉族的一部分，由中亚楚河东迁至中国黄河，传承繁衍成了今天中国青海省的循化撒拉族自治县；一百四十年前中国回族的一部分由黄河西迁楚河，在中亚几国落地生根，形成了那里的东干人群体——这些为人乐道的民族迁徙的历史故事，由于"一带一路"的兴盛正在由过去时转化为现在时。令人欣慰的是，今天这两个民族都正在热心地为"一带一路"的"五通"打前站、效实力。

七八百年前，花剌子模人截断大月氏，而使这个部落向南流徙，最后在印度次大陆湮灭于苍茫岁月之中。今天，中国和乌兹别克斯坦两国的考古研究人员正在撒马尔罕一带寻找大月氏的足迹，中国国家主席访问此地时专门会见了两国的考古队。"大月氏"也便日渐进入当下舆论的视野，成为融通现代丝路的一个热词、一个新的文化符号。

寻找丝路上更多的文化符号、文化细节，将它们连接起来，形成一条精神路标，让丝路不仅在经济上生利、社会上生益，而且在文化精神上落地生根！

2016 年 10 月 19 日，于撒马尔罕至布哈拉途中

骏 马 与 琴

10 月 23 日，丝绸之路万里行团队，经过二十二小时的奔波，来到哈萨克斯坦西部里海之滨的阿克套市。里海是世界上最大的咸水湖，这你可能知道，但是它那让人惊异的、初见便不愿分手的美丽，你知道吗?

2016 年 10 月 23 日，丝绸之路万里行团队，经过二十二小时的奔波，来到哈萨克斯坦西部里海之滨的阿克套市。

阿克套，好陌生的名字。它是哈萨克斯坦的第六大城市，是哈萨克斯坦里海海滨的第一大港，我却所知甚少。我属于有俄苏文化血缘的一代人。中学时，就可以说出苏联最高苏维埃主席团成员的全部名字，还有二十个以上苏联元帅的名字，俄苏地图更是烂熟于心。但没有任何关于阿克套的记忆。原来，它在苏联时期根本没有名字，只拥有一个信箱号码作为地址，是座无名之城、未名城。当时，它是苏联核工业和其他军事工业的基地，十分神秘。这就可以想见，远在前工业化时代的沙俄，这里更是荒凉不堪了。

它曾深深进入过乌克兰诗人舍甫琴科的生命。当年舍甫琴科因反对沙俄统治而被流放至此长达十二年。苏联解体后，乌克兰和哈萨克斯坦独立，诗人重又受到极大的推崇。阿克套将舍甫琴科的雕像从他的故乡基辅运过来，作为民族独立精神的象征，安放在市中心的海滨广场。

"一座没有名字的城市和一个被流放的诗人"，便这样作为关键词，存入了我的记忆。

阿克套的城市广场上还有一座雕塑，是一位英武的骑在马上的哈萨克勇士。这座雕塑的特别之处是，勇士手里高高举起的不是戈矛，不是火炬，而

阿克套市的广场雕塑

是一把琴。他告诉你，骏马和音乐，是这座城市的精神标志。力与美，战斗与和宁，动如脱兔与静如处子，是这座城市、这个民族文化人格的两个侧面。

"一片土地的历史，就是在她之上的人民的历史。"有感而发，我将自己写的这幅书法作品赠送给阿克套市博物馆收藏。这是哈萨克流传很广的民谚，习近平主席访问哈萨克斯坦讲话时专门引用过它。

入夜，我们访问了这里的一个中国企业——中石油西部钻探阿克套工程有限公司，副总经理王六新接待了我们。他和他的企业可以说是丝路经济带的先行者，在哈萨克斯坦工作已有十六个年头。公司在里海边上打了十几口油井，经营情况一直很好。这两年由于受到世界油价下跌的影响，只剩下两三口井在正常运行了。中国工人大多数回国了，当地工人虽然活儿不多，但还得给发补贴工资，公司的业绩不可能不受牵累，面临着一些矛盾。王副总说这些情况时流露出些许的伤感。多年离乡背井，日夜操劳，不想迎来了如此严峻的挑战。他表示，公司已经做好了应对各种困难的准备，正在全面改变观念，调整战略，特别要充分发挥中石油团队的技术优势和品牌优势，主动寻找新的市场，对内则狠抓开源节流，降本提效。

从总格局看，目前中国企业在哈萨克斯坦的形势依然不错，中国技术品牌依然占有优势。以西部钻探阿克套工程有限公司为例，当下中哈合作成功开展的项目就有阿拉木图州的马伊纳克水电站、巴甫罗尔达电解铝厂、阿克套的沥青厂、中哈原油管道、中国－中亚天然气管道、中哈霍尔果斯国际边境合作中心等。

但部分行业的衰退的确给我们敲响了警钟。中企走进丝路经济带之后，既要全力争取共建共赢，也要有共担风险、共渡难关的准备；既要树立品牌的稳固形象，也要有适应市场变化的转向、应急机制。当然这只是暂时的，不久就会柳明花明又一村。哈萨克斯坦总统纳扎尔巴耶夫前不久提议，要尽快规划自中国边境跨越哈萨克斯坦全境的中哈铁路，连接由这里至俄罗斯、伊朗、阿塞拜疆各国的航道，贯通海、陆、空立体丝路，让丝绸之路上公路、铁路并行，跨越性地增加人流、物流的承载量——这提供了里海临岸经济再度振兴的极好的机遇。

既要骏马飞奔，也要琴瑟和鸣！这里的琴瑟和鸣不只是指团结和睦，更是指社会经济各方面关系的和谐。

离开阿克套，我们乘上了古力教授号，横穿里海，去阿塞拜疆首都巴库。这是一艘万吨客、货混装船。万里行团队的10多辆车开进舱底，人住进客舱，在里海的风浪中航行近二十四个小时。里海一万多年前才因隆起的陆地与黑海隔断分离。里海的确像个海，面积比我国秦晋两省加起来还大，其实却是个内陆湖。由于它的内封性，里海内的生物无法与其他海洋交流，反倒留存下来许多远古的罕有的海洋生物，并形成了自身独有的海洋生态体系。但里海的风景却似曾相识，与我以前穿越波罗的海和日本海所见大致相同。阳光照耀下的蓝天白云、碧波银浪是那么辽远壮阔，令人神往，这时你又会赞叹，里海还真是一个海！

古力教授号轮船的大副为"丝绸之路万里行"媒体团的通关文牒盖章

　　大家与古力教授号船员进行了交流,大副法力斯说,我们是他遇到的第一个穿越里海的中国媒体车队。他请我们进到轮船中央控制室参观。为了留影,我像模像样地手操轮舵"驾驶"了一会——其实,这条船是电子操控、自动驾驶的。

　　巴库是座美丽的城市,风停浪息的里海有若镜面,映出它的倩影,所见多为欧陆风情。它是全球著名的石油之都,古代拜火教的多处遗址至今火焰长明,这正应了王朔一篇小说的名字《一半是火焰,一半是海水》。我们参观世界文化遗产少女塔时,发生了一段猝不及防的插曲:克罗地亚总统恰好这天正在访问巴库,马上就要来少女塔参观,周围已经布防森严。我们这群冒失鬼不知情,竟然放飞了航拍器,这有可能拍摄到国宾的行踪,当即遭到警方的盘查,几台拍摄机器被扣押下来,团队也一度被区隔为几块。经我们耐心解释清楚之后，警方十分礼貌地将机器还回，并希望我们理解国家保安的职责，算是有惊无险吧！

在距巴库 40 公里的近郊，我们又采访了一家中资企业：中国建材国际工程有限公司援建的奇兹达斯水泥厂。他们总部在上海，也是最早走上丝路寻求发展的中国企业之一。现在已经在俄罗斯、吉尔吉斯斯坦、乌兹别克斯坦、哈萨克斯坦、阿塞拜疆乃至于印度尼西亚、土耳其等国成功援建了多家大型水泥厂，产量、技术领先世界。巴库这个厂子，三年前是用附近瑞士援建水泥厂的水泥来修建的，三年后，日产量已达到 5000 吨，远远超过了瑞士援建的那座水泥工厂。

奇兹达斯水泥厂已经全面投产，它是整个高加索地区规模最大、产量最高、质量最好的水泥厂。中方负责建设，建成后则交付对方，对方采用国际招标遴选管理者。对中方来说，这种一次性的投资，结算有保障，周期短，风险小。项目经理唐发非常高兴地接受了我们的采访。

中国建材国际工程有限公司是世界五百强企业中国建筑材料集团有限公司的主要业务公司，业务遍布全球各地。主营业务为玻璃、水泥、陶瓷等建筑材料，是国家重点高新技术企业，在国际上处于领先地位。董事长彭寿还是国际玻璃协会的现任主席。全球经济衰退也影响到他们，但不明显。产品的多样化使他们的市场渠道更宽；实力加品牌效应，使他们的抗风险能力更强。

丝路经济带的建设正在深入，在前几年鼓励"走出去谋发展"的基础上，急切需要决策的科学化，防止盲目上马。一定要在实地调查研究的基础上，对国内外的经济形势、目标国及其周边国的经济形势进行综合考量，有的放矢地做出科学决策。

项目实施全过程中要有强有力的法律支援，用法律来为生意护航。以国际视野健全"一带一路"上的法制建设，组建谙熟相关国法律和国际经济法规的顾问团队，中企走出去才有法律保障。

里海夕阳

　　承接具体产业项目一定要谨慎，资本运营力度则可以更开放。许多走出来的企业感受到，最好尽可能做到产业资本与金融资本结合，不见兔子（可靠项目）不撒鹰（投资）。最受青睐的办法，是收购或注资当地成熟的知名品牌。这样社会风险、资本风险都比较小，董事会高层的变化也不致影响企业管理和生产营销的有效运行。

　　还是那句话，既要骏马飞奔，也要琴瑟和鸣。

　　车队又出发了，向着阿伊边境城市阿兹塔那，向着伊朗高原奔驰。不知何故，出境时有六位团员因电脑显示出问题，不能过境，我是其中之一。大部队连夜过境，入住小城阿兹塔那的伊朗一边，我们六个则在阿兹塔那阿塞拜疆这边住下来，夜里不由有了一点孤单，很久不能入睡，想起陈毅元帅写一江之隔的中缅友谊的诗，便改了几句来描写此夜的心情，那真是"君住关之南，我住关之北，梦中思签签不至，空有里海水"，"签"也者，过境签证是也。

　　　　2016 年 10 月 25 日，于阿塞拜疆与伊朗交界的边境小城阿兹塔那

在伊朗三城谈旅游

在伊朗的德黑兰、伊斯法罕、设拉子三个城市与当地文化经济界交流，谈到两国旅游业携手发展时，我列出了中伊两国文化的一些相似性，也说到我们生活的具体地方。陕西西安和伊朗的三大名城，又都是所在国历史文化的发祥之地、荟萃之地。

在伊朗的德黑兰、伊斯法罕、设拉子三个城市与当地文化经济界交流时，万里行团队领导先后几次安排我谈谈两国旅游业的交流，只能勉为其难地执行。现回忆整理于后，权作学习笔记，备忘并就教于方家。

关于旅游业的交流发展，我大约谈了三个方面：

第一个方面，谈中伊两国特别是陕西西安与伊斯法罕、设拉子文化的相似性。相似产生认同，认同促进交流，交流拉动旅游，这构成了旅游产业文化心理的一种原动力。

中伊两个国家的文化有很多相似性。两国都是迄今从未中断文化传统的古老国家；和古代中国面对匈奴的入侵一样，伊朗也曾面对阿拉伯人的入侵；中国在 16 —20 世纪面对船坚炮利的"西方海盗"，伊朗也曾面对地中海海盗民族。重要的地理位置、悠久的历史和古老的文化传统，使两国在吸收、传播文化方面具有难得的连续性。这种连续性构成了两国文化的底气和旅游资源。

而我们生活的两个具体地方，陕西西安和伊朗的三大名城，虽相隔万里，却又都是所在国历史文化的发祥之地、荟萃之地。

陕西西安是中华文化重要的发祥地。中华文化一些最早的符号，如汉文

德黑兰标志性景观自由塔

字与龙图腾，中华文化的一些基本价值坐标，如易、道、儒、释，中华文化印烙在人类历史上的一些最重要的足迹，如周、秦、汉、唐，都与这块土地直接相关。

伊斯法罕和设拉子也是波斯文明的发祥和荟萃之地。古波斯文明和波斯波利斯古城享誉全球。两千五百年前，"万王之王"大流士将阿契美尼德王朝的都城迁于此地，创建了横跨亚欧非三大洲的波斯帝国。和中国的秦始皇一样，大流士也带领国家走向统一、强大。秦始皇和大流士的陵墓遗迹至今还在，分别成为中伊两国重要的精神符号。

中国和伊朗都是古丝绸之路最早的开拓者、最辉煌的实践者。公元前11世纪，中国西周的丝绸经伊朗进入埃及，说明三千年前中国与伊朗已有经济交往。公元前7世纪，一条由中国经西伯利亚草原到黑海北岸的交通线开始形成，当时黑海属于波斯疆域，这就是所谓的"斯基泰贸易之路"。随后，中国丝绸经该线路西段黑海东岸南下，全面进入伊朗。安息帝国时期，中国的商品由蜀入印，然后转销中亚、伊朗。在张骞之前，这里已有中国的"蜀布"，一称"邛布"。

中伊两国以丝绸之路为纽带，形成了和平商贸往来的历史传统。中国汉唐时的波斯商人、胡姬酒肆、大唐西市就是两国和平商贸往来的象征。伊朗的朋友说得好：中国和伊朗是几千年的朋友，是从来没有打过仗的好朋友。像我们这样只有交流而从未发生冲突的千年友谊，通过当代旅游可以将其由历史积累转化为极为珍贵的现实财富。这样的历史认同和实践，铸就了两国旅游业的文化精神支柱。

在民间的风情文化方面，波斯文化在伊斯兰文化之后，虽然原根文化稍有流失，但在吸纳包容中仍旧保留了自己的基本特色。

中国的文化在汉唐时期也一样，广泛地吸纳、包容异质文化因子，使我们的中华民族成为能够容受多维文化的大气磅礴的民族。

第二个方面，我谈到了旅游产业、旅游文化在中国当下发展的趋势。主要有以下几点：

其一，旅游产业正由一个单维的行业向跨行业的综合立体产业提升发展。它拉动的不仅是吃、住、行、游、购、娱，而且拉动了城乡经济、社会的整体发展，拉动了精神文明的构建，社会风气的改造，乃至于跨文化跨地域的全面交流，拉动了整个社会的综合治理和提升。

其二，旅游产业正在由规模化向品质化提升。所谓规模化就是用最少的钱去买最多的旅游产品。譬如前些年，大家希望花一点钱跑更多的地方，看更多的景点，满足于跑车观花、跑城观花。这有利于做大市场规模。规模化是旅游业早期的现象，现在开始进入品质化旅游，也就是要有质量，要有文化内涵，要慢游，要休闲，要品尝。品质旅游不在乎人流的规模，而在乎内在品质的提升。由低端市场到中高端市场，这是一个趋势。

其三，由参观型旅游向体验型旅游提升。体验型旅游就是讲究在旅游过程中重视生命的、人生的、艺术民俗的体验。旅游既是跨文化交流，也是跨生命、跨生存交流。要尽量为游客提供身临其境、感同身受体验异国异地文化风情、人生命运、生存状态的机会。不要总是"雨过地皮湿"地游览参观，而要刨开表皮深入当地文化腠理，获得某种不同程度"深"临其境的体验。

其四，由点式的目的地旅游，逐步发展成为网状的辐射性旅游。以旅游目的地为牵引，构建去往目的地沿途的一条条骨干线路，而且将这些线路组合联网，形成一个现代旅游网络。这种发展趋势，充分发挥了"互联网+"的作用，也给游客提供了辐射性旅游的种种方便。

第三个方面，我谈了对于中伊双方发展旅游的一些建议。

其一，利用双方大型企业在转型升级中发散性、溢业性（溢出本行业）投资的新机遇，跨行业融资发展旅游基础设施建设。许多企业由制造业、资源业开始拓展资金流向，转移市场。在中国就有很多大型能源公司开始投建旅游项目。属于世界五百强的陕西延长石油（集团）有限责任公司和陕西煤业化工集团有限责任公司投资南宫山和韩城景点，都取得了效益。要利用这个趋势，抓住资金流向，引领旅游设施的建设，把我们的旅游宾馆、景区、道路、服务提高到新的水平。

其二，中国的陕西和伊朗的德黑兰、伊斯法罕，一个作为丝路的起点，一个作为丝路的核心地带，可以将自己建成"一带一路"旅游的集散、辐射中心。通过网络对各方游客进行组合，再辐射出去，使西安和伊朗真正发挥旅游集散中心的作用。

其三，双方都要更加致力于讲好自己的故事，特别是要向特定的对象市场讲好自己特定的故事。中国不但要讲好中国故事、陕西故事、西安故事，而且要有中国故事、陕西故事、西安故事的伊朗版，甚至德黑兰版、设拉子版。伊朗也应该这样，不要泛泛地讲自己的故事，要把伊朗故事跟特定的对象结合起来，讲好伊朗故事的中国版、陕西版，使得我们的市场有定向的传

伊朗街景

播力，并由多层定向传播组合成定向辐射传播力。

陕西西安和伊朗伊斯法罕、设拉子作为古都都是极有故事的地方，我们如果通过电影、小说、传说，通过各种媒体、各种传播工具，对特定对象讲好自己的特色故事，对于拓展旅游市场极有作用。现在双方应该说已经有了初步的了解，但民间的了解程度还很不够。

其四，最后一点建议就是平台，要构建好旅游宣传和旅游营销的平台，借平台打品牌。西安今年下半年就组织了丝绸之路国际博览会、丝绸之路各方面的高峰论坛、丝绸之路国际旅游节、丝绸之路国际电影节、丝绸之路国际艺术节，还有"一带一路"法律服务合作联盟、丝绸之路大学联盟。德黑兰大学就参加了中国丝绸之路大学联盟。这都是旅游业的宣传营销平台。

一是要构建自己专业的宣传和营销平台，二是要借助一切平台来为我们的旅游业服务。一切展示都是宣传，一切宣传都是营销。一切方面的展示，包括经济、文化、政治各方面的展示，都可以带动、促进旅游，也都是我们旅游营销宣传可以利用的阵地。在这一点上，空间很大，双方大可加强交流。

2016 年 11 月 7 日，于伊朗伊斯法罕

迎向丝路的锻打

我夜不能寐，在夜半更深的宾馆大堂来写这篇文章。我并不是想赞扬他们中的哪一位，不，我是在为丝路上所有的中国人点赞，为China（中国）点赞。我们中国人，一个一个看起来都很平凡，但是合成一个群体就会很强大。

此刻是深夜二十三时。"丝绸之路万里行"媒体团在行走过程中，出现了一些意外情况，不得不几度往返游弋于中亚、中东。大家在关键时候的表现，使我夜不能寐，在夜半更深的宾馆大堂来写这篇文章。

人是需要磨砺的，困难和风险就是砥砺坚强的磨刀石。在这次长途跋涉的磨砺中，许多人闪耀出了在素常生活中难得一见的精神火花。

开始是入关不顺。从阿塞拜疆进入伊朗口岸时，有六位团员因为电脑显示不出护照文件而被卡在关外。大部队按计划进入伊朗，这六位同志（在一个"哥们""姐们"时代，请允许我在这里特意使用"同志""战友"这些非常用的词汇）却单独留在了边境的阿塞拜疆一侧的阿斯塔拉小城。不会没有对未来安全的担忧，不会没有对出现意外的疑虑，但人人不动声色，默默地配合导游，尽力解决问题。

导游李永伟晚上十点折回500公里外的巴库，凌晨五点到达，赶上班前为六位团员再次办理签证，依然未果，迫于无奈只好让我们立即往回赶，赶晚九点巴库到德黑兰的航班，办落地签进入伊朗。从中午两点到晚上七点，六位团员驱车500公里按时赶到巴库机场。乘车由北而南，由南而北，再乘飞机由北而南，我们三次穿越了阿塞拜疆共和国的大地和天空。事情的曲折使我们更亲近了这块美丽的土地，交了更多的朋友，写出了更有可读性的文字。

在伊朗段的行走中，德黑兰—伊斯法罕—设拉子一路南行的七八天里，下一国巴基斯坦的安全形势一直牵动着大家的神经。使馆几次建议我们不要走原定路线，那里正是事故多发地段。加之印巴关系近期有点紧张，印度几度宣布封锁印巴边境，不允许从巴基斯坦过来的游客入境，要求我们返回中国再入境印度。改变路线难度又很大，人与车全体坐船去卡拉奇需七八天，时间太长，会影响万里行下一步在印度已经定好了的安排。全体飞往巴基斯坦首都伊斯兰堡吧，有十名记者由于驾驶证上登记着他们的名字，人车不能分离，否则车队无法进入口岸。这难住了团领导丰子恒与杨文萌。大家看着他们一个接一个打电话，看着他们沉默寡言、心事重重，而又无法分担一点压力，怎能不也为他们操心，为全团操心？

车队在伊朗—巴基斯坦边境等待、商量、疏通、请示、再等待，过去了好几天，依然没有结果。

大家心急如焚，议论纷纷，竟拿出了好几个民间方案：有的主张车队继续往南从伊朗南方某个港口连人带车上船，通过波斯湾直达巴基斯坦瓜达尔港，再由那里上岸，北行偏东去拉合尔，过境印度；有的主张干脆不去巴基斯坦了，乘船直达印度孟买港。这两个方案都不实际，因为在海上要去瓜达尔港得整整一周，去孟买更得半月二十天，在印度早已策划的活动和行程耽误不起。何况，还不知有没有直达那里的海轮航班，即便有，是几天一班？时间能否衔接上？于是有人又提出，干脆在伊朗南部港口渡海，对岸就是阿联酋的迪拜，从那里飞印度新德里。不过大多数人依然坚持按原计划全团一起走，全速前进前往巴基斯坦，再危险也去！这正是作为记者一辈子难逢的好机会……

11月6日，在伊朗南部的古城设拉子，团领导召集全体会议，丰子恒团长宣布：根据当下印巴的紧张形势，加之我们四个卫星电视台的10多辆车喷涂了明显的国家标记和传媒标记，目标太大，穿过巴基斯坦确实有一定的危险和困难。中国驻巴基斯坦大使馆从安全出发，几次劝阻我们，并且将几次通话录了音，以示尽到责任。这个时候，作为中国记者团，一定要听本国政府的话。

因此，"丝绸之路万里行"媒体团决定兵分两路，一路是绑定在10辆车上的有国际驾照的主驾记者司机们，一人一辆开着车去伊朗和巴基斯坦的边境城市扎黑丹。然后从那里过境巴基斯坦，到达比较危险的奎达地区，途中有巴方十六名军警护航。这段行程上千公里。然后人车分离，他们从那儿坐飞机朝西北飞至巴基斯坦首都伊斯兰堡。10辆车则由当地司机开到伊斯兰堡或东面的巴基斯坦边境城市拉合尔，等待过境印度。这是一路。另外一路是我们二十三个人的大队（我在这一路），由设拉子乘大巴，一天之内奔袭1000里，重新返回首都德黑兰。在德黑兰搭机前往巴基斯坦首都伊斯兰堡。在那里两支队伍将会合，再继续相机前进。这是一次特殊的行程，空中丝路、陆上丝路并进，前进的步伐绝不能停止。

事后丰子恒团长告诉我，动员会之后，他又召开了十名穿越兼职司机的小会，他很坦诚地对十位同志说，这不是一个强制性的决定，大家可以根据自己的情况表态去留。令他非常感动的是，十位同志没有一人表示退缩，都说："走，就这样走。"在这里我要郑重地逐一写下这十位战友的名字，他们是杨文萌、王虎、陈良音、郑飞、邢攸安、阚晓天、黄晋川、张军、胡浩、李勃。

此刻已是半夜十二点。我们回撤的二十三名战友刚刚到达德黑兰的中国大酒店。中国大酒店，中国人开的酒店！大门口便镶嵌着一面硕大的五星红旗，好是亲切。那是祖国的目光、母亲的微笑！据微信显示，我们团的另一半，十位司机记者此刻也已经安全到达了巴姆，发来了报平安的信息及相关照片。谢天谢地，牵肠挂肚的战友啊，没有相依为命的经历，谁能理解这种牵挂呢？

现在已是当地时间凌晨两点。我望着明净夜空中那些不知名的星星，在这异国的深夜，让我不能成眠的其实不是疲惫，不是风险，是人，是我的战友们。又不是哪一个人，而是整整一个团队，是我们这个群体。我早已过了遇事就动感情的年纪，但我真的不由得为他们感动，为我能成为他们中的一员而自豪。

有位记者父亲去世也来不及赶回，照样默默工作。有的记者腿部受伤，拄着拐杖采访，支起腿写稿。有的因口味不适，几天吃不下饭却虎虎有生气抢着担重担。车队启动以后，车台里几乎全是行车指挥的声音。在漫长的行程中，行车指挥通过车台进行有序的调度指挥，从头车到尾车都掌控于心。我半开玩笑说，只要将我们车台一路的声音稍加剪辑，就是极好的广播节目，有过程，有跌宕，有悬念，有惊怵，播出肯定火爆。一位老教授有严重的糖尿病，沿途赶路常常不能按时开饭，他不得不依赖药物平抑病情，但依然每两三天发一篇文章……

他们在"一带一路"上如此辛苦地奔波，他们不分昼夜地赶路，不分昼夜地采访，不分昼夜地发稿，他们中的每个人都值得点赞，但我并不是在赞扬他们中的哪一位，不，我是在为丝路上所有的中国人点赞。我们中国人，一个一个看起来都很平凡，但是合成一个群体就会很强大。我们中国人，居家过日子看起来不起眼，但是在一种特殊的环境下，在一种特殊的时刻，就会闪出耀眼的光彩。

这就是我们，一个由平平凡凡的人组成的群体，在域外用自己点滴的行为显示出自己和自己祖国的高大。

2016 年 11 月 9 日，于伊朗德黑兰中国大酒店大堂

喀什与亚兹德，生土民居的两个展厅

参观生土民居群，说"一见倾心"还远远不够，简直就是一见钟情！触目可及的是由土黄、深棕、浅褐组成的色块群落，布局随意自由，巷子狭小幽深。走下去便会有听不完的故事、看不尽的人生。它代表了一种天真而又聪颖的建筑美学。有人说自己喜欢冬天，因为可以去寻找温暖。其实也应该喜欢夏天，夏天可以激扬人类追寻和捕捉凉爽的智慧。

万里行车队披着波斯彩绸似的夕阳，驶进了伊朗中部的古城亚兹德。亚兹德城地处戈壁深处、沙漠边缘，是丝绸之路的重要驿站，也是伊朗拜火教的中心。千年圣火今天依然在如雄鹰展翅的狮身人面图腾前熊熊燃烧。

这座古城千余年没有经历过大的战乱和灾害，古建筑遗址保存得十分完好。城内几乎没有高楼大厦，很多居民依然住在古代民居之中。在急剧现代化的今天，能够看到这么集中的波斯古民居，而且能够看到古民居和现代生活如此协调的融接，实在难得。那是一种穿越时空的鲜活体验。

我的印象中，在丝绸之路南、北、中几条线贯穿起来的亚欧大陆的北暖温带上，民居建筑在材质上大体上分为三个板块：东亚主要是砖木建筑；中亚、中东主要是生土建筑（生土者，未经烧制之土，有别于砖、陶、瓷的原生土也）；西亚、欧洲则主要是石材建筑。北暖温带以北如西伯利亚，以南如印度、印尼，由于气候差异过大，当不在此列。由砖木建筑到生土建筑的过渡，其实从中国西部已经开始。我老家在长江下游，年轻时到西部生活，鲜明地感觉到了这个过渡。老家的民居大都是砖墙木柱，屋顶扣着双层瓦。到了关中，出现了胡基（泥坯）墙、砖包胡基墙，还有"椽帮堰"墙体，即用木夹板将黄土夯实，层层垒上去筑墙而成。我曾担心这类墙会塌，那是因为不了解黄土的黏性。关中屋顶的瓦也变成了单层，我也曾担心这样会漏雨渗水，那又是因为不了解西部的降雨量小，每年降水不到南方三成。

再由丝路往西、往北走，长城塞外、河西走廊和新疆一带，就大量出现了用谷草做筋的泥皮土墙。屋顶上也没有了瓦，只要做出流水檐，抹一层谷草泥皮也就行了。这也便是我们在中亚、中东各国，尤其在喀什和亚兹德看到的生土民居建筑群。

伊朗的亚兹德和中国新疆的喀什老城，可以说是生土建筑群的双子星座，是我们这个星球上生土建筑艺术的两个展览厅。

从大月氏返回西汉时，张骞来到了喀什，即当时的疏勒国。他惊奇地发现，疏勒城居然同中原的城镇一样，有很像样的街道和店铺。张骞的见闻被写进了《汉书·西域传》。从汉朝的"疏勒国"，到唐朝的"伽师城"，古代喀什成为丝绸之路上繁华且极具诗意和传奇色彩的城市。而喀什民居的点睛之笔，就是这里的老城——古代称为"盘囊城"的艾斯克萨古城。这里保留着中亚现存最古老的生土民居建筑群。

十多年前，我去喀什参观老城景区，说"一见倾心"还远远不够，简直就是一见钟情！那一片沧桑古老的建筑，如同一片土黄色的波浪，高低错落绵延，被现代的高楼大厦包围着，好像一下子从 21 世纪穿越到了《天方夜谭》的情境之中。老城东北角的一块高崖——阔孜其亚贝希巷，当地称为"高台民居"，有六百年以上的历史。触目可及的是由斑驳的土黄、深棕、浅褐组成的色块群落，建筑材料全用的是生土、土坯和白杨木，布局随意自由，巷子狭小幽深。沿着它们走下去，便会有听不完的故事、看不尽的人生。不由得想起一位建筑学家的话："喀什老城代表了一种天真的建筑美学，它的自然本色，是建筑艺术最为朴素的一种表达形式。"在缺少雨水的沙漠地区，这些房子冬暖夏凉，又显示出了独特的生态适应性。

让你始料未及的是，这些民居外表沧桑，院子里却鲜丽温馨。每个院内都别有洞天：葡萄架、无花果树和各种鲜花，令院子显出旺盛的生机，葡萄架下的大床上铺着鲜艳的毡毯，雕花回廊连着客厅和卧室，服装鲜艳的妇女围坐一起，边做针线

亚兹德民居

活边聊天，孩子们在打闹嬉戏。十足的维吾尔族日常生活风情。

阳光在土巷中忽明忽暗，我独自一人在迷宫般的小巷中穿行了整个下午，有意兜圈子，有意迷路，以便能在回还往复、羁留盘桓中度过更长的时光。从那错落多姿的天际线，从那依地势而形成的梯层结构，从那为了安全也为了亲和勾肩搭背靠在一起的房舍，从为了防御酷热而建构的地下通道和房屋，为了扩大生存空间而形成的盖着天棚的双层道路和多层居所，我是那么具体地感受到了，老城人在对自己家园世世代代的经营中，早已经将实用的生存空间升华为了艺术的审美空间。其中不但凝结着维吾尔族人民世世代代的工匠精神和创造精神，也凝结着他们不息地追求人生品质、提升生活境界的梦想。

怪不得了，我的老朋友、西安建筑科技大学刘克成教授设计的仿生土建筑——大唐西市博物馆广受好评，这与建筑师刘克成先生看重民间建筑的质朴之美与当代整个建筑界的追求相契合有关，肯定也与刘克成教授有一段新疆生活经历不无关系。

我们入住于亚兹德地下宾馆。通向宾馆的路是窄窄小小的寻常街道，车队先停在一个有围墙的操场上，人步行，小拖车把行李拉到宾馆。这是一家由古堡改装成的宾馆，有着古老而粗笨的木门和窄小的前厅，然后就是几十

级下行的台阶，将你引进地下巷道。进入地道，不料想曲径通幽，一拐弯，面前豁然开朗，竟是一个地下大厅。大厅利用天棚采光，是宾馆的公共空间，白天是咖啡吧，晚上可以开文艺派对。还有一只毛羽灰白的大鹦鹉，用英语向路过的人问好。

而我的房间还在更里面——地道将你又引进一座大厅，在大厅尽头的一个洞穴中。每个床位上方都有一个不明就里的箭头，请教导游方知那是给信奉伊斯兰教的客人预备的。箭头所指，就是麦加的方向，他们每天要朝着麦加做礼拜。店家怕他们在这迷宫中找不着北，才专有这样的标配。宾馆所有的通道狭窄到只能一人通过，而大厅则可容纳上百人。巷道与大厅四周的墙上，摆设着各种波斯文化旧物，营造出一种怀旧的气氛。

宾馆有三十几个房间，每间的格局和装修都不一样。据说当年将古堡改建旅馆时，房东顺势而为，建成了这样风格独异的地下迷宫。亚兹德地处沙漠，干旱酷热，居民住所内部基本都低于地平面，为的是达到冬暖夏凉的效果。

怎么用一句话来表述这种建筑呢？中国人为抗击日本侵略者开挖的地道网络？基督徒为逃避伊斯兰大军围剿而挖空土耳其格莱美山体的穴居之地？20世纪煤矿的地下巷道和掌子面？或者干脆就是人类学习蚂蚁穴居创造的仿生作品？……都有点像，又都有点不像，因为在这里丝毫没有对抗、争斗和辛劳，有的是休憩、安详和恬适。最恰当的表述，我想还是"这是一个装满了故事的'天方夜谭的月光宝盒'"！

这个地下宾馆可以说是亚兹德民居建筑的一个代表性作品。由于它的魅力，等不及明天，便央导游领我们在夜色中徜徉附近的街巷。亚兹德民居真有特点，真有智慧。巷道无规则地纵横延伸，却又在随心所欲中显出布设的精心。地坑的屋顶上遍布拱状横梁，既能采光通风，又可抵挡烈日纳凉。从陋巷步入黄泥草坯的屋内，想不到简朴所掩映的竟是温馨与富丽。当然，眼前的这些建筑现在也可能有了革新，也许墙中暗藏钢筋，只是保留了外表的古朴。这正说明，一种建筑审美理念一旦被民众接受，它会比建筑的物质材料寿命更长，更有生命力。

街巷的古兰经堂里，晚课正在进行，男女分开在两个窑厅中听阿訇讲经。而在经堂的拱顶上则开了一家半露天的咖啡厅，穿着时尚的年轻人要了饮品在那里观赏古城夜景、闲聊天。晚风时不时送过来他们的笑声和絮语。

第二天一早又去参观了风塔和坎儿井，这两项已被联合国教科文组织列入世界文化遗产名录。风塔和坎儿井，是中亚、中东一带民居建筑不可缺少的部分，它们以朴素的原理和设施解决了炎热和缺水的问题。风塔是一座座土楼，通过四面的风洞给居室排风。以风塔通风降温，又以风塔旁粗陋的木棍来减震及充当水漏。每所民居的风塔下面都建有水池，水池暗通坎儿井。风水结合，造就了一个个天然的空调，恒定着室内的温度。这里夏天室外温度可达 40 摄氏度以上，室内则凉爽宜人。亚兹德人的聪明才智让这座位于沙漠腹地的城市成为独树一帜的风塔之城。坎儿井不但浇灌土地，也可以为居民服务。在小城的街头巷尾，很容易找到像山泉般凉甜的饮用水和洗手用的储水器。饮用水龙头朝上，洗手用水则龙头朝下，区分很清楚。

坎儿井、风塔在中国天山南北也有，这几年也正在申报世界文化遗产，它启示中国人应该更加自觉地从世界文明的总格局中来定位自己。无论谁，给人类文明宝库增添瑰宝都是大好事，我们真诚地为伊朗人民高兴。

有人说，自己喜欢冬天，因为可以去寻找温暖。我想说，我们也应该喜欢夏天，因为夏天可以激发人类追寻和捕捉凉爽的智慧。

2016 年 11 月 16 日，于乌鲁木齐

历史在无声处发声

历史有时会发出一种无声之声，它无声地告诉你：有时候，稗子一开始就和稻种、麦种混在一起，埋下了自己的种子，暗中生长着自己的穗叶……

由德黑兰至亚兹德，再至伊朗古都设拉子市。设拉子是古波斯之都，是"万王之王"大流士一世建都的地方，这里遗存的波斯波利斯遗址，至今历历可见那一段历史之辉煌。宏伟的波斯王朝遗址和波斯帝王陵遗址，连同它们所代表的那个伟大的帝王和伟大的王朝，是浸入每个伊朗人血液中的自豪。

我们只参观了波斯波利斯遗址的一部分，它并不是阿契美尼德王朝的王宫所在地，只是波斯帝王的觐见大厅。这里还有"万国门"，有"百柱宫"，有体量惊人的厅堂。波斯帝王就在这里会见各国使臣，接受他们的朝拜和贡品。

当时的波斯是世界上唯一横跨亚欧非三大洲的大帝国，东至印度河流域，南至波斯湾和阿拉伯半岛，西至欧洲马其顿和北非利比亚，北至咸海和高加索。遗址入口处的牛头人身雕塑，就来源于两河流域文明；墙体精美的浮雕，是埃及人的作品；高大的石柱，来自小亚细亚的工匠的手艺。

墙体的浮雕表现了周边民族带着各种奇珍异宝前来觐见的场景，反映了那段历史的辉煌。导游给我们描绘当时的情景时，充满了民族自豪：埃及人服了，带着马来了；阿富汗人服了，带着布匹来了；巴比伦人服了，带着骆驼来了……

许多人都将大流士与秦始皇相比，将波斯王宫、王陵与秦咸阳宫、阿房宫和秦始皇陵相比，这个类比很是契合，有相当的必然性。大流士是波斯古国的"万王之王"，他以近二十场大战建立了波斯帝国，立国后建立了中央集权的行省体制，统一货币，重定税制，修建驿道，集聚信仰，定拜火教为国教；秦始皇是古代中国的"千古一帝"，他逐一打败六国，统一了中国，统一了中国的文字、货币和行政管理等，为中国几千年的统一制定了标准。

但是，这一切都还只是我们能够看得见和听得见的历史，是历史通过教科书、通过某种民族文化心理需求发出的声音，这种声音千百年来如黄钟大吕回响在我们耳际。而历史有时，不，应该说是同时会发出一种无声之声，它只是将事实默默地摆在那里，而自己永远默着声、缄着口。只有那些有心有思的人，一些反向思考的人才能听见这种掩埋于历史深处的无声之声。

于是我们就看到了大流士和波斯波利斯、波斯王陵，秦始皇和阿房宫、兵马俑的另一种惊人的相似性：不可战胜的他们，在两代或六七代的时间内都覆灭了。他们留下的纪念碑式的建筑，也都同样遭到了被大火焚毁的厄运。

马其顿王国年轻的亚历山大大帝，经过几番交战而击溃兵力远胜于自己的波斯帝国，一把火烧掉了波斯波利斯，"百柱宫"如今只剩下些许残柱经受着千年日月的拷问。我们该听得出来，它们相互诉说的是辉煌，又并不完全是辉煌。

设拉子郊区波斯波利斯遗址

击败秦王朝之后，进入咸阳的项羽，也是一把火烧掉了咸阳宫和阿房宫！

这是为什么？两个王朝的命运为什么如此相似？

很容易想到的，是源于具体历史事件情境。譬如，秦二世胡亥太过无能，赵高太过奸佞，譬如年轻的入侵者亚历山大大帝太过强大，远胜大流士三世。这当然有道理。但是换个角度看，胡亥无能，大流士三世也无能吗？为什么接连战败呢？亚历山大力量的确强大，但陈胜、吴广却是草根出身，即便是后来，刘邦加上项羽的力量也并没有超过秦王朝呀。他们又为什么能够取得对大秦帝国的胜利呢？

肯定有着更深层的原因，这原因穿透了具体历史事件、具体历史情境，而根植于历史规律和历史哲学之中。这个原因像是稗子，一开始就和稻种、麦种混在一起，在两个王朝兴盛之时便埋下了自己的种子，这种子随着两大王朝的发达而暗中生长着自己的穗叶。这稗种便是"过度"两个字。过度地好大喜功，过度地征讨战乱，过度地消耗国力，过度地苛待周边的属国，过度地对民众予取予夺等。尽管它们在程度上有所区别——大流士一世似乎比秦始皇稍显宽容些。

秦国是以近百年时间，以近百次残酷的大战和几百万人的生命作为成本，取得对六国的胜利的。之后秦始皇又修长城、修直道、修驰道、修陵墓，动辄征用民夫、战俘、囚徒几十万上百万人，你可以想见其中拆解了多少家庭，离散了多少骨肉，流淌了多少血泪，又有多少"可怜无定河边骨，犹是春闺梦里人"的思念，更有多少孟姜女想扑上去哭倒长城……无数的哀怨仇恨，在沉默的大多数心中无声地积累着，等待着点燃，等待着爆发！大秦帝国是秦始皇一手建立的，大秦帝国其实也是秦始皇一手掏空的！所以陈胜、吴广，一群殊死而搏的奴隶夫役，一旦揭竿而起顷刻便动摇了这个帝国的根基！

宏大的历史走向，从来不能仅仅归咎于某个人某件事，主宰它的是"势"。势是什么？就是民心背向，就是社会、政策和道德的总体取向。秦帝国的迅

西安市郊区秦始皇陵兵马俑坑遗址

速覆灭，与具体人虽不无关系，根本上乃是"大势已去"。大势既去，精明强干的秦始皇即便从陵墓里爬出来，那也是无济于事了！

　　大流士一世也差不多，先是不到一年打了十八次大战，铲除国内四面八方的割据势力，统一了波斯。此后二十余年中，向东打印度，将其收编为波斯帝国的第二十个行省。朝西打色雷斯，并且数次远征希腊未果。全国政军分治，将备战如兵器、舰艇的制造，放在国家发展、社会治理之上。这不但耗尽了波斯的人力物力，还株连希腊。波斯数次远征希腊，希腊为了不在希波大战中亡国，全国长期处于备战状态，结果导致了人类古文明的瑰宝——希腊文明的衰落。故而波斯帝国的覆灭，深层责任也并不在大流士三世，而在他的先辈大流士一世。这位铁血大帝也是在创建自己王朝的同时掏空了自己的王朝，在张扬强盛之势的同时，暗中积累了颓败之势。到了大流士三世，败势既成，大势已去，亚历山大大帝只不过背了个锅而已。

　　这种开创者同时成为掘墓人的情况，历史上不止一次，日常生活中也往往能够见到。不以过度的战争和建设耗尽国力民力，在需要与可能之间，目标与现实之间，规模、速度与力量之间，能否量力而行，审时而动，度势而为，做全面协调可持续的科学处理，是考验每个人，尤其是考验伟大人物的"哥德巴赫猜想"，是一道极难回答的历史难题！过犹不及，欲速不达，峣峣者易缺、皎皎者易污，都说的是要讲究度与势。度与势不屈从个人欲求，规律不相信眼泪。不尊重规律，炮火越猛后坐力越大，反推力可能将枪炮手击倒。这就是历史哲学、历史辩证法，也是许多让人不解的历史现象最深层的原因。

汉高祖刘邦也许觉悟到了亡秦的教训，他信奉黄老之学，放慢了步子，以退为进。西汉初年的文士贾谊则以一篇《过秦论》振聋发聩。他主要从内因对秦朝的短命进行了透析，鞭辟入里地追问、思考了秦之过，秦皇之过。为不再重蹈覆辙敲响了警钟。到了刘邦的孙辈，更施行了文景之治，在疗救中行复苏，从韬晦中谋发展，不到百年便仓廪殷实、钱库充盈，走出了秦末的大凋零，渐渐显出民富国强的好势头。这才孕育了又一位一代天骄——汉武帝。如果不是践行了社会发展调整收缩的机制，哪儿会有汉武帝刘彻的英明？哪儿会有儒术的独尊？哪儿会有匈奴的平定？更哪儿会有张骞的凿空西域呢？

社会的发展、历史的进步，是一个积蓄—释放—再积蓄—再释放的辩证过程，以释放激活积蓄，以积蓄充盈释放，实现良性的循环。社会历史的发展如果总是一成不变的强拍子、快节奏，何谈节奏？没有了节奏，又何谈呼吸吐纳，何谈发展的可持续？

在伊朗和中国，有两位声名远播的诗人，通过悟觉性的艺术思维对这个问题做了高屋建瓴的表达。

在亚历山大大帝打败大流士三世，消灭波斯阿契美尼德王朝大约一千六百年之后，在亚洲的西部，波斯诗人萨迪的一首诗传遍了世界：

亚当子孙皆兄弟，兄弟犹如手足亲。

> 造物之初本一体，一肢罹病染全身。
>
> 为人不恤他人苦，不配世上枉为人。

这首诗宣扬了一种与吞并、掠夺、战争、压榨，以及为宏大的目标而加于民众过量的负担甚至苦难完全不同的观念：我们本是兄弟，我们情同手足，我们相互体恤，我们共同发展。诗句也许有点朴素、浅白，但正是这种朴素、浅白才能以极大的能量向一切人传播，并将一切人包揽到自己的理念中来。所以它被联合国奉为阐述其宗旨的箴言，也在许多国际集会上展示，被许多政治家引用。它正在成为人类共有的箴言。

而在亚洲的东部，大秦帝国覆灭之后一千年左右，又一个伟大帝国大唐王朝开始进入了它的暮年。极为相似的不祥征兆又周期性地出现了。在秦亡之后一千余年，二十三岁的青年诗人杜牧拨开云絮，直入腠理，以前朝秦事为镜，针对晚唐衰败的现实，写了千古名篇《阿房宫赋》。他在对阿房宫的华丽、秦宫的奢华、朝廷的腐败以及六国各怀鬼胎不能团结抗秦，做了极尽铺陈的描绘之后，感慨万端地说了一段千古哲言："灭六国者，六国也，非秦也。族秦者，秦也，非天下也。"他提出了一个理想的假设："嗟乎！使六国各爱其人，则足以拒秦；使秦复爱六国之人，则递三世可至万世而为君，谁得而族灭也？"他也知道历史是不能假设、不能倒流的，历史从来不卖后悔药，因此笔锋一转，寄希望于今人和后人的自鉴自警："秦人不暇自哀，而后人哀之。后人哀之而不鉴之，亦使后人而复哀后人也。"唉嘘——，弥漫于历史进程中的悲剧感何等沉重，沉重中又有着何等的警醒啊！

夕阳西斜，黄昏的影子一点一点爬上土岗，吞噬着几个呈十字架形的阿契美尼德帝王的陵墓。参观之后，我们向它道别，心头忽然有所触动，一缕淡淡的苍凉，才下陵头却上心头！

历史无声而岁月有痕。文物学家、历史学家、历史哲学家的任务，就是对这些有痕而无声的信息做尽量真切的复原，做尽可能深入的解析，并提高

给伊朗朋友赠送中国中学生版画作品《秦始皇兵马俑》

到历史哲学层面，升华为历史规律，给后人留下深刻的文化积淀。

复述具体历史事件叫资料，解析历史事件的内涵和结构以启悟当下叫思考。事件可见可闻，是有声的，启悟是不可见不可闻，只可思只可感的，它常常是无声的，却又的确有声。那声音比具体历史事件的声音更深远宏大，因为那已经是规律的声音、哲理的声音！

这时，有五六位伊朗游客热情地向我们问好，好像是一个三代的家庭，真诚的笑容带过来一个亲和的气场，我突然想起随身包里带着的秦始皇兵马俑版画，我通过翻译给他们讲解这版画的内容。我说，大流士是波斯古国的"万王之王"，他建立了横跨亚欧非三大洲的波斯古国；秦始皇是古代中国的"千古一帝"，他统一了中国。今天在大流士王陵前将秦始皇兵马俑版画赠送给伊朗朋友，可以视为两个伟大国家相隔两千多年、20000多里的一次握手！我说我十分高兴能将中国青少年的情意转达给伊朗朋友，为了我们两国历史上的辉煌，也为了我们愈来愈深厚的友谊，为了一个没有战乱没有苦难、四海之内皆兄弟的世界。

我们共同拿着画合影，既有具象空间的携手，也有寓象空间的启示。

2016 年 11 月 17 日，于乌鲁木齐哈密大厦

波斯之心与波斯之力

——谈诗人萨迪

　　一个民族需要英雄的精神，威的传统，力的偶像；也需要哲思的精神，智的传统，心的偶像。两种传统交相传递，双水并流，文化人格才能健全地发育。

　　"托盘里的花儿能够鲜艳几时？不如摘采我园中的花叶一枝。那些花朵五六天就会枯萎，可我的花园却永远春光明媚。"

　　从起程至 11 月 15 日，我们的车队在丝路上已经跑了一个半月还多，超过 11000 公里，到了六个国家。丝绸之路像一轴丝绢织就的书画长卷，从容不迫地在我们面前展开着山水、城镇、市井、风情、民间艺术和各界人物，像一本精装的书，缓缓地翻着页码，引着我们渐入"一带一路"的堂奥。我们赶路、观景、看城、交友，都是一页一页在读这本大书。我们在阅读中日渐丰富与充实。在路上，我常常会想起中国古谚"读万卷书，行万里路"（我想再加一句：凝万世思），也会想起另一个人的另一句话，那是一位久违的伊朗诗人萨迪的诗句：

> 我曾在世界四方长久漫游，
>
> 与形形色色的人共度春秋。
>
> 从任何角落都未空手而返，
>
> 从每个禾垛选取谷穗一束。

　　谈到波斯，许多人都会敬仰"万王之王"大流士，但并不见得都知道萨迪的价值。其实我认为，如果说大流士是波斯之力、波斯之威，萨迪便是波

萨迪画像

斯之心、波斯之美。

上面这首诗不只是一个旅行家对自己的要求，它已经进入了"三人行，必有我师"的境界。善于学习书本，也善于学习社会，从一切人一切事物中，从正面和负面，汲取你所需要的营养，这不是人生的大境，人生的至乐吗？

说我与萨迪久违是有缘由的。1958年我还是大二的学生，卷进了"大跃进"的群众运动，那是个鼓励说大话、人人说大话不腰疼的时期，我也斗胆包天，吹牛说要在大学几年中按中外文学史的顺序，读完进入文学史册全部作家的作品。

樱桃好吃树难栽，牛皮好吹事难办。于是一次次囫囵吞枣的阅读开始了，曾经创造过一个星期天读完三部长篇小说的卫星式纪录。事后我将其定位为"间苗"式阅读——像田间"间苗"那样，跳着行、翻着页读，实际上也就是逮个故事梗概好去唬唬人而已。

我就在这时候借阅了伊朗诗人萨迪的《蔷薇园》，记得是水建馥先生翻译，才出版不久的新书。而作者萨迪却是七百多年前的古代圣贤。我那时年轻气盛，喜欢带点现代主义色彩的哲理诗，如拉美的聂鲁达和中国的艾青。说真的，《蔷薇园》让我感到有点乏味。可能译本也是"大跃进"的产物，诗句少有哲思和文采之美，觉得只是我国民间流传的《增广贤文》一类的格言智语，意思不错，但失之浅白。年轻人的轻狂让我合上了这本不可多得的好书。

随着年龄和阅历的增长，我的人生开始渐渐遇到了萨迪诗句中提出的一些问题，也渐渐进入了他一些诗句中的情境。1998 年我跟随国家人事部组织的专家团访美，在纽约联合国大厦发的简介材料中，赫然发现，萨迪的名言"亚当子孙皆兄弟"被联合国用作阐述自己宗旨的箴言。在 2010 年的上海世博会上，萨迪这首诗的前四句，又被译成波斯语、汉语、英语三种语言，镌刻在伊朗馆大门上方：

> 亚当子孙皆兄弟，兄弟犹如手足亲。
>
> 造物之初本一体，一肢罹病染全身。

（下面还有两句是：为人不恤他人苦，不配世上枉为人。）

这首诗以浅白到几乎家常的语言道破了人类大家庭的本质，世界大同的真谛。它辐射、涵盖了全人类世世代代的共同追求。

《蔷薇园》大量引用了民间的谚语、格言、警句，许多名言至今仍在交口传诵。书中的文句尾韵自然，对仗工整，句式简练。那些清新自然、质朴流畅的语言，数百年来始终是波斯文学的典范。可不，涵盖面愈大的思想和表述，愈追求浅白易懂，《圣经》《古兰经》《道德经》《论语》不都是如此吗？它们甚至浅白到可以通过讲述寓意性故事在民间传播。

我为自己曾经的轻狂羞愧不已。

萨迪（1208—1291 年）全名为谢赫·穆斯利赫丁·阿卜杜拉·萨迪·设拉子，是中世纪波斯（今伊朗）极负盛名的诗人，在伊斯兰世界享有崇高的声誉，同时在世界文坛也享有盛誉。一生著述颇丰，包括颂诗、哀诗、挽歌、箴言、警句、鲁拜诗、格言诗、幽默诗、讽刺诗、叙事诗、抒情诗等，其中以《果园》《蔷薇园》最为著名，被译成几十个语种出版。代表作《蔷薇园》更是一部"智慧和力量的教科书"。它以民主、进步的人道主义思想内容，朴实、清新的艺术风格，登上了伊朗古典诗歌的顶点，成为世界文学宝库中一颗璀璨的明珠。

《果园》和《蔷薇园》是萨迪多年游历，体验人生之后的艺术哲思的结晶。

内容十分广泛，大至治国安邦的方略、道德修养的准则，小到待人接物及生活起居的经验，及至天文、哲学、历史、伦理、医学、鬼神、兵法等方面的内容。《果园》全书160个故事，既有历史人物故事，又有诗人在漫游中的见闻和经历。《蔷薇园》以散文诗和短诗组成，题材和《果园》相仿，包括"记帝王言行""记僧侣言行""论知足常乐""论寡言""论青春与爱情""论老年昏愚""论教育功效""论交往之道"。全书共八卷，用娓娓动听的叙述和以事喻理的教谕启发人。在夹叙夹议的评断中，诗人宣叙了自己的理想、愿望和爱憎情感，充满对善良、纯洁、赤诚、正义、光明与真理的礼赞。

萨迪的人生和创作，让我想起中国古代的哲人孔子和诗人杜甫。孔子半生游历各国，在游历中宣讲他"克己复礼"的主张，也在游历中形成一些新的思想，所以孔子的言论才能既切中政治社会时弊，又结合人生品行，易于践行，广为流传。杜甫也一样，初到首都长安，十年冷遇不仕，在市井底层辗转流徙，感受民瘼，聆听民声，这才有了那些为百姓广为传诵的"哀民生之多艰"的诗歌。

萨迪和孔子、杜甫一样，也是个"读万卷书，行万里路，凝万世思"的哲人和诗人。青年时代即遇蒙古人入侵，加之不堪学校的束缚，很快辍学卷进了动荡的社会，在颠沛流离中度过了大半生。他以伊斯兰教游方者的身份，沿途布道讲学，还当过苦工杂役。足迹遍及叙利亚、埃及、摩洛哥、埃塞俄比亚、印度、阿富汗，也多次去麦加朝觐。期间还到过中国新疆的喀什噶尔等地。待到返回故乡，已经是两鬓斑白了。

> 你虽在困苦中也不要惴惴不安，
>
> 往往总是从暗处流出生命之泉。

——正如他的诗句，在云游四方的近三十年中，萨迪广泛接触了社会各个阶层，亲身体验了穷苦大众的悲惨生活，这成为他人生的重要财富，也成为他世界观构建和文学创作的丰硕营养。

后来萨迪回到故乡安定下来。这时他已五十多岁了，深悔自己虚度了许多时光，执意深居简出，选择沉默，在余年过一种沉思默想的生活。一位与他有患难之交的挚友多次来访，劝他用诗歌向社会发言，他总是婉言谢绝。有次他俩散步于花园，友人离开时，用衣襟兜满了蔷薇、风信子和紫苏，打算带回家去，萨迪说："你知道这些鲜花总要凋谢，花园的许诺并不可靠；哲人有言：'不长久的东西不值得留恋'啊。"朋友叹道："那有什么办法呢？你的诗倒是最长久的，但你不让出版面世呀！"这话触动了萨迪，他终于答应创作一部《花园》："使秋风不能凋谢它的绿叶，使时光的流逝不能让新春的欢乐变成秋天的萧条"。

朋友倒掉花朵，抓住萨迪的衣襟："君子言而有信，你一定要写！"萨迪于是开笔完成了这部旷世名作《花园》。

> 托盘里的花儿能够鲜艳几时？不如摘采我园中的花叶一枝。那些花朵五六天就会枯萎，可我的花园却永远春光明媚。

由于《花园》这个书名太平淡，我国从 1958 年开始，先后以《蔷薇园》《玫瑰园》《真境花园》为名翻译出版。《真境花园》颇具伊斯兰教色彩，真主、真理、真光、真境、清真，对穆斯林而言有很强的亲和力，它已经成了伊斯兰教经堂教育的重要读物。

一个民族需要有两类精神营养、两类精神传统、两类精神偶像：一类是英雄的精神，威的传统，力的偶像；一类是哲思的精神，智的传统，心的偶像。只有两种传统交相传递，双水并流，文与武、智与力互补，民族文化人格才能得到健全的发育，才能铸造出真正的强大来。

我想，大流士与萨迪之于伊朗，秦皇汉武与先秦诸子之于中国，恐怕便具有这样的意义吧。

2016 年 11 月 18 日，于乌鲁木齐哈密大厦

飞车疾驰，聊发太极之思

丝绸之路上，陆路和海路在各地的对接和交会，分明在地球上画出了一幅阴阳太极图，阳鱼、阴鱼分别代表陆上丝路区和海上丝路区。原来"一带一路"的科学决策，内里还体现了中国古代合抱天下的太极理念，在变易中实现动态平衡的理念。

由伊朗古都设拉子往东到巴基斯坦，有近千公里，三天的路程，中途要在克尔曼（即克尔曼沙赫）和扎黑丹驻足。由于巴基斯坦近期颇不安宁，时有爆炸袭击事件，我们的车队临时停宿于巴姆。看来整个行程可能要稍有耽搁了。

位于伊朗平原的巴姆市是著名的古城，据传约形成于六千年前，在世界古城之林中也算是一位耄耋老者、一棵高龄的老松了。城内的巴姆古堡是世界文化遗产，规模宏大的生土结构建筑群，像亚兹德一样让你震惊，古堡的历史可追溯到两千五百年以前。这些，容我在此文中先不多说。

倒是另外两个因素引发了我特殊的兴趣，以至忍不住想在这里聊发一段太极之思。

巴姆属于克尔曼沙赫省，当地资料云，"克尔曼"这个地名其实源于"日耳曼"，它印证了伊朗人、波斯人的雅利安人血统，印证了他们属于日耳曼和印欧语系的历史。

大流士一世所刻的《贝希斯敦铭文》不在别处，就在今天伊朗的克尔曼沙赫城西北 30 公里的山崖上，而"克尔曼沙赫"就是"日耳曼王"的意思。这就从语义和语音历史演变的角度，再一次显示出了克尔曼与日耳曼、波斯人和雅利安人在血统上的关联。

记得我三十年前第一次出国，是随中国文联代表团访问乌兰巴托，团长是时任中国文联书记处书记的董良翚女士，她是革命元老董必武的女儿。我们发现在蒙古国草原上竟然很早就有日耳曼民族生存的印迹，但当地都叫他们"凯尔曼"人。为了验证，还专门去"凯尔曼"人开的餐厅吃了一顿西餐。他们的确不是现代移民，而是世代祖居于此的日耳曼人。这令我这个孤陋寡闻的人好生惊异。不想到了伊朗，又遇上了类似的民族大迁移、大交流的历史景观。"日耳曼—克尔曼—凯尔曼"，这中间该有多少人生的悲欢离合和历史的起承转合呢！

克尔曼是古代陆上"丝绸之路"和"香料之路"的必经之地。由此向南，距波斯湾不过三四百公里，古代的霍尔木兹港又是这里与海外通商的重要港口，中国和印度的商品源源不断由东往西运到这里。因此有学者认为，克尔曼一带的丝织技术是从中国传入的。无独有偶，马可·波罗也曾经于1271年来到克尔曼，准备从霍尔木兹港乘船直驶中国，表明当时地中海由西往东的航线也已开辟，克尔曼已经是联结海上丝路和陆上丝路、联结波斯湾海域和中亚内陆重要的贸易商业中心了。

克尔曼只不过是古代陆、海丝路的联结点之一，而且不是最大、最著名的。现代经济和文化交流的共同需要，使得亚欧两大洲在经济文化的许多领域，在不同的地域主动向对方伸出了友谊合作之手。

2014年夏天第一次丝路万里行时，我们到访过希腊的比雷埃夫斯港。比雷埃夫斯港是希腊最大的港口，也是地中海东部最大、排名欧洲前十的集装箱码头。当时，中国的中远海运集团投资40亿元人民币管理着其中两个码头。我们去之前四个月，中远海运集团又正式收购了比港67%的股权。我们离开之后不久，李克强总理访问了巴尔干半岛诸国，总理提出的"中欧陆海快线"战略构想获得实质上的进展。中欧陆海快线南起希腊比港，北至匈牙利布达佩斯，中经马其顿和塞尔维亚，直接辐射人口三千二百多万。建成后将成为中欧陆海丝路一条更便捷的新通道。这使比雷埃夫斯港一时成为各国传媒关注的热点，纷纷评价它是中国当代陆海丝路两相衔接的一次战略性成功。

其实在此之前，营运多年的中—哈—俄和延伸至中欧、东欧的国际铁路，通过中欧班列联运，早已在波罗的海、北海、圣彼得堡、阿姆斯特丹、鹿特丹（欧洲第一大港）有了出海基地。近两年陆续联通的西安至德国汉堡（号称"欧洲的大门"）、义乌至西班牙马德里（南经直布罗陀海峡可直达北非）等多条中欧班列，使陆上、海上丝路在整个欧洲由北到南的各主要港口联为一体。"一带一路"已经成为钢铁之路和碧波之路的兄弟姐妹之间的联袂组合。

而由希腊往东看，中巴经济走廊构筑了从中国喀什到巴基斯坦瓜达尔港几乎是直线的、最便捷的陆海通道。中巴经济走廊全长 3000 多公里，东北接"一带"，西南连"一路"，是一条包括公路、铁路、油气和光缆通道在内的立体贸易走廊。2016 年 11 月 13 日，由中方运营的瓜达尔港正式开航了！当天下午三时许，中远"惠灵顿"轮船从新建的瓜达尔港出发，将来自新疆喀什的货物，转运到中东和非洲。这之后不久，就在我们车队到达伊朗准备朝巴基斯坦进发时，中巴陆上经济走廊的第一个货运重卡车队也由喀什起程南行。从新闻照片上看，长长的车队在行进中卷起一缕烟尘，那风尘仆仆的丝路烟尘，好壮观。

建设中巴经济走廊，使中国西北有了较近的出海口，也优化了巴基斯坦在南亚的区域优势，对中巴两国发展具有强大推动作用。但远不止于此，它更有助于促进南亚、中亚、北非、海湾国家等紧密联合在一起，形成惠及近三十亿人口的经济文化共振。

除此而外，"一带一路"沿线还有许多正在筹划，或者已经签订了初步协议的大项目。譬如：

与以色列共建的打通红海和地中海的铁路，以及埃拉特港口的建设，这条铁路和苏伊士运河几乎平行，意义不言自明。

与孟加拉国共建的由孟加拉国首都达卡至杰索尔贯穿该国西南部的铁路。

与缅甸共建的油气管道已经开通造福两国，标志着我国连接印度洋的能源通道正式开辟，这也是"孟中印缅经济走廊"的标志性工程。

与泰国共建的横贯泰国南部克拉地峡的克拉地峡运河。这条双向航道运河修成后，不必穿过马六甲海峡，便可以从太平洋的泰国湾直接进入印度洋的安达曼海，航程至少缩短 1200 公里、二至五天时间。

与马来西亚合作建造的涵盖旅游、货运、贸易多种功能的马六甲新港皇京港，建成后将成为马六甲海峡最大的港口。

与斯里兰卡共建的汉班托特港及其经济特区，可提供上百万就业机会，基本可以解决当地的失业困扰。

还有亚洲十八国拟议共建的泛亚铁路。这个贯通欧亚大陆、筹划了近五十年的铁路网，规划已经签订，将来由多条"钢铁丝绸之路"构成的黄金走廊，加上纵横交错的干线和支线，将在南亚编织起一个巨大的经济合作网络……

这些拟议中的规划，全部落实可能需要较长的时日，也可能会遇到这样那样的困难和变数，但它们将和已经贯通了的陆海丝路项目一道，为我们勾勒出一个亚欧两大洲陆海共进的宏伟蓝图。其中每一个项目，都不只有利于中国，打通了中国的经济文化脉络，同时也拓出了中亚、中东、南亚和整个欧洲发展的新天地。

只要想想，港口由于有了现代铁路公路的纵深，将会给所在国拉动多少内需和就业，而陆上道路由于有了港口和航道，又会给各国集聚多少外贸，道理就不言自明了。

亚洲和欧洲，我们这个星球上的两位巨无霸，像千手观音一般，在"一

伊朗阿尔达比勒城中国瓷器博物馆，件件展品印证了海上丝路在古波斯的足迹

带一路"的倡议下，相互伸出了她们千百只手，亲昵地环扣着对方的十指，挽起了对方的胳膊。

我们的车队在这块古老的土地上排成一个长列疾驰着。十几辆车的尾灯打着双闪，显示出一种秩序和镇定。我脑子里闪出过去、未来的镜头，又让车队尾灯那种亮点的缀连和秩序性的归纳，串到一起。思古之幽绪，发今之豪情，在心里编织起长长的锦缎。

我想到了"太极合抱"。

丝绸之路上，陆路和海路在各地的无缝对接和交会，分明在地球上画出了一幅阴阳太极图！如果将太极图的方位顺时针横转90度，阳鱼、阴鱼分别代表陆上丝路区和海上丝路区，那格局便立见分明。原来"一带一路"的科学决策，内里还体现了中国古代合抱天下的太极理念，在变易中实现动态平衡的理念。

太极图以阴阳双鱼将世界一分为二，同时首尾合抱，圆满一体，在不同中大同，在不同中大和。太极图可以说是个全息图，太极思维是一种全息辩证思维，太与极两极之间包容无数层次和系统，却又浑然一体。"一带一路"倡议便体现了这样一种总体性、全息性思维。

"一带"，陆上丝路作为太极图中的阳鱼，东方起点集中于黄河中游的西安—洛阳一线，西方的终点则撒播于北欧、中欧、南欧各国，形成了向西辐射的鱼形图像。"一路"，海上丝路作为太极图中的阴鱼，东端的出发点很多，在中国东部呈弧形展开。但航向相对集中，大都向中国南海，通过马六甲海峡，经印度洋进入地中海，直指南欧、北非各国，在上述列举的各大海港与陆上丝路相连接，又形成向东辐射的鱼形图像。

这样便在空间上、气势上形成一种太极合抱之势。注意，是合抱，绝不是合围，而是要打破合围，让中国和世界在一个新的维度和深度上，以和平、发展为主题，相互进入，联手共进。这是一种全球发展和全维覆盖的科学思维，是中国与世界一次旷古罕有的、有实质又有温度的和平拥抱。

百年之前，梁启超对中国的祝福何等让人热血沸腾：红日初升，其道大光。河出伏流，一泻汪洋。潜龙腾渊，鳞爪飞扬。乳虎啸谷，百兽震惶。……美哉，我少年中国，与天不老！

当年梁任公是那么热切而望眼欲穿地期望中国能够拾回伟大复兴的荣光，公若地下有知，看今天的中国，可以瞑目矣！

车队在不息地奔驰，我的思绪也一直这样无边际地飞扬着，向着遥远的远方。

2016 年 11 月 20 日，于乌鲁木齐哈密大厦

华人杜环流徙丝路十年

被俘怛罗斯，参战古波斯，建设巴格达，流徙丝绸路，寻找十余年，写作《经行记》……曲折的经历充满了传奇，传奇的经历锻造了强韧，强韧的生命因文字永存。

谈到纸张在丝路的西传，必然要说中唐大将高仙芝在怛罗斯大战中的失败，一些随军造纸工匠被俘虏，留在了当地。几十年后，这里开始造纸，并以"撒马尔罕纸"的名义向土耳其一带传播，最后传入欧洲。这段史实我已有文章，不过，其中有一个人需要专门拎出来再写几笔，那就是杜环和他的《经行记》。我对杜环素无研究，这里只是引用一些资料（资料也并不很翔实），向读者们介绍这个传奇性人物，以证明古丝路上，除了张骞、法显、玄奘，还聚集了多少中华铁血男儿。

杜环是在怛罗斯之战中被俘的唐军士兵之一。他只是唐军中一个普通得不能再普通的士兵，至今不知道他的生卒年，只因为他与后来的宰相杜佑同族，我们才推测出他可能是西安人。他和他被俘的战友稍有不同的是，动笔写了一部《经行记》，对自己在异域曲折坎坷的人生做了一点文字记载。尽管这部书没有保存下来，只有杜佑在《通典》中引用此书，有一千五百余字保留至今，但我们还是可以从那些残存的文字中推测出他在丝路上辗转的大致行踪。

杜环被俘后，经过撒马尔罕被遣送往末禄（也写作木鹿，今土库曼斯坦境内），随后被编入艾什阿斯的呼罗珊（今塔吉克斯坦与伊朗、土库曼斯坦、阿富汗一带）禁卫军，其间可能参加过伊朗的平叛、巴格达（今伊拉克境内）

新都的建设。后来，再经北非的埃及去了突尼斯甚至摩洛哥，随后又回到大马士革（今叙利亚境内）地区。最后，他朝西南穿过沙漠，从红海乘船回国。

《经行记》对沿途各地都有简约的文字记载。这位陕西西安人虽然比他的同乡张骞、班超晚生了几百年，却比张骞、班超在古丝路上往西跑得远多了。

对那场决定大唐和他个人命运的怛罗斯战役，杜环在《经行记》中描述得非常简约："勃达岭北行千余里，至碎叶川。其川东头有热海，兹地寒而不冻，故曰热海。又有碎叶城……其川西接石国，约长千余里。川中有异姓部落，有异姓突厥，各有兵马数万。……其川西头有城，名曰怛罗斯，石国人镇，即天宝十年高仙芝军败之地。"这一段文字比玄奘《大唐西域记》中对伊塞克湖的记录要晚一百多年，两相对照，热海的自然景观并无大的变化。

杜环被俘后被带到古康国（撒马尔罕），那时唐军战俘的第一个造纸作坊还没有建立，当地也没有完全伊斯兰化，他看到的主要还是袄教（拜火教）。

他可能在当时的呼罗珊总督驻地末禄被编入阿拉伯军队。呼罗珊地区联结着伊朗高原与中亚两河流域。呼罗珊，意为"太阳升起的地方"。《经行记》对末禄的描写较为详细，他看到的是一座建在沙漠绿洲上的城市，盛产葡萄和寻支瓜（似为西瓜），由于伊斯兰教影响日增，有两所佛寺但不景气。他可能在这里住了较长时间，后来便随禁卫军奉调回阿拉伯帝国的中心两河流域。

在大食国期间，杜环在《经行记》中记录了当地伊斯兰教的一些风俗，这可能是中国人关于伊斯兰文化最早的文字记录了："大食一名亚俱罗。其大食王号暮门，都此处。其士女瑰伟长大，衣裳鲜洁，容止闲丽。女子出门，必拥蔽其面。无问贵贱，一日五时礼天，食肉作斋，以杀生为功德。系银带，佩银刀，断饮酒，禁音乐。人相争者，不至殴击，又有礼堂，容数万人。每七日，王出礼拜，登高座为众说法曰：'人生甚难，天道不易，奸非劫窃，细行谩言，安己危人，欺贫虐贱，有一于此，罪莫大焉。……'率土禀化，从之如流。法唯从宽，葬唯从俭。" 这些一千二百余年前记录的中亚伊斯兰地区的生活状态、宗教教义、行为规则和民情风俗，与当下的伊斯兰没有多大区别。你可以感觉到安拉的精神通过穆罕默德缔造的宗教信仰，产生了多么大的时空穿透力。

曼苏尔继承阿拉伯帝位（754年）后，决定建都于巴格达。据《阿拉伯通史》介绍，巴格达原来是一个村落，本义为"天赐"。曼苏尔说："这里有底格里斯河，可以把我们和远方的中国联系起来，可以把各种海产和美索不达米亚、亚美尼亚及其四周的粮食，运来给我们。这里有幼发拉底河，可以把叙利亚、赖盖及其四周的物产，运来给我们。"新都被命名为和平城，呈圆形，故又称团城。以王宫为圆心，禁城、内城、外城，构成三个同心圆。三套城墙分别有等距离的四道门，四条大街从门里辐射出来。都城建成后，很快成为重要的商业中心和国际政治中心。

巴格达建城的四年，杜环恰好在此停留。因而这座城市有幸在《经行记》中留下了一段珍贵的文字。杜环所描述的可能是还在建设的新都，"亚俱罗"可能是和平城（Dār al-Salām）的音译，"大食王号暮门，都此处"应该是曼苏尔在这里建都。请看杜环的描述：

"郛郭之内，廛閈之中，土地所生，无物不有。四方辐辏，万货丰贱，锦绣珠贝，满于市肆。驼马驴骡，充于街巷，刻石蜜为卢舍，有似中国宝舆。每至节日，将献贵人、琉璃器皿、鍮石瓶钵，盖不可数算。粳米白面，不异中华。其果有楄桃，又千年枣，其蔓菁根大如斗而圆，味甚美，余菜亦与诸国同。"

一个多么繁华的都城！

有学者考证，呼罗珊禁卫军在拱卫、督建京师的同时，也直接参与建设，还从叙利亚、巴士拉、呼罗珊等各地延请工匠，有很多中国俘虏也逐渐成为城市的工匠，于是被杜环记载下来："绫绢机杼，金银匠、画匠、汉匠起作画者，京兆人樊淑、刘泚；织络者，河东人乐隈、吕礼。又以橐驼驾车……"

他还看到很多东罗马帝国的俘虏，描述了他们的手工技艺和生活习惯："拂菻国，在苦国西，隔山数千里，亦曰大秦。其人颜色红白，男子悉著素衣，妇人皆服珠锦，好饮酒，尚干饼，多淫巧，善织络。或有俘在诸国，守死不改乡风。琉璃妙者，天下莫比。"

杜环所到最远的地方是摩邻国。这个摩邻国，"其人黑，其俗犷，少米麦，无草木，马食干鱼，人餐鹘莽。鹘莽，即波斯枣也。瘴疠特甚"。他是从今天伊拉克的巴士拉省朝西南穿过沙特阿拉伯大沙漠约两千里到达摩邻国的，这里应该是靠近阿非利加的摩洛哥或突尼斯了。然后他又随军拐回到叙利亚，即苦国，记叙了苦国见闻："苦国在大食西界，周回数千里。造屋兼瓦，垒石为壁。米谷殊贱，有大川东流入亚俱罗，商客粜此籴彼，往来相继。人多魁梧，衣裳宽大，有似儒服。"

在叙利亚，杜环终于找到了回故国的机会：沿幼发拉底河至即将建成的新都巴格达，此时他描述的新都更加生动繁华。然后又沿底格里斯河从巴士拉到波斯湾，这是巴格达兴盛后一条繁忙的商路，有很多往东土去的商船。也有资料说杜环是从非洲东北部红海边的厄立特里亚乘船回国的。前后漂泊十余年，始终在寻找落叶归根、回归故国的机会，这位陕西乡党真不简单。

杜环从海路回国路过了斯里兰卡，这从他对"师子国"（又称狮子国，斯里兰卡古称）的记录中得到印证："师子国，亦曰新檀，又曰婆罗门，即南天竺也。国之北，人尽胡貌，秋夏炎旱；国之南，人尽獠面，四时霖雨，从此始有佛法寺舍。人皆儋耳，布裹腰。"

杜环所乘商船 762 年在广州登岸，流离十余载，历尽坎坷，游子终于回到自己的故土。

此时的中唐，安史之乱已到末期，唐代的历史，从这个节点拐弯，开始下行。

怛罗斯之战不但完全改变了杜环的命运，也对中亚乃至世界历史的进程产生了一定影响。怛罗斯战役结束后过了几年，安史之乱爆发，唐朝自此退守葱岭以东，中亚地区随即加快了伊斯兰化进程，各地藩镇趁机割据坐大，唐朝国势日渐衰微。阿拉伯帝国在不断的战争消耗中也丧失了统治的稳定性，不得不终止了向东的扩张。而怛罗斯之战的两军统帅，无论是胜利的齐亚德还是失利的高仙芝，最终都免不了被诛杀的结局。

只有残缺的《经行记》，以文字符号将历史转化为文化，反倒获得了永恒。虽是回国后的追忆之作，字里行间却埋伏着极大的史料文献价值。可惜的是全书已经湮灭，只有他的同宗、后来当了宰相的杜佑在他著述的《通典》中引述了不到一千五百个字，历史真实的声音才得以保存。而《通典》对杜环的旅程，却只简单地写了一句话："族子环随镇西节度使高仙芝西征，天宝十载至西海，宝应初，因贾商船舶自广州而回，著《经行记》。"

个人在历史面前是如此无力与无奈，身似飘絮被命运无端裹挟，十载旅程似丝线随时可断，杜环有生之年还能回到故乡，人生算得上圆满了。彪悍的人生不需要解释，让我们拥抱他满身的风尘与沧桑吧！

2016 年 11 月 22 日，于乌鲁木齐哈密大厦

古丝路上的"飞去来"器

终于到达印度!

站在德里门前,挤在车流和人流之中,听着你不懂但热烈异常的叫卖和谈笑。纱丽在鲜艳而热烈着,骄阳在你周围鼓荡着。生命的光斑在耀动着,生活的花圃在蓬勃着。印度永不枯竭的活力真让我感慨万千。

印度这个多灾多难的国家,历史上太多次被外族入侵,从古至今算下来不下十几次吧。从古印欧人即雅利安人开始,波斯大军和亚历山大的希腊远征军、希腊人、塞种人、大月氏人、被称为嚈哒的白匈奴人、阿拉伯人、突厥人、阿富汗人、蒙古人,最后是英国人,都占领过这块土地。一个个王朝臣服于外族人的武力之下,唯一不屈服的是涌流不绝如恒河波浪的民间生活。军事入侵是疆域的瓜分和文化的杂交,这当然是一出悲剧,但同时又是文化基因和血缘基因一次次动态的重组和重组中的复壮,又未尝不是一件好事,是一出让你流泪的喜剧!印度在近代沦为英国殖民地,致使英语在印度相对普及,独立之后,英语成为印度在现代化进程中和世界接轨的一个重大优势,不是这样吗?

世界史是由一个一个民族的历史组构而成的,这种组构从来不是静态的、物理空间的拼接,而是化学反应式的动态渗透变化。这种组合也主要不是坐在谈判桌上签订什么什么条约,在古代,更多的是实力,甚至是武力的较量。

于是便出现了许许多多"多米诺骨牌现象"和"蝴蝶效应"。你这里朝北一出拳吧,不定什么时候在万里之遥的西方或许是南方,竟有个勇士扑地倒下了,或者有条汉子又顶天立地站起来了!

马其顿帝国的亚历山大大帝击败波斯帝国的大流士三世，我们正为历史上第一个横跨亚欧非三大洲的伟大帝国就此拉上帷幕而扼腕叹息，岂不知对印度人来说这正是天大的喜讯：压在他们头上的波斯帝国垮了！之后不久，战线太长、无暇多顾的亚历山大又撤出印度，给印度腾出了发展壮大的空间。约公元前 324 年，被称为月护王的旃陀罗笈多，得以建立起印度历史上第一个帝国式的政权——孔雀王朝。孔雀王朝在阿育王时期到达巅峰，统一了除印度半岛南端外的整个印度。有学者说，波斯帝国的衰弱对孔雀王朝的兴起起了助推作用。

当年不可一世的匈奴，将西域、中亚各小国蹂躏于其铁蹄之下，大月氏（就是张骞去那里想与他们联合抗击匈奴的部落）惹不起躲得起，被逼得不断西迁、南移。想不到丰饶的印度次大陆张开双臂接纳了他们，给他们提供了极好的发展空间。自此大月氏融入印度各个地区的小国，逐渐壮大，在北印度建立了贵霜王朝，史称贵霜帝国。这个帝国有多大呢？它被历史学家视为和罗马帝国、大汉帝国、安息帝国并列的古代四大帝国！

世界文明的两大瑰宝——大乘佛教和犍陀罗艺术就是在贵霜王朝时期融汇各方文化孕育而成的。我们知道，佛教后来又北传中原，佛文化的精粹与儒文化、道文化，构成了中国人三足鼎立的精神基座。而犍陀罗艺术对中亚、西域文化的影响，也早已被无数石刻和洞窟艺术中的文物真品所印证。 在唐开元时期风行朝野的《霓裳羽衣舞》中，有着明显的婆罗门音乐的回响，有学者甚至认为，《霓裳羽衣舞》是李隆基根据婆罗门音乐改编的。

历史在这里画出了一道美丽的弧！匈奴用武力将大月氏赶了出来，他们又以文化变异的方式回归到了原来那块土地上！历史老人祭出一个"飞去来"器，在北半球的天空以 360 度转体表演了一个无比美妙的回旋！

到了大汉帝国，从汉武帝开始，卫青、霍去病、李广、窦宪、耿忠屡出重拳，几拳打将下去，匈奴溃不成军，使得南匈奴归顺于汉并渐融于汉，北匈奴则被逐出漠北高原，在冰天雪地之中向西挺进。从此北匈奴就像断了线的风筝，突然失去了踪影。后来，由西方而东方，经过学者的考证研究，才发现了北匈奴的足迹。在漫长的西迁途中，他们的铁蹄一连踢出十几脚，每一脚都发力极猛，引发了欧洲历史的"多米诺骨牌现象"。

第一脚踢到伊犁河和锡尔河流域，搅乱了西域和中亚这盘棋局。

第二脚踢到顿河、里海，让高加索各国狼烟滚滚，古俄罗斯地界强悍的哥特人乱了方寸。

第三脚踢到多瑙河以东，古俄罗斯从此国无宁日，欧洲各国忐忑不安。

占据南俄罗斯草原后，匈奴人得以休整，人口急剧增加，实力日见壮大。于是踢出第四脚、第五脚、第六脚——渡过多瑙河骚扰罗马帝国；进击美索不达米亚攻占爱德沙城；入侵波斯帝国的萨珊王朝。

西进第七脚，掠去整个多瑙河盆地。罗马分裂为东、西两个帝国之后，匈奴大单于更是野心勃勃，自炫说，凡是太阳能照到的地方，只要愿意，他都能征服。不久果然掠去了整个多瑙河盆地，逼迫多瑙河流域的各部族西进罗马腹地，而这个大单于自己也战死于沙场。

西进第八脚，建立以匈牙利平原为中心的匈奴帝国，王庭就设在今天布达佩斯附近，他们逼迫罗马帝国开放边境、缴纳贡金。匈奴人在东方失去的荣耀终于在西方找了回来。

西进第九脚，在高卢之战中，"上帝之鞭"惩罚了西罗马。匈奴帝国进入鼎盛时期，整个欧洲都沉浸在恐惧之中。阿提拉（欧洲人称其为"上帝之鞭"）掌权后，立即发动战争，矛头首先指向北欧和东欧，许多日耳曼和斯拉夫部族纷纷投降，而盎格鲁－撒克逊人则被赶到英伦三岛。

西进第十脚，大举进犯罗马帝国。先打东罗马帝国，铁骑长驱直入，兵临其首都君士坦丁堡城下，东罗马被迫求和，赔款纳贡，耗尽了国力。此时匈奴帝国的疆域已东到里海，北到北海，西到莱茵河，南到阿尔卑斯山，可谓盛极一时。于是阿提拉又将目光投向西罗马帝国。他先提出羞辱性条件，要娶罗马皇帝之妹为妻，并以一半国土做嫁妆，遭到拒绝后，便集中五十万大军发动了高卢（今法国地界）大战，西罗马城市如同虎口猎物，被一个一个吞噬摧毁，在巴黎市郊大决战时，双方战死竟达十五万人。最终匈奴退回莱茵河。

452 年，阿提拉再次发动对西罗马的战争。匈奴军队翻越阿尔卑斯山，摧毁了意大利北部所有的城市，直捣古罗马城。也许是天意，决胜之前匈奴军中突发瘟疫，而东罗马帝国的援军也快赶到，阿提拉只得下令撤军，满载着抢夺的财物扬长而去，留下一片废墟。453 年，阿提拉娶了一名少女为妃，却在新婚之夜神秘地死去。匈奴帝国瞬间瓦解崩溃，被迫退回了南俄罗斯草原。与此同时，西罗马帝国也走向了绝路，从此双方逐渐沉寂，直至被苍浩的历史淹灭，剩了个"白茫茫大地真干净"！

匈奴西迁，也是个在历史天空中扬洒着血肉的"飞去来"器，它扫荡了在朝西飞翔过程中的一切障碍物，引发了亚欧大陆政治棋局变化多端的"多米诺骨牌现象"。出乎意料却也在情理之中的是，这个"飞去来"器在北半球的历史天空划出一道美丽的彩虹之后，却飞回来击中了自己。由于发力过猛，匈奴倒在自己甩出的凶器之下，酿成了一幕凶险的历史悲剧！

不过，换一种眼光看，在漫长的时光中，匈奴像拌奶酪那样搅拌欧洲，其实也是对东、西方文明交流一次又一次的激活。匈奴西进引发的民族大迁徙和文化大融汇，拓宽了古丝路的空间，也为丝绸之路联结起来的亚欧两大洲奠定了文化和心理的历史认同。东、西罗马帝国的衰亡，更是推动了欧洲古典奴隶制的瓦解，推演了欧洲的大变革，催生了许多封建王国，奠定了欧洲政治、文化的新格局。

匈奴西迁，也使本民族生活方式由游牧向农耕转变，还将青铜文化和中华文明带入了欧洲，形成了中华文化与波斯、希腊、罗马，以及印度文化的大碰撞大融汇，促成了欧洲文明和中华文明的多元发展，使欧洲出现了早期的中国学，中国出现了早期的欧洲学。随着匈奴西迁的深入和时间的延续，在东方与西方文化、草原与农耕文化、乡村与城市文明的一次次激荡交融中，来自大漠草原桀骜不驯的匈奴文化最终完全融合进欧洲文明体系之中。

匈奴西迁，就是这样像一把尖锐的匕首深深插进了历史老人的胸口！它实在是旷古未有的千年历史之痛，万里亚欧之痛！

唉，我可笑而又可怜的人类啊，为什么你们总是见不得又离不得呢？为什么你们总是不是冤家不聚头呢？为什么你们总是在你戳我一拳、我踹你一脚中却又不离不弃地一道朝前走呢？为什么一会儿好了，一会儿恼了；一会儿笑脸相迎，一会儿反目成仇；一会儿勾肩搭背，一会儿拳脚相加呢？难道人类命定就得这样连滚带爬地一个世纪一个世纪走过来，又一个世纪一个世纪走下去吗？我的无比智慧又何等糊涂的先祖后人、父老乡亲、兄弟姐妹啊，请你们回答我。

2016 年 12 月 9 日，进入印度、经新德里奔向瓦拉纳西途中

第一个走过陆、海丝路的高僧

过了六十五岁，他决心西行天竺取经。先行者的骨殖就是他的路标，只要有人走过，就是他向前的路。

七十岁高龄，他开始学习梵语和梵文，为了能把口耳相传的律藏写下来。

七十九岁，他在海上风暴中漂泊到斯里兰卡和印度尼西亚，而后辗转回到阔别十四年的故国。

七十七岁到八十岁之间，他与印度高僧一道翻译大众部四十卷《摩诃僧祇律》百余万言。

八十六岁功德圆满，圆寂于荆州辛寺。

他就是东晋的高僧法显。

在北印度行走，法显和玄奘两位高僧几乎像阳光下印在路上的影子，一直如影随形地"跟"着我们。"玄奘之旅"作为这次万里行的冠名，随着那烂陀寺的临近，气场越来越浓郁了；而法显衰年西行，古稀的年龄和我近三年走丝路的年龄何其相仿，沿途那艰险、困苦，身体和心灵的种种感应，我无一不能感同身受。而以一千六百年前孤旅天涯的条件，如今是应该放大许多倍来感受的。

山西人法显，三岁就被家人送到佛寺度为小沙弥。十岁父亲去世。叔父要他还俗。法显不从，说："我本来不是因为有父亲而出家的，是想要远尘离俗才入了法门。"不久母亲也去世了，他回去办完丧事又回到寺内。法显性情纯厚，奉请至诚。有次与同寺僧人收割水稻，有人来抢粮，大家吓得争相逃走，法显却站着未动，说："你们要真是没吃的，就随意拿吧！你们现在这样贫穷，是因为过去不布施，再抢夺他人粮食，恐怕来世会更穷啊！"说完从容还寺，抢粮的人竟被他说服，弃粮而去。寺中僧众莫不叹服。

法显决心西行天竺取经时，已经过了六十五岁。在他所处的时代，这个年纪已属高龄，无论僧俗，都是修身修行、颐养天年的时候。法显为什么不顾年事已高，毅然西行呢？这源于他想在中土建立教法戒律的宏愿。当时汉地佛教日渐兴盛，以寺庙为中心形成了众多僧团，对弘扬佛法起了很大作用，但却缺乏戒律和法度对僧团做有效的管理，影响了僧团的稳定存在和佛教的长久发展。有不少高僧致力改变这种状况，收效不是很大，这成了当时中国佛教发展迫切需要解决的问题。法显西行就是为补律典之阙，稳固佛教的生存根本，正如《佛国记》中说的"常慨经律舛阙，誓志寻求"。法显"所以乘危履险，不惜此形者，盖是志有所存"。信仰产生责任，目标激发生命，这位老僧于是义无反顾走上西行求法的漫漫长路，"投命于不必全之地，以达万一之冀"，希望虽是万一，必死也要争取。

公元 399 年春天，法显同慧景、道整、慧应、慧嵬四人一起，从长安向西进发。次年，到了甘肃张掖，又有智严、慧简、僧绍、宝云、僧景五人加入，加上后来的慧达，组成了总共十一个人的"巡礼团"。"巡礼团"经河西走廊、敦煌以西的沙漠到今天新疆的焉耆附近，向西南穿过塔克拉玛干大沙漠抵于阗，南越葱岭，取道印度河流域，经过巴基斯坦进入阿富汗，再返回巴基斯坦，东入恒河流域，达天竺境内。其间在摩揭陀国留住三年，研习梵书佛律。通过大沙漠时，时有热风流沙，旅者往往被流沙埋没丧命。其间"或西越紫塞而孤征，或南渡沧溟以单逝"，"茫茫象碛，长川吐赫日之光；浩浩鲸波，巨壑起涛天之浪"。沙漠酷热，多恶风，上无飞鸟，下无走兽，遍目所及茫然一片，只凭偶尔见到的枯骨为路标。先行者的骨殖就是他们的方向，只要有人走过，就是他们向前的路。整十七个昼夜，1500 里路程，才走出了大沙漠。

途中，智严、慧简、慧嵬、慧达、宝云、僧景等六人先后折返中土。法显与慧景、道整等人南度小雪山（阿富汗的苏纳曼山）。此山冬夏积雪，加之他们又在更为寒冷的阴面，忽遇寒风暴起，慧景突感寒疾，气绝身亡，法显抚尸，悲痛难抑。法显抚摸着慧景的尸体哭泣，仰天慨叹："取经的愿望还未实现，你却早早弃我而去了，命也奈何！"后来慧应又死于弗楼沙国（今巴基斯坦白沙瓦城）的佛钵寺。越过雪山进入印度，抵达王舍城，法显要往城东北的灵鹫峰礼拜，本地僧人规劝道：路况不佳，常有黑狮出没噬人，不可前往。他说：我远涉数万里，最大的心愿就是参拜佛陀当年说法处，纵有风险，怎能退缩。毅然独自上山参拜。

　　法显与道整用了四年多时间周游天竺，巡礼佛教故迹。由于北天竺的许多佛家戒律，很少书写成文字律书，法显便辗转到中天竺去寻找文字典籍，在那里得到经律之后，以七十岁的高龄，开始学习梵语、梵文，以把口耳相传的律藏记下来，把已有的典籍抄写、翻译出来。这让寺里的天竺僧人很是感动，印僧伽罗先还有一段文字专门记载此事："见晋土道人释法显远游此土，为求法故，深感其人。即为写此《大般泥洹经》如来秘藏，愿令此经流布晋土，一切众生悉成平等如来法身。"这成为法显古稀之年学习梵文、梵语和写律的见证。在法显大师精神的感召下，伽罗先还替法显大师写下《大般泥洹经》六卷。两年之后完成写律时，法显已经过了七十二岁了。道整见此地的沙门法则、众僧威仪，凡事有规可循，乃慨叹中土戒律残缺，已沦为佛学的边沿之地。竟然表示自己不愿再回中土"边地"，故遂停不归。当时汉地佛界的确缺少戒律典籍，许多僧人无法依戒修行，和天竺差别很大，对此法显当然清楚，他劝导道整："本心欲令戒律流通汉地"以振兴中土佛教，这不正是我们西行求法的原因吗？道整却听不进去。于是，不改本心的法显，便独自前行，以一人之力、古稀之年完成了既定的目标。可见，仅有信仰的虔诚还不够，虔诚的宗教信仰和炽热的爱国情怀相结合，才是法显创造奇迹、完成求法壮举的精神动力。

历时十四年，经历无数的磨难之后，法显终于满载而归。东晋义熙五年（409）年底，法显离开多摩梨（今印度塔姆卢附近），搭乘商船，经过十多天的海上航行，纵渡孟加拉湾，到达师子国。他住在王城的无畏山精舍，又求得了四部经典，加上于天竺抄得的十余部梵文经籍，这些经籍是他视若生命的珍宝，也是他奉赠中土佛界的厚礼。远离故土的法显，经常思念遥远的祖国，想着从中土出发时的"巡礼团"，或留或走或亡，而今孤身一人，形影相吊，心里无限悲伤。有次他在师子国见到供品中摆着一把中土晋地的白绢扇，睹物思乡，"泪下满目"。后来在《佛国记》中的相关叙述，何等感人肺腑："去汉地积年，所与交接悉异域人。山川草木，举目无旧。又同行分披（析），或留或亡，顾影唯己，心常怀悲。忽于此玉像边见商人以晋地一白绢扇供养，不觉凄然，泪下满目。"今天读这段记述，法显思念祖国的心情跃然纸上，让人感觉不到一千六百余年时间的辽远。

海上万里奔波，惊风险浪频出。法显乘坐的商船，在南下东归起程不久即遇暴风，船破水浸，只好就近停靠小岛，修好船再挂帆启碇。从孟加拉湾过中国南海，他们漂泊了一百多天，到达耶婆提国（印度尼西亚的苏门答腊岛，一说爪哇岛）。法显在这里住了五个月，才转乘另一条商船向广州进发。途中又遇大风，帆船无法把控方向，随风漂流，就在粮、水皆尽之时，忽然见到了陆地，竟是青州长广郡（今属山东青岛）的崂山。太守李嶷听到法显从海外归来，亲临海边迎接。

六十五岁西行，行走三十余国，在漫长的路途中，经历了人们难以想象的艰辛，回到故国故土已经七十九岁！正如他后来所说的："顾寻所经，不觉心动汗流！"

回国后，法显在建康（今南京）道场寺住了五年，又去荆州辛寺，卒年八十六岁。临终前的七年多时间里，法显一直紧张艰苦地翻译经典，译出了经典六部六十三卷。所译《摩诃僧祇律》，也叫大众律，为五大佛教戒律之一，对后来的中国佛教产生了深远的影响。在抓紧译经的同时，法显还将西行取经的见闻写成了一部著作《佛国记》。《佛国记》一万三千余字，亦称《法显行传》《法显传》《历游天竺纪传》《佛游天竺记》等等，是研究当时西域和印度历史的重要历史文献，在世界学术史上有很高地位。书中对所经中亚、印度、南洋约三十国的地理、交通、宗教、文化、物产、风俗乃至社会、经济等都有所述及，是中国古代关于中亚、印度、南洋的第一部完整的旅行记。中国西域地区的鄯善、于阗、龟兹等古国，湮灭已久，记述无存，《佛国记》的相关记载，可以弥补中国西域史料的不足。《佛国记》也是记录中国南海交通史较早的著作。中国与印度、波斯等国的海上贸易，早在东汉时期已经开始，而史书上却没有关于海风和航船的具体记述。《佛国记》对信风和航船的详细描述和系统记载，成为中国最早的关于海风和航船的记录。该书在国内外版本繁多，英译本和日译本就各有多种。现存较早的版本是宋代藏本。

法显去印度时，正是印度史上的黄金时代——笈多王朝（320—540 年）著名的超日王在位的时代，但笈多王朝的历史缺乏系统的文献记载，超日王这一段历史，只有依靠《佛国记》来补充。马克思曾指出过，印度古代缺少真正的史籍，研究印度古代史，必须乞灵于国外的一些著作，其中尤以中国古代典籍最为重要。而在这些典籍中，僧人游记数量极多，《法显传》是其中较为古老和详尽的一种，被认为是与唐玄奘的《大唐西域记》、义净的《大唐西域求法高僧传》《南海寄归内法传》鼎足而立的著作，研究印度古代史的学者，无不视为瑰宝。有位著名的印度史学家曾说："如果没有法显、玄奘和马欢的著作，重建印度历史是不可能的。"《佛国记》详尽记述的印度佛教古迹和僧侣生活，后来也被佛教徒们作为佛学典籍著录引用。

法显大师以花甲、古稀高龄，完成了穿行亚洲大陆又经南洋海路归国的陆、海丝路行的惊人壮举，得到了中外学者的高度评价。唐代名僧义净说："自古神州之地，轻生殉法之宾，（法）显法师则创辟荒途，（玄）奘法师乃中开王路。"近代学者梁启超说："法显横雪山而入天竺，赍佛典多种以归，著《佛国记》，我国人之至印度者，此为第一。"斯里兰卡史学家尼古拉斯·沙勒说："人们知道访问过印度尼西亚的中国人的第一个名字是法显。"他还把《佛国记》中关于耶婆提的描述称为"中国关于印度尼西亚第一次比较详细的记载"。日本学者足立喜六把《佛国记》誉为西域探险家及印度佛迹调查者的指南。印度学者恩·克·辛哈等人也称赞说："中国的旅行家，如法显和玄奘，给我们留下了有关印度的宝贵记载。"

中国古代行走在丝绸之路上的人们，每一代都有整整一个方阵，络绎不绝，前赴后继，为了中国的"走出去"，为了世界的"走进来"而历尽艰险。著名历史学家汤用彤先生曾在《汉魏两晋南北朝佛教史》中统计过自朱士行之后，这一时段丝路上走着的一个长长的名单，竟达百人以上！朱士行虽然比法显西行更早，但他在于阗求得梵书正本九十章后，遣弟子送归中土，自己则终老于阗，所以法显成为西行取经回国的第一人，同走陆、海丝路的第一人。

那以后，唐代的玄奘在立志西行时也说："昔法显、智严，亦一时之士，皆能求法，导利群生，吾当继之。"玄奘也是以法显大师为榜样来践行西行求法的。

2017 年 3 月 12 日，补记于西安不散居

拨弄历史还是被历史拨弄

——小议三进印度的唐使王玄策

他三四次受唐太宗派遣，由长安经吐蕃，也就是今天的西藏，进入天竺，在那里干出了一桩桩惊天动地的事情。他的那些充满了惊险、悬疑和传奇色彩的故事，有些还成了民间传说。

丝绸之路万里行媒体团的战友们行走在印度北部的大地上，由新德里向东南，朝加尔各答进发。北边隐约可见皑皑的雪山，那是宏伟的喜马拉雅山。脚下是宽阔的恒河平原，那是印度的精华之地。

当大家谈论着车窗外的景色时，我想起了千年之前一个活跃在这块土地上的中国人——王玄策。他是唐朝的官员，我国古代著名的外交家。贞观年间，王玄策曾三四次受唐太宗派遣，由长安经吐蕃，也就是今天的西藏，进入天竺，在那里干出了一桩桩惊天动地的事情。他的那些充满了惊险、悬疑和传奇色彩的故事，有些还成了民间传说。

王玄策是河南洛阳人，唐初的时候，他还是黄水县令，后来被任命为副使，跟随着上护军李义表护送印度婆罗门国的使节回国，当年到达了摩揭陀国，也就是现在的菩提迦耶附近的恒河平原上。过了几年，王玄策又以正使身份衔皇命第二次出使天竺，不料这个时候，统治印度北部天竺众多邦国的戒日王病逝了，一些小国趁乱分裂，或篡位，或叛乱，或独立，由于信仰分歧，还相互施以残酷的宗教迫害，使这个地区的民众苦不堪言。有个玛卡达国听说大唐使节来了，竟派出千余兵将伏击唐使，将王玄策一行全部投入牢狱。

传说中王玄策与副使在戒日王之妹拉迦室利公主的暗中帮助下，越狱逃出天竺，北上尼泊尔。他亮出大唐圣旨，向尼泊尔王室借到七八千骑兵，加上吐蕃的骑兵一两千人，以近万兵力返身杀入天竺，激战数万叛军，最后杀敌几千、淹死万余、俘虏万余，摧毁了搞分裂的七万战象部队，生擒了叛乱的国王阿罗那，帮助天竺北方诸国恢复了安定与和平。这就是传说中的"王玄策一人灭一国"，堪称世界史上空前绝后的奇袭行动。

王玄策虽然三度出使天竺，史书却鲜有记载。后来他把自己在那里的作为，以及印度的地理城邑、民情风习做了详细的记录，称为《中天竺国行记》，总共十卷文字、三卷图版。可惜原本早已失散，仅存片断文字，散见于《法苑珠林》《诸经要集》《释迦方志》中，并没有完整流传下来。后人在洛阳龙门石窟还发现过王玄策的《造像题记》。

王玄策的事迹为什么历史记载这么少，而流传也不很广泛呢？日本的小说家田中芳树带点幽默地说，那是因为玄奘法师西天取经故事的广泛流传和古典名著《西游记》的夺目光彩，湮没了这位同时代的王玄策。且他的官职较低，正史也不可能单独为他树碑立传。

在天竺的作战中，王玄策俘虏了一名印度和尚，为了迎合

北印度风光

唐太宗希望长生不老的心理，回到长安后，他把这个和尚献给了皇上。这个印度和尚吹嘘自己已二百多岁高龄，长生有术，吃了他的丹药不但能够不老，甚至可以飞升天宫成为仙人。李世民当然很高兴，给王玄策连升两级，册封为朝散大夫。这位天竺和尚每过几天就奉上一些稀奇古怪的药丸让唐太宗吃，时间长了，太宗因体内积毒过多而亡故。受太宗之死的牵连，王玄策仕途从此受阻，终生再未升迁。这可能也是史册对他鲜有记载而传播也受到阻碍的原因吧。但在客观上，应该说王玄策几度出使印度带回的异域情况和佛教文物，对于中印政治、文化的交流的确做出了贡献，此人被历史久久湮没，我们只能慨叹。

由于王玄策的故事传奇色彩、悬疑色彩、惊悚色彩很浓，又多少与今天的丝绸之路热能够挂上钩，近几年开始引发各种电视剧和网络小说的改编热。我也接触过或审读过几部此类改编作品。这些改编很多人有争论。有的说这些作品宣扬王玄策扭转了北印度的形势，一人灭一国，是一种夸大，还拿出史料和实际状况来质疑。比如说王玄策在尼泊尔用火牛阵和投石机，消灭了印度几万象军，就不太可能，牛与大象根本不是一个层面的对手。这种夸大可能反映了中国人那种以大唐而自大、以大唐而炫盛的狭隘的民族文化心理。

还有些改编者站在封建正统的家族嫡传的坐标上来写这个故事。因为李世民是杀其兄弟而继承大位的，其兄弟的余党一直在暗中推翻李世民。李义表和王玄策因为捍卫了太宗继承的正统性，便被写成善良正直、光明磊落的君子；相反，在丝路上暗中追杀王玄策的歹徒，由于是李家兄弟的余党，一概被写成为非作歹的亡命之徒。从中可以感觉到封建正统思想对剧本改编的影响：将人物的政治态度和道德坐标完全混同了，对已经成为唐代宗室附庸的人极尽道德颂扬，对李义表与王玄策的对立面则在道德上拉黑，很容易将道德判断与历史判断混淆。

有的电视剧本还写到，王玄策在战胜摩揭陀戒日王朝之后，登上城楼安抚民众，宣布即刻和平撤军，民众三呼大唐万岁，庆贺国家的统一和政治的亲民。如此轻易地以武力置换威望、置换信誉、置换和平，甚至置换国际主义精神，这又是随意将古人现代化，以当下国际关系中的和谐思维去改造历史人物。

改编历史题材的文艺创作，一定要历史主义地对待历史，对待历史人物。我们可以发掘、弘扬、强调历史素材和历史人物品格中的正能量，但要适度，要有底线，不能篡改科学的历史评价与历史判断，

北印度小城

也不能把附会的历史判断随意性地转化为道德判断。把王玄策夸大为可以拨弄印度历史的伟大人物，这是在用后人的观点和需要去拨弄这个千年以前的人物，让彼时彼地的王玄策为此时此地的政治文化、市场利益服务。弄不好，这反而会将创作者、改编者自身置于拨弄历史和拨弄道德的尴尬地位。

上面所说的这种情况，在历史题材的改编中出现何止一次，当我跟随着王玄策的足迹在印度大地急驰的时候，不得不在现场发这么一通感慨和议论。

2017 年 1 月 18 日，追忆于西安不散居

从大菩提寺到竹林精舍

新德里、瓦拉纳西、菩提伽耶、王舍城，一站一站跑过，那烂陀寺正迎面向我们走来。玄奘坚毅的目光由远及近，越来越清晰，他的气息弥漫在恒河平原上，也越来越浓烈了。发扬慈悲之怀、践善之行、向美之心，使人类生活得更美好、更文明，使人类的精神提高到更新的境界！

我们迫不及待地向往着那烂陀寺，心情似比当年的玄奘还要急切。新德里、瓦拉纳西、菩提伽耶、王舍城，一站一站跑过去，那烂陀寺正迎面向我们走来。玄奘坚毅的目光在云端注视着我们，他的面容由远及近，越来越清晰，他的气息弥漫在恒河平原上，也越来越浓烈了。路上我一直在想，千年

佛陀伽耶大菩提寺的阿育王塔

之前的玄奘是如何走这一条路的呢？

当年玄奘进入古印度，到达犍陀罗国时，本想全面考察蜚声世界的犍陀罗艺术，因为中土北魏时建造的云冈、龙门两大石窟都有鲜明的犍陀罗风格。但他来晚了，眼前是一片凄凉。土地荒芜，寺庙废弃，居民稀少。这与他想象中的天竺，那个佛学昌盛、高僧云集的天国相距太远了。玄奘跺足而叹：我为什么不早来？一种要全力挽回天竺佛教废败之势，在中国再度振兴佛教的责任感，让他加快了脚步。时不我待，岂敢羁留？

在沿途考察了众多寺庙之后，玄奘一行进入了迦湿弥罗国。刚到边塞的石门，便受到国王亲率的大队人马欢迎，他被请到大象背上的金丝红绒法座入座，在飘洒的花雨中，缓缓向国都进发。在这里，万人景仰的该国第一高僧僧称法师宣布，在闭关修悟十多年之后，决定出关讲经半个月，与大唐僧人一道研修、传授佛学精义。这个消息轰动了全国，国王率王公贵族、高僧信众几千人蜂集坛下恭听。这是一次别开生面的对话、互动式的授课。七十多岁的僧称法师每讲一段，三十多岁的玄奘就会谈一段自己的感悟，并且提出一些延伸性的问题来深化对话。一来一往，妙语连珠，既有思考、辞章之

王舍城的中国高僧玄奘纪念馆

美，又时时启动着精神创造的活力，听讲者无不如醉如痴。原本每日讲两个时辰，后来不得不延长一个时辰。在半个月的讲经中，玄奘研习了《因明》《声明》《俱舍论》等经文。僧称老法师感慨，大唐僧人悟性之高，反应之快，学习之勤，他一生从未见到过……

天擦黑时，我们赶到了王舍城，为了明天早点到达那烂陀寺，大家建议连夜去参观阿育王修建的释迦牟尼悟觉成佛的佛陀伽耶大菩提寺。导游诚实地告诉我们，这寺与这树并不是两千三百年前的原迹，而是六七百年前重修重栽的，大家依然兴致勃勃。不料晚上那里依然游人如织，队伍排了足有三四百米。人们拥挤着却非常安静，形成了一种虔诚宁和的"禅效应"。趁排队的机会，我分三次买了近三十串菩提子佛珠，脖子上挂了厚厚的一圈。我不是看中了佛珠的质量，而是看中了这地方的禅性，是想带给友人们丝丝缕缕释迦的气息。

印度的冬季，气候不冷不热，清爽宜人，加之那晚月明星稀，像是国内

赴印度王舍城学佛的各国信众

向竹林精舍大方丈赠送书法作品："万里皈佛祖，千年传梵音"

中秋前后。一阵风儿吹过，菩提树的影子便在我们身上婆娑，使你感觉到禅意的暗示。所有人都是脱了鞋赤着脚，走向那座塔和那棵树的。先参观佛塔、礼拜佛事，之后，大家就在园子周边的草地和石条上席地而坐，聊天、念经、闭目养神，享受这有着贝叶清香的气场。那是一种因和谐而无争、因和宁而恬适、因和衷而共济的气氛，是氛围，也是磁场，是心之彼岸、灵之天堂。直到深夜，我们才悠悠地回去。

　　第二天一早全体赶往竹林精舍，佛陀释迦牟尼曾先后六次在那里结夏安居、传授经文。竹林精舍当然有竹，除了竹林，更有一大片茵茵的草坪，佛台上、佛龛里供奉着释迦牟尼的金身坐像。据传当年有上千弟子、16 所禅院、660 间禅房、50 座楼阁、72 个讲堂，乃佛教史上第一座大寺院。绿荫下，有几个佛教讲习班正在露天授课，不过印度本土的学员很少（现在印度本土信奉佛教的人口可能已经不到 5%），并且大多来自日本、东南亚、中国大陆和中国台湾地区。高僧们对佛经深入的讲解，通过清新的空气传递给坐在草坪上的信徒，入耳入心，那种目无旁骛、心无杂念的专注，让你感受到一种信仰的迷醉和美丽。真是佛教徒的圣地呀！

　　今天，我们将要在这里举行"中国丝绸之路万里行·走进印度"的文化活动。印度、泰国、缅甸等各国高僧参与了我们的仪式。一开始，竹林精舍方丈贡多拉带领大家诵经，然后王舍城那烂陀大学校长发表了热情的演讲，丰子恒团长和我代表中国方面致辞。接着贡多拉等各位高僧给中国友人送花环，请佛像，我则代表我们团赠送给贡多拉一幅书法作品，就是在乌鲁木齐写的那一联："万里皈佛祖，千年传梵音。"

我在竹林精舍的讲话中，说了"三个自豪"：中国丝绸之路万里行车队几经曲折，跋涉18000公里，千辛万苦来到了这里——竹林精舍、那烂陀寺和玄奘纪念馆，这里是一千多年前中国唐代高僧玄奘来天竺取经学佛之地，也是我们日夜心向往之的地方。来到这里，我分外感知到了玄奘的伟大，天竺文化的伟大，中华文化的伟大。

我为玄奘自豪。他在一千多年前，在没有现代交通和通信工具的情况下，千辛万苦步行来到这里，潜心研修唯识宗和因明学，那种与世界文化交流共进的胸怀，那种执着于目标的坚毅，那种克服万难，翻译、传承和改造佛学的伟大智慧，还有他通过《大唐西域记》记录古代印度各邦各国历史资料，填补印度历史空白的功绩，永远给后人以启发，永远是我们的榜样。玄奘已经由一个人升华为与我们整个民族、整个世界，与人类同在的人格精神，玄奘的脚印是人类文明在交流中共进的印证。

我为天竺文化自豪。释迦牟尼在这块土地上悟觉，倡立了佛教教义，这是印度文化、天竺文明对人类文明的伟大贡献。不止于此，伟大的印度多民族共同体还在诸多方面丰富营养了人类文明，参与了人类文明的创造进程。我们此行，也可以说是沿着丝绸之路专程来向天竺文化和印度人民学习、取经的。

此时此刻，我还为中华文化自豪。中华民族以开放包容的博大胸怀，学习异国、异族、异域文明的优秀成果，同时又能发挥自身的主体创造精神，使之与本民族的、本土的文化实现创造性的交流、融汇，并经由中华文化的

王舍城寺庙遗址

创造性融汇向世界广泛传播弘扬。佛教在这种传播中涅槃重生，由单一民族的宗教成为世界性的宗教，成为人类文明的一个标志性结晶。

道、儒、佛在中国人的精神世界中举足轻重。中国人以道作为自然理性，解决人与天的关系，它重真，真实、真诚。中国人以儒作为社会理性，解决人和人的关系，乃至于扩展到人与社会的关系，它重仁，重仁爱、道德。中国人以佛作为心灵理性，解决人与心的关系，它以彼岸的完美境界和理想坐标检视、救赎生活在此岸的人类的精神。

中国融合印度佛教创立的中国佛学精神，倡导慈悲之怀、践善之行、向美之心。慈悲之怀，就是要以慈善的心灵去看待天下人和天下事，以悲悯的情怀去救助天下的苦难；践善之行就是要把慈心变成善行，追求善要有实在的行为，要有长期的实践，而且要变为大家的实践，变为社会风气；向美之心就是要有理想、有憧憬、有梦，理想是比现实更为美好的那个彼岸世界，它能牵引我们升华此岸世界。儒、道、释精神，都是人类文化精神中极其珍贵的正能量。

此刻，在佛陀讲学传法的竹林精舍，在佛陀伽耶的大菩提树下，在玄奘纪念馆里，在那烂陀遗址前，丝绸之路成为一条文化的精神的友谊之路。

发扬慈悲之怀、践善之行、向美之心，使人类生活得更美好、更文明，使人类的精神提高到更新的境界！

这一天我们就住在王舍城，养精蓄锐，准备第二天一早奔向那烂陀寺遗址，到达这次玄奘之旅的目的地。

2016 年 12 月 3 日，草成于王舍城

2017 年 1 月 10 日，改定于西安

那烂陀的佛光

　　这个地方来过一个让我们永远仰望的人，发生过一件永远影响着中国文化和世界文化的大事。来到这神圣无比的地方，千万不可一掠而过，必须一点一点、一寸一寸去看、去品味、去瞻仰、去感悟。我放慢步子，放松情绪，放缓心率，踽踽行走在那烂陀寺遗址的小路上。

　　终于来到了那烂陀佛教大寺遗址。这里曾经是在竹林精舍之后，当年印度最大的佛教寺庙，也称作那烂陀佛教大学，高峰期有万名学佛的弟子。

　　遗址外貌并不惊人，依然是印度式的家常景象，旅游纪念品和各种小商品的叫卖声，习以为常或兴致勃勃的乞讨的孩子……我无暇顾及，一下车便离队匆匆独行，想加快速度多看一些地方，也想孤独起来，独自一人去观察和感受。玄奘在经历了那么多年的艰难跋涉才到达的这个神圣无比的地方，不可一掠而过，必须一点一点、一寸一寸去看、去品味、去瞻仰、去感悟。我放慢步子，放松情绪，放缓心率，踽踽行走在遗址的小路上。

　　那烂陀寺的宏大远远超出了我的想象，这个庞大的建筑群，完全用红土烧制的红砖建造而成，视觉效果与印度莫卧儿王朝的红堡皇宫很相似。建筑群遗址在原野上展开去，有如上天在绿色的画布上涂了鲜红的一抹。我在小径上慢慢地走着，玄奘喜欢在哪条路上散步、悟思呢？路过一排排禅房的废墟，玄奘当年该住在哪一间呢？他又是如何打坐的呢？巨大的佛堂，如今只剩下残垣断柱，当年玄奘坐在哪个方位呢？他诵经的声音必定是清朗悦耳，有若钟声回荡吧！在偌大的阶梯报告厅中，我更是徘徊久久，他就是在这里和印度以及各国的高僧论辩佛学经典吗？他就是在这里向师长们汇报近十年的苦读成绩，显示出一个中国人的才华和刻苦，从而脱颖而出的吗？

那烂陀寺，地处印度古摩揭陀国，是天竺历史上空前强大的孔雀王朝的核心地区，梵文的意思是施无厌，永远不知厌倦地施舍。佛祖释迦牟尼一生的大部分时间都在摩揭陀国度过，佛教史上的四次大集结有两次也在这里。那烂陀寺因此拔地而起，一时成为佛学圣地。寺内的学术空气开放活跃，研修辩论蔚成风气，藏经数量、教学管理水平和佛堂、经堂、僧舍建筑设施，在天竺佛教界都属一流。不过，待玄奘来到这里时，历尽千年沧桑的古寺已经随同佛教在印度的衰败而衰败。

住持寺庙的戒贤大法师年事已高，耄耋而近百岁，企盼能有高僧来这里承继、振兴佛学，日思夜想，憧憬成梦。这时玄奘竟然就跋山涉水从万里之遥的大唐过来了！戒贤喜出望外，主持盛大法事隆重欢迎，又悲从中来，在佛堂上对着玄奘号啕大哭。无论悲喜，都是期盼佛教这次能够有起死回生的转机。为了让大唐高僧能够安静地研修，戒贤法师专门安排玄奘住在另外一处叫"汉寺"的禅院，为他专门制订食谱，单独起伙。后来见玄奘梵语极好、佛学修养又深，更是请其直接挪到自己寝房的楼上住下。确定课题课程，选择老师，都由玄奘自己安排，真是优礼有加。

为了将佛学与它产生的精神根脉、文化环境联系起来研习体会，玄奘先是大量抄录经典，之后又将游学与苦读结合起来。他先花了一年时间，对王舍城周围的众多佛陀圣迹和五百罗汉首次结集三藏佛典之处做了考察，其间还到过一座叫"大雁塔"的寺庙。这座塔底座呈四方形，以梯形朝上叠层建造。寺内众僧本来信奉小乘佛教，只能吃"三净肉"（指不为自己而杀，不疑为自己而杀，也没有见到、听到杀生动静的肉类）。传说有一年，寺里很久没有化缘到肉，僧人们饿得直向上苍祷告，便见从头顶飞过的雁阵中有只大雁径直掉下来摔死在庙前，供众僧食用，这不是"舍身成仁"吗？"舍身成仁"是大乘佛教的教义。僧人们厚葬了大雁，并为它修了一座塔，冠名大雁塔。僧人们也从此改信了大乘教义。唐僧回到中土之后，为了宣扬大雁这种"舍身成仁"的精神，在长安城南的慈恩寺内也建了一座大雁塔，就在这里主持翻译佛经。西安大雁塔现在已列入世界遗产名录，是玄奘业绩和佛教传播的千古见证，享誉天下。

待玄奘游学归来，多年不曾亲自讲经的戒贤大师竟然宣布要开坛讲经，以一百零六岁的高龄为这位东土来的学生讲授大乘佛学经典《瑜伽师地论》。这正是玄奘梦寐以求的功课，他热泪盈眶，扑倒在地！开坛讲经这天，可以容纳数千人的广场被各派僧俗挤得满满当当，一圈一圈围坐于讲坛周围，坛上只有两个蒲团，戒贤大师着金色袈裟在玄奘的侍奉下登坛开讲。

这一讲，便讲了十几个月！

《瑜伽师地论》玄奘学了三遍，又连续学了《中论》《百论》三遍，《因明》《声明》《集量》各两遍，《顺正理》《显扬》《对法》各一遍，还有其他大量经文。经年累月，玄奘不舍昼夜，寒窗苦读，为将海量的经典带回东土一字一句抄录研习。

他应该就在我现在所在的遗址群中的哪一所禅房中，他的灯应该还亮着，砚池还散发着墨香，用中文诵读经文的余音也应该还在回响。我静下心寻觅着、谛听着。

不久玄奘开始了第二轮游学。游学途中，又跟随天竺另一位百科全书式的著名学者胜军论师研习各类经典，探讨各种宇宙、人生的深层问题。当再次回到阔别五年的那烂陀寺，玄奘已经过了不惑之年，在与戒贤大师深谈时，表露了归返长安的心思。他说，自己想让佛学在东土开花结果的任务还远未完成，取了经，还要在东土译经、讲经、弘法，因而归返长安已经十分紧迫。他画了几个向外扩散的同心圆，说佛学精义与一切知识、思想那样，就像这一圈又一圈不断扩展的波浪，越学越发现未学，越知越发现无知。学无涯，思无涯，得赶快开始译经弘法的实际行动。戒贤颔首不语，给他画了一个螺旋形作为回赠之言，说佛学和人的思想都不能是封闭的，应该是一个永不封闭的圆圈，不封闭才能开放地去吸收各种新东西，在吸收中创造、推进、提升。

回国前，作为取经的"毕业考试"，戒贤大师排除众徒，唯独推举玄奘代表自己通讲《唯识抉择论》，老师如此的信任可以说是对他学业的最高肯定了。他一讲就是几个月。同时，作为主辩手，他又参与了三场轰动天竺、轰动佛教界的大辩论：一是与师子光就"众生"与"我"的关系激辩五天五夜而取胜；一是与旃陀罗僧诃辩论，对手不战而屈；一是与顺世外道的辩论，对方放言若不敌玄奘，宁愿砍头认输，结果还是败下阵来，正准备自取首级，玄奘上前拦下，说我知你对《破大乘义》素有研究，还想听听你的讲解呢。这种宽厚襟怀感动了在场所有的人，更让顺世外道感激涕零。玄奘自此名声大振，俨然成为那烂陀寺的护法尊者。

玄奘学佛修行的那烂陀寺遗址

　　但不久，他还是舍弃了这里的一切，离开那烂陀，踏上了返回中华的漫漫归家路……

　　目标感和达到目标的责任感，或者说理想、信仰、梦想、追求，能给予一个人多么大的力量，能让一个人的意志多么的坚定，我们从玄奘身上能够找到答案。玄奘西行途中，来到北天竺梵衍那国的山中（今阿富汗巴米扬大佛附近），那里有座佛影窟，洞里黑黝黝的，据说只有最虔诚的人才能看到佛光的显现。但几十年中，从来没有人见到过佛光。玄奘进得洞里，一边朝石壁叩头，一边诚心祈祷。叩了一百多次，丝毫不见亮光，玄奘想这是自己业障太重，诚心不够的缘故呀，又再叩了一百多下，石壁上终于出现了一圈淡淡的光晕。"光，佛光！"玄奘大喜过望，险些喊出声来。不料佛光旋即散去，"佛祖，你这是怪贫僧心有旁骛呀！"于是静心息气，彻底消除了心中的各种恚碍，继续跪拜叩头，拜到三百拜时，山洞里突然闪现出一道华光，整个洞窟辉煌起来了……

这是一个传说，更是一个寓言。坚定的虔诚者就能看到佛光，坚毅地担起责任就能看到佛光，坚持到底就能看到佛光——这就是玄奘告诉我们的。

我徜徉着，在和煦的风中；我感受着，在红色的建筑群里；我体味着，在玄奘和那烂陀的精神场域中，久久久久不忍离去。七个国家、18000 公里、两个多月时间，我们那么艰难地走到了这里，难道这么快就要离你而去了吗？玄奘先辈！我又买了二十多串佛珠，想回国后和朋友们分享，每人一串佛珠再加上一串故事……我几乎忘了归队时间，惹得很多战友踅回来找我。跟着他们上了车，也忘了给大家道个歉，依然心不在焉，依然怅然若失，只是在心中喃喃自语：

"这个地方来过一个让我们永远仰望的人，发生过一件永远影响着中国文化和世界文化的大事。这辈子能够来一趟，太幸运了，唉，实在太幸运了。"

2017 年 1 月 13 日，追忆于西安不散居

泰戈尔与中国

在由那烂陀寺去加尔各答的路上，我一直缄口不语，贪婪地看着车窗外恒河平原的景色，似乎从一村一舍、一树一花之中，都能读到泰戈尔的诗。泰戈尔，生如夏花之绚烂，死如秋叶之静美。

进入这印度，第一大愿望当然是到那烂陀寺和竹林精舍，对佛祖释迦和大唐玄奘的精神气场做亲历性的感受，第二大愿望则是到加尔各答后去泰戈尔故居博物馆，和这位景仰已久的著名诗人再一次做感同身受的文化体验。上次访印到过泰翁故居，这次依然必去。

在由那烂陀去加尔各答的路上，我一直缄口不语，贪婪地看着车窗外恒河平原的景色，似乎从一村一舍、一树一花之中，都能读到泰戈尔的诗。天上那彩色的云锦，是他的句子："太阳只穿一件朴素的光衣，白云却披了灿烂的裙裾。"一方草坪一棵树掠过去的土地，那是他的句子："绿草求她地上的伴侣，树木求他天空的寂寞。"一个南国的花圃旋转着展开，那也是他的句子："你离我有多远呢，果实呀！我藏在你心里呢，花呀！"还有平原上一座难得的小山岗，一泓不起眼的小瀑布，也都是他的句子："流水说，我纵身跳下山岩摔成了瀑布，便唱起了自由的歌。"

泰戈尔视世上一切事物均有生命、有灵思，他的诗几乎全是拟人化、拟心化的，那不仅是他的诗歌技巧，而且是他生命本有的本性、本思、本感应。他有着由表象切入本相，将眼之景转换为心之思的才能，他瞬间就能发现景物内在的生命，发现物语与心语的联系，发现哲思中的美和美中的哲思。伴随着诗人的吟唱，越来越多的人走进了他那片洒满阳光的生命伊甸园和灵魂伊甸园。聆听潺潺的溪水从心底流过，看着缤纷的彩虹升起于天际，他的诗因而与山川花木、鸟兽虫鱼一道留在了大地和心灵之中，获得永生。

泰戈尔故居是一座英式建筑，坐落在加尔各答市北区，门前那条小巷现在就叫泰戈尔巷。故居内，一个花园，一幢长着攀藤的三层楼，连着一个小四合院。楼前有泰戈尔的胸像。1861 年 5 月 7 日，泰戈尔就出生在这个富有而又文化修养深厚的婆罗门家庭。父亲对传统文化怀着深切的热爱，兄弟姐妹在音乐、哲学、戏剧领域展现出过人的才华，家里常常举办各种讨论和朗诵的沙龙，是学者、诗人、作家、艺术家、音乐家的荟萃之处，真正是"谈笑有鸿儒，往来无白丁"。在这种文化氛围的滋养下，他八岁开始写诗，十三岁就发表了叙事长诗《野花》。泰戈尔这个名字本来含有"太阳"的意思，也许这注定了他将要给人类的精神生活输送阳光。

泰戈尔年轻时留学伦敦，一生游历了几十个国家，在千山万水间行走、歌唱，将自己对人类和自然的关爱带到每一个地方。他用英语、孟加拉语、乌尔都语等多种语言创作。一生写了 50 多部诗集，12 部中、长篇小说，100 多篇短篇小说，20 多个剧本及大量文学、哲学、政治论著，还谱写了 2000 多首歌曲。在生命的最后二十年里，还创作了大量油画，画风完全是西方现代视觉艺术风格，被称为"印度现代绘画第一人"。晚年的泰戈尔虽已枝繁叶茂，却像陶渊明那样向往倦鸟归林，希望能在自然的和心灵的风景中栖息下来。

1913 年泰戈尔以作品《吉檀迦利》获得诺贝尔文学奖，是获得诺奖的第一位东方文学家。瑞典诗人海登斯塔姆在推荐词中这样说：我不记得过去二十多年是否读过如此优美的抒情诗歌……仿佛我正在饮着一股清凉而新鲜的泉水。诗人庞德这样描述聆听泰戈尔诗歌后的感受：这种深邃的宁静的精神压倒了一切。是的，他在作品中表现出的博大仁爱胸怀和人格魅力，弥散在无数读者的心中。

20 世纪 60 年代，一幅鲁迅和泰戈尔在上海的合影让我开始关注这位印度诗人，开始集中读了他的一些作品。而徐悲鸿画的泰戈尔肖像，更让这位有着一部大胡子的美髯公诗人永远定格在我心中。

除了他的诗，他对中国特殊的感情也深深打动着我。1881 年，二十岁的泰戈尔就发表了《在中国的死亡贸易》，严厉谴责英国向中国倾销鸦片、毒害中国人的罪行。1916 年泰戈尔访日途中经过香港，看到码头工人的健壮和勤奋，曾预言：中国的巨大力量一旦能够在现代化的道路上进行，世界上恐怕没有任何力量可以阻拦它向前进。就在这次访日期间，泰戈尔在日本东京大学演讲中，严厉谴责日本军国主义者侵略中国山东的罪恶行径。七七事变后，他多次以书信、电报、谈话和诗篇，谴责日本帝国主义发动侵华战争的野蛮暴行，支持中国人民的正义斗争。

这年秋天，诗人染疾卧床，慰问电文堆积如山，他病愈后发出的第一封复电就是给中国蔡元培等人的，真诚祈祷中国抗击日本侵略者取得胜利，他在电文中说："贵国人民此次对于所加于贵伟大和平国土之非法无理之侵略，作英雄勇武之抵抗，余已不胜钦敬，并切祷阁下等之胜利。"日本当局妄图收买他，托人送来一对精致的花瓶，诗人严词拒绝道："我对于日本人民所怀的友爱，并不包含对于其统治者的悲惨政策的赞同。"他还发起了救助中国学生和难民的捐款运动，率先捐助 500 卢比。1938 年，他给正在浴血奋战的全体中国人民写了一封长信，题为《致中国人民书》，预言中国人民抗战必胜。在历史上，中国和印度都多次遭到过侵略者的蹂躏，泰戈尔对中国特殊的感情，凝聚了殖民地半殖民地人民团结反帝、携手振兴的心愿和友谊。

周恩来总理说得好：泰戈尔不仅是对世界文学做出了卓越贡献的天才诗人，还是憎恨黑暗、争取光明的伟大印度人民的杰出代表。中国人民永远不能忘记泰戈尔对他们的热爱，中国人民也不能忘记泰戈尔对他们艰苦的民族独立斗争所给予的支持。

泰戈尔曾经几次踏上中国的土地，影响最大的一次莫过于 1924 年接受梁启超和他的"讲学社"邀请，来中国的访问讲学。诗人从印度启程，途经缅甸、马来西亚，到达上海，这是海上丝绸之路的重要一段，我们可以说泰戈尔是现代海上丝路的文化使者。到沪次日，即在上海各学术团体的欢迎茶话会上发表演讲。一个半月的时间里，足迹遍及上海、杭州、南京、济南、北京、太原、武汉，在各地参与了几十场报告会、座谈会、茶话会，在文化界和清华大学、东南大学等校发表了近二十场演说，致使中国掀起了持续一个多月的"泰戈尔热"。热到什么程度呢？热到让文化界"两极分化"，一极是以参与和面见这位诺奖获得者为荣，一极则在报章上质疑，泱泱中华如此热捧外域印度的泰戈尔有必要吗？泰戈尔在华期间发表的演说，1925 年以《在中国的演说》为题在印度编辑出版。

泰戈尔访华在中国文化界产生了很大影响，也流传着不少趣事。

踏上中国的土地，泰戈尔便深情地说：不知道什么缘故，到中国便像回到故乡一样，我始终感到印度是中国极其亲近的亲属，中国和印度是极老而极亲爱的兄弟。有位中国朋友送给他一枚刻有"泰戈尔"三字的图章。泰戈尔非常感动，说自己的名字译成中文，头一个字便是中国名山泰山的"泰"字，觉得生命和中国融在一起了。他向梁启超表示，自己能不能有个中国名字。几天之后泰戈尔在北京度过他的六十四岁寿辰时，赶来祝寿的梁启超果然给泰戈尔赠送了一个中国名字——"竺震旦"。竺，天竺，即印度也。震旦，是以前印度人对中国的称呼，虽系汉语译音，但选"震旦"两字来示音却有期冀中国如日东升的深长意味。梁启超当场对"震旦"二字做了绝妙的解释：从阴郁暗淡的状态中砉然一震，涌现于地平线上，这是何等的境界，正合了印度文"泰戈尔"含有的"太阳"的意思。梁启超说："今天我们所敬爱的天竺诗人，在他所爱的震旦地方过他六十四岁的生日，我以极诚恳、极喜悦的心情，将两个国名联起来，赠给他一个新名叫'竺震旦'。"

直到十七年后，八十多岁的老诗人已经卧床不起，还口述过一首感人的诗，深情地回忆在中国过生日的情景。那大意是：在我生日的水瓶里，收集了朋友们送来的圣水。有次我去到中国，从前素不相识的人，也把友好的标志点上我的前额，称我为自己人。我取了一个中国名字，穿上了中国衣服。在哪里我找到了朋友，我就在哪里重生。这真是生命的奇妙，异乡不知名的花朵，震旦的土壤是它们的祖国。

为庆祝泰戈尔六十四岁生日，中国文化界排演了泰戈尔的话剧《齐德拉》以示祝贺。泰戈尔看后对梅兰芳说，在中国看到自己的戏很高兴，希望在离开前还能看到梅兰芳的戏。几天后，梅兰芳在开明戏院专为泰戈尔演出了一场《洛神》。泰戈尔特地穿上红色长袍礼服莅临观看。演出之后，亲自到后台向梅兰芳祝贺、道谢。第二天的饯别宴会上，还即席用孟加拉文赋诗抒发观梅剧之感，译成英文手书在纨扇上，兴致勃勃地念给在座的人听。大意是：亲爱的，你用我不懂的语言的面纱遮盖着你的容颜；正像遥望如同一脉缥缈的云霞被水雾笼罩着的山峦。梅兰芳后来也在折扇上写了《洛神赋》一段唱词托徐志摩回赠泰翁："满天云霞湿轻裳，如在银河碧河旁。缥缈春情何处傍，一汀烟月不胜凉。"这段艺坛佳话很快不胫而走。

徐志摩与泰戈尔的关系更为密切，几次访华徐志摩都负责联络、接待与翻译。泰翁曾给年轻风雅的徐志摩起了一个印度名字，叫"素思玛"（Susima），就是雅士的意思。后来的两次访华，干脆就住在徐家。1929年泰戈尔从英美和日本讲学回国途经上海，徐志摩、陆小曼专门布置了一间印度风情的房间，没设床铺，直接在地毯上铺着干净的大被褥，颇为别致。这次讲学，老人遭到西方文化界一些年轻人的排斥，加之带病出行，情绪不太好，寡言而默思，显出某种难言的悲戚。临别时，老人在徐志摩的纪念册上题词留念，并缓缓脱下身上紫色的丝织大袍赠给尽心照顾他的徐、陆两位挚友。在印度，只有给最亲爱的人才赠送自己穿过的衣服，象征彼此永不分离。徐志摩曾不胜感

泰姬陵前

慨地对郁达夫说，诗人老去，又遭新时代的摈弃，泰翁的悲哀正是孔子的悲哀啊！

自从陈独秀 1915 年 10 月在《新青年》第一卷第二期上最早将泰戈尔的作品介绍到中国，泰翁的创作对中国的新文学产生了多方面的影响，尤其在诗歌方面。他的诗歌清新、自然、秀丽、有哲理，为中国新诗创作提供了有益的借鉴。郑振铎在《飞鸟集》初版序中说，当时的一些诗歌作者大半都直接或间接受了泰戈尔的影响。郭沫若曾说在中国自己是第一个接近泰戈尔作品的人，得到他的书，"我真好像探得了我'生命的生命'，探得了我'生命的泉水'一样"。用郭自己的话说，他写诗的"第一阶段是泰戈尔式"。冰心早期的文学思想的基础是"爱的哲学"。"爱的哲学"固然是从基督教萌发而来，但泰戈尔的泛神论和泛爱论也巩固了她对爱的追求。所以，冰心在诗集《繁星》序里申明，她的诗受了泰戈尔的影响。她和泰戈尔一样最倾心的题材是对童心、母爱和自然美的描绘。

泰戈尔对弱者、弱国的爱，常常会转化为对制造苦难者的恨，当他所爱的一切受到侵犯的时候，就会发出强烈的怒吼。他的爱和恨像海波一样荡漾开来，遍及了全世界。

我们又一次要离开泰翁的故居，去继续漫漫的人生旅途了。汽车缓缓启动，拐弯后开始加速，又一次了无痕迹地消失在远方，留下的依然只是那幢聚蕴着诗人气场的老宅院。我心里响起了泰戈尔哲人般的吟诵："天空没有翅膀的痕迹，而我已经飞过。"是的，我没有见到他，却有着比面对他还要深切的体验。这是一次心之游，魂之游，情之游。

泰戈尔，真是生如夏花之绚烂，死如秋叶之静美呀。

2016 年 12 月 26 日，忆写于西安不散居

下

中东欧之旅

和弦，丝路的引言

第三次丝路万里行的车队已经出发二十天了，当战友们在丝路风尘中拼搏的时候，我却待在西安纹丝未动……

第三次丝路万里行的车队已经出发二十天了，顺利地通过了中国西部和哈萨克斯坦共和国两个此行所经最为辽阔的地方。这两个地方的面积加起来，接近半个中国大小了。说"顺利"通过，其实只是大体而言，车队才跑到新疆，我们的队医、曾留学日本的马师洋大夫就在群里发了一条信息："出发第九日，队伍健康状况如下：上呼吸道感染十五人（八人药物治疗），口腔疾患（溃疡、感染）五人，颈椎病四人，腹泻六人，高血压五人，皮肤炎症一人。"我心里咯噔一下，征途一开始队伍的健康状况就如此严峻，艰苦程度似乎超过了前两次！因而所谓"顺利"，不是没有困难，而是大家用意志压倒了困难。

当战友们在丝路风尘中拼搏的时候，我却待在西安纹丝未动。

非常遗憾，却无办法。原来定好的几个学术演讲和"丝绸之路国际艺术节"评论组的工作，预约在先，如果缺席，涉及面太大，实在推辞不得。在万里行程开始的二十天里，丝路战友们一路风尘，收获着见闻和体验，勃发着意志和生命，我在"丝绸之路国际艺术节"上却收割了另一茬庄稼——非常集中地欣赏到了这次丝路行要跑的许多中东欧国家的文艺演出。战友们在丝路耕耘大地，我在舞台上收获精品，二者都出产自同一块土地，也是够幸运的了。短短的半个月里，我竟欣赏了俄罗斯、立陶宛、波兰、捷克、斯洛伐克、克罗地亚、格鲁吉亚、保加利亚、匈牙利以及阿尔巴尼亚等十多个丝路沿线国家的歌舞艺术！

从中东欧万里迢迢送到西安的丝路艺术，组成一个美妙无比的和弦，成为这次万里行的预热和序幕。我欣赏着，体味着，同时也追寻着这些节目背后，用艺术密码暗传出来的各种各样的民族文化样态、生存样态、艺术样态，这不就已经开始了我的第三次丝路万里行吗？这个开头，如此的别致又这般的绚丽！

俄罗斯歌舞《丝路之夜》由高加索地区的萨克纳美斯歌舞团演出，主演的男演员们被誉为"舞蹈运动员"，能够不穿芭蕾舞鞋用足尖立起来跳舞，足尖旋转的特殊力度和节奏被誉为世界之最。他们是怎么样做到，又是为什么能做到如此极致的呢？那块土地给予了他们哪些特殊的生命能力？世世代代养成的文化人格又给予了他们哪些艺术气质呢？

立陶宛共和国的无伴奏合唱，对和声之美的偏爱和发掘，对不同声部、不同音阶混响之美的理解，又为什么会如此深刻？他们的音乐会只有四个人，四个人一台戏，人人都是多面手，放下中提琴拿起黑管，放下架子鼓拿起吉他，潇洒自如地展示着原色的生命。充溢的生命感、艺术感，在他们的手指间随心所欲地流淌，让你不能不拷问当下国内舞台流行的以华贵作秀、以绚丽炫示，给真生命装饰上厚厚的假羽毛以取悦大众的倾向，是一种什么追求在作祟。这些外国艺术家对艺术的理解是那样朴素——歌舞不过是生命自然的有意味的流淌，而很少把艺术作为掩饰或拔高自己真情、真性和真相的云霓。这样的追求和风气，是不是更接近艺术的本源呢？

在克罗地亚共和国的爵士乐伦巴舞曲欢腾的节奏和旋律中，我分明能听出亚得里亚海波涛的絮语，巴尔干山树林的呼吸，还有阳光在南欧原野上浪漫的回旋。山、海与土地，是怎样浸入他们的骨髓然后蜕变成歌舞，重又飞扬于山河大地的呢？格鲁吉亚共和国祖格迪迪市歌舞团演出的《丰收舞》，更让我回想起三年前丝路万里行团队去这个国家的感受，那绝对是在高峻峰

峦之间盘旋翱翔的山鹰形象，肢体的语言和眼神的顾盼都体现着高加索山脉永恒的高贵和傲岸。人、山、舞姿，就这样你中有我，我中有你，形成一套不可分离的语言系统，就这样融为一体。

　　尤其是在看匈牙利共和国的"巴尔干热火音乐会"时，突然听到了萨满教的曲目，我真不由得兀自吃了一惊。难道这是历史根脉无意而有意的显示吗？萨满教因阿尔泰语系中通古斯语称巫师为萨满而得名，这个曾经流传在中国西部和欧洲北部的宗教，怎么会融入中欧匈牙利的歌舞中去呢？难道意味着这个民族古代迁徙的脚印，的确来自东方、北方，来自风雪弥漫的蒙古高原和西伯利亚？今天的满族以及蒙古族人、突厥人、匈牙利人和日本人，都可能是匈奴人的后裔，这些人保留着许多相同的习俗，也有相似的信仰和仪式。日本人的祖先是匈奴人，这一点东京国立博物馆讲得毫不含糊。专家对蒙古国北部额金河匈奴古墓的 219 具古尸做了 DNA（脱氧核糖核酸）检测，发现其基因成分与现代蒙古族人和日本人高度匹配。

还有，在波兰共和国的古典音乐会上那种令人难以忘怀的优雅，两个又长又沉的低音在交响旋律之中不动声色地透露出来的那种淡淡的忧伤。那是优雅的忧伤，也是忧伤构成的优雅……

在"丝绸之路国际艺术节"密集的舞台欣赏中，我就是这样，常常从艺术中跳出来，不由得去追寻艺术背后一个民族、一块土地那些特有的生存方式和隐藏着的文化心理。有一种炽热的愿望被激发出来，催动我尽快去和丝路上的战友们会合，赶紧奔跑着扑向生长了那些艺术之果的土地，扑向那块土地上的人民，好让我和战友们一道从那些艺术的原生地中去破译他们的文化密码。

因为跳过了丝路万里行最开始这段艰苦的路程，我很是愧疚。我曾经跑过这条路近一半的路程，在这段路上，不缺的是荒凉和孤独，富有的是卷地狂风和飞沙走石。有风雪在千秋万代中塑成的大地雕塑——雅丹地貌，也有千里阴云板着可怖的脸，然后无情地捶击、洗刷车队的炸雷和暴雨……我知道，在中国西部和哈萨克斯坦的漫漫长路上，在每天六七百公里的奔驰中，我的战友们经了多少艰险，吃了多少苦头，还为屏媒、纸媒、网媒做了那么多好节目，写出了那么多好文章。我相信什么困难都折不倒他们。我好几次想起在西安大唐芙蓉园车队的出发式上，代表大家说的几句话：我们都是普通不过的人，有这样那样的缺点，也有软弱和怯惧，但只要一踏上征途，一走向世界，我们便有了一个共同的姓名：中国人！记得当时全场掌声爆响，这是战友们的认同和誓言。而这让我更为不安，因了我此刻不能和大家在一起。我一连发了好几个微信向战友们致敬，自嘲说"各位很辛苦，老汉很惭愧"。

但转念一想，当我意识到参与"丝绸之路国际艺术节"的评论组的工作其实就已经走在丝路上时，内心也便有了充实。我的心，我的感觉，已经由丝路各国的舞台节目，飞到了那条思念已久的路上，那些令人向往的情景中。我的艺术联想和生命联想甚至于比战友们走得更远——我不是已经在这次万里行的终点——匈牙利和保加利亚的艺术中开始驰骋自己的想象了吗？艺术让我足无羁束，也让我心无挂碍啊！

我也曾有过另一种愧疚，就是对于"丝绸之路国际艺术节"评论组的同道们心有不安。所有的评论家都写出了非常好的评论文章，唯独我由于时间实在太紧交卷较少。不过后来也蹦出了新的想法：可不可以走另外一条路子、用另外一种方式对这些节目做审美把握呢？能不能将艺术和土地、历史、生命熔冶于一炉，去把玩、去品味、去重铸，在此后的路途中，乃至在再度回到西安之后，从这一新的角度去写文章呢？而且，可不可以变一下艺术评论的格式，探索一种在艺术与生活之间自由出入行走的散文式、感悟式的文体呢？这种方式也许不是最好的，但是它的确是"另一种"方式，这"另一种"，使我萌生了创作的激情。我将这个想法告诉了艺术节评论的组织者，立即得到了他们的肯定和赞赏："这太有新意了！"

从舞台进入，以艺术引路，去到产生艺术的土壤中追寻更深层的答案。从作品出发去追寻大地，从艺术出发去追寻生活吧！只有真正上溯到了源头，才可能对丝路各国的社会文化状况有更深刻的理解，也才不辜负丝绸之路上各个民族千百年来的创造。

哥们姐们，开路，走起了！

2017 年 9 月 21—22 日，在西安和莫斯科五小时的时差中抢出此文

俄罗斯人的"生态瑜伽"和"心态瑜伽"

俄罗斯人拥有世上少见的"生态瑜伽馆"！他们醉心于大自然，将大自然的真善美沉淀为一种有浓郁俄罗斯风味的生存方式，沉淀为他们代代相传的文化密码。

每次看世界地图或亚欧地图，我对俄罗斯人就会心生羡慕，说直白一点，简直就是心生妒忌！俄罗斯在北半球版图上占有那么大一片绿色，在这一大片绿色下面，中国的华北大平原成了小不点儿，八百里秦川关中平原得仔细找才能看见，基本被忽略不计了。老天真是眷顾你呀，俄罗斯，给了你那么多平原、沃土和草原，那么多森林、河流和湖泊。我们的车队在俄罗斯大地上被绿色包裹着疾驰。几天几天冲不出绿浪的疾驰，使我们知道了什么叫浩瀚，什么叫无垠。

俄罗斯的国土面积世界第一，差不多有两个中国大。它国土约一半被森林覆盖，水力资源居世界第二位。也就是说，有将近整个中国这么大的地方，全是绿色的森林草原和江河湖泊。石油储量世界第八，天然气储量世界第一。而人口呢，还不到中国的六分之一！换算下来，一个俄罗斯人竟然拥有十二三个中国人的生存空间和生存资源！存量大，消耗小，开发少，整个国家涵养了良好的生态系统，后发潜力简直不可估量。

在环境资源并不很优越的条件下迅速崛起，这让我敬佩中国；能自觉储存好自己的后发潜力，这又让我敬畏俄罗斯。

那么丰饶的大片大片平原、草原、森林、湖泊和地下宝藏，沉静地、不动声色地展开在我们眼前。俄罗斯无言，却有了威风！万里行车队好半天好半天在绿色的原野中行进。车窗外全是连绵不断的白桦林，还有耐寒的落叶松、冷杉、橡树、柏树、柳树、山毛榉和花楸树。林子外围，是密匝匝的灌木丛和厚实实的绿草坪。牛羊悠闲地在草地上觅食，云朵悠闲地在天穹下散步。进入秋天，那绿便更显得丰富，墨绿，深绿，浅绿，鹅黄绿，又有了金色灿烂的跳跃和红叶火炬般的燃烧。森林中时不时会出现湖泊和湿地，还有用圆木垒起来的小木屋点缀其间。盖房时如此大手大脚地采用原生巨木为材料，让我们这些长期困在人造建筑材料中的人，心疼得直喊叫：太奢侈了！太奢侈了！直喊得白桦树干睁开千万只眼睛瞪着你，落叶松木挣红了脸要和你论理，于是赶快噤下声敛了气。

俄罗斯人便是这样拥有了世上少见的天然的"生态瑜伽馆"！

大自然之美陶冶了俄罗斯民族对各种形态的美的追求。他们爱花，爱到了痴迷的程度。所有的窗台上，房前屋后的花园中，街边的绿地上，差不多都可以看到精心培育的花。他们在节庆、聚会、做客时送礼，很少提着大包小包，而是送花，一捧，一束，甚至一朵。俄罗斯人的家常日子，便在这绿色和花卉之中展开。

他们也热衷于通过一切文化艺术手段来表达自己对绿色生存环境的爱恋和对绿色生存观的追求。美丽的白桦林在俄罗斯人的生活中地位最为特殊。对他们来说，没有白桦不成林子，大自然也就谈不上美。他们将全国的王牌歌舞团命名为"小白桦歌舞团"，除了炫耀歌舞的高质量，你感觉不到那种对白桦树明显的偏爱和推崇吗？

这个爱大自然爱得入迷，爱树爱花爱土地爱得入迷的民族，将绿色生存环境和大自然的品格，融入了自己的性格心理，聚合为民族的文化人格。有多少《春天花园里花儿真美丽》这样陶醉于自然的歌曲在全民中流行，有多少列维坦这样的风景油画家受到全民的崇敬，又有多少《湖畔》这样的影片在俄罗斯人心头反复地映现？影片《湖畔》主人公在林间湖畔那种瓦尔登湖

马群倘佯在俄罗斯草原

式的自然生存，又让多少人痴迷？当然更不要说世界旋律大师柴可夫斯基的《天鹅湖》了。柴可夫斯基的故乡位于乌拉尔地区，他的故居窗外就是湖泊，常常会传来令人心碎的渔歌，这歌声揉进了在湖上辛勤劳作的农奴内心的痛苦，也揉进了浩渺湖水和浓密森林中积淀的忧郁。这成为他日后在《天鹅湖》中以鸟喻人、以自然喻社会来创作的一个重要的人生契机。《天鹅湖》沿着王子与天鹅（公主）、人与鸟之间美好爱情的萌生、发展、波折，直至最后毁灭的脉络（悲剧版结局），以《四小天鹅》《天鹅之死》等许多经典性舞曲，出色地完成了作品的艺术演绎。从中我们可以感受到大自然对俄罗斯民族文化心理和作曲家心理的重要作用——已经在相当程度上由环境客体转化为生命主体和艺术主体了。

　　文学、艺术不消说了，就连文艺理论这种稍显枯燥的文本，俄罗斯的评论家也喜欢通过以美文描述大自然的方式来完成。帕乌斯托夫斯基谈创作原理的《金蔷薇》就是这方面的名著。记得他说作家要有超人的观察力时，举的例子就是对深秋林边草地上一只小甲虫的细致观察。为了温暖，这只小甲虫跟着"日脚"——太阳的脚步移动，走走停停，终于缓缓爬出林子，爬向草坪，然后停在了潋滟的波光中。

从上面这些叙述中，大家可能已经感觉到了俄罗斯人的一个生存过程——从陶醉自然之美出发，逐渐向陶醉文化之美过渡；开始在大自然中做身体的、生态的"瑜伽"，进而在文化生命中给自己做精神的、心态的"瑜伽"。

俄罗斯人最为重视、最为普遍的一种"心态瑜伽"是什么？无疑是阅读。从莫斯科到圣彼得堡，路边和广场的座椅上，公园、商场、饭店，还有银行、地铁站，等等，到处都能看到展卷阅读的人。他们见缝插针、不挥霍点滴时间，公园就是露天图书馆，地铁正好做流动书房，人在哪里，哪里就有"阅览室"。阅读，构成了俄罗斯的独特风景。他们的人均读书时间在好多年中领先全球。在俄罗斯甚至还流行一种说法：读书能让女性提升气质，变得美丽。所以全国女性阅读者比男性阅读者多了一千万，而女性的平均寿命也比男性长了十三年。他们把读书当作提升气质的"瑜伽"。它可以去掉娇气、俗气、暮气，养成秀气、才气、朝气，美化你的生命。俄罗斯女性之美，看重的是容貌和气质的同步展示。

这种绿色的生态和心态环境，构成了俄罗斯人的心灵家园，是他们生存所必需的。我有位中学时的俄文老师，曾组织我们几位老学生去北京搞了一次聚会，是去和他当年的俄罗斯老友见面。中俄两位老师都九十多岁了。苏联解体后，这位俄罗斯老者侨居美国多年。席间大家随口哼起熟悉的一首老歌，柴可夫斯基作曲的《春天》："草儿已发青，太阳放光明，燕子带来春天，飞进院庭，有了它，太阳更美，春天更可亲。小小燕子叫几声，欢迎，欢迎！"刚唱前两句，我便预感到将会发生什么。果然，一段没唱完，这俄罗斯老者就涕泪纵横。他说他在国外一座大城市生活，山和湖有吗？没有。草原和森林有吗？没有。哪怕一个小小的覆盖着草坪的小院子，也没有，没有！"你们告诉我，俄国人到哪里去找家，找乐？"他这一问，席间所有的人都默下了声。远离了甚至没有了大自然，俄罗斯人便无家可归，精神怎能不孤独！

　　是的，俄罗斯人不但深爱大自然，而且极其醉心于表现大自然的艺术之美。他们将大自然的品格融汇为自己的性格，融汇为一种有浓郁俄罗斯风味的生存方式、致思特点和心理状态，大自然的真善美沉淀为他们代代相传的文化密码，沉淀为整个民族文化人格的基因。

　　俄罗斯的抒情诗也曾那么感动过我。记得 2014 年第一次丝路万里行时，我们的车队来到俄罗斯北高加索地区的五山城，这是俄国诗人莱蒙托夫在沙皇军队服役的地方。他在此处与人决斗，不到三十岁便饮弹而逝。那次回国后，我在很多场合朗诵过他的《帆》。诗中以船喻人，以大海喻人生征途。诗人用不在船坞中享用闲适，永远向往着大海，向往着与风浪搏斗的"帆"意象，鼓励年轻人去奋斗、创造。"帆"，不也是俄罗斯性格吗？——

> 蔚蓝的海面雾霭茫茫，
>
> 孤独的帆儿闪着白光！……
>
> 它到遥远的地方寻求什么？
>
> 它把什么抛弃在故乡？……
>
> 呼啸的海风翻卷着波浪，
>
> 桅杆弓着身子嘎吱作响……
>
> 唉，它不是要寻找幸福，
>
> 也不是远避幸福的乐疆。
>
> 下面涌着清澈的碧涛，
>
> 上空洒着金色的阳光，
>
> 不安分的帆儿却祈求风暴，
>
> 仿佛风暴里才有宁静之邦！

　　　　　2017 年 9 月 24 日，于莫斯科至圣彼得堡途中

历史归于无名者

这个烈士墓没有姓名没有碑石，在钢盔和旗帜的青铜色石雕前，只有一束永远不熄灭的火焰从地下喷发出来，像是俄罗斯民族内在的精神、激情和创造力在燃烧。历史是无名者默默创造的。著名者常常免不了在历史的云翻雨覆中被淡化或湮没，倒是无名者或可永存。

我们到莫斯科的第二天下午安排了一场中俄文化论坛，故而一大早便冒着寒风先去了红场。虽是仲秋，北国的风却有了凛冬的劲儿，刮得脸生疼。红场上空，天铁阴着脸。广场上满眼是中国的旅游团，满耳是北京、上海、东北、浙闽口音的中国话。大家不由得调侃：我们来到了"中国红场"，来到了"中国克里姆林宫"！调侃归调侃，气氛冷却着，怎么也热不起来。

到莫斯科去、到红场去，是我们这一代人青年时的梦。那时候我们学俄语，和苏联的大、中学生通信，隔三岔五学校就组织去看苏联电影。想不到我进入老年后，会三次来到这个向往的地方。

一次是我们中学的老同学，退休后相邀一起到俄罗斯旅游。几位七老八十的五十年前的老中学生，在红场上发少年狂，合影时齐声高喊：我们来自南昌第一高中1954级！那以后没几年，我和夫人乘游轮游历波罗的海各国，又从圣彼得堡港登陆俄罗斯。加上这次，丝路万里行车队走中东欧十六国，第三次来到了莫斯科。

红场比我们想象的要小，恐怕还不到天安门广场的四分之一，观礼台也比天安门城楼低15米。"红场"这个名字，源于五百年前的一场大火。那场大火把这里烧成了一片空场子，当时便被叫成火烧场，后来才改称"红场"。

这个命名过程，可能预示了广场今后的命运，它怕是将会与火、与血、与革命、与战争结缘，再也分不开了吧。

1941年6月22日，希特勒在从波罗的海到黑海约1500多公里战线上，突然发动了对苏联的全线袭击，苏军猝不及防，损失惨重，步步退守，德军长驱直入。希特勒叫嚣他已经看见了克里姆林宫的红星，说一定要在冬天来临之前拿下莫斯科。在这个最危急的时候，苏联需要凝聚、振奋民族精神，需要鼓舞部队士气。整个民族、整个军队的眼睛望着克里姆林宫，等待着最高统帅部的命令。

1941年11月7日，是苏联十月革命胜利二十四周年的日子，数十万红军官兵在骑兵统帅布琼尼指挥下，奔赴红场接受斯大林的检阅。战士们冒着零下20多摄氏度的严寒，高唱着《我们勇敢地走向战斗》《我们是红色的战士》《再见吧，妈妈》《喀秋莎》，雄赳赳地通过检阅台，然后直接开赴前线。在万众一心殊死而战的英雄气场中，斯大林发表了激情的演说，他说："此刻，全世界都在注视着你们，把你们看作是他们的解放者。伟大的使命落在了你们身上！"阅兵现场向全球广播，同时拍摄了纪录电影（那时还没有电视）。红场上，百万军民"乌拉，乌拉"，吼声响彻云天。这是整个俄罗斯民族向世界的宣言，也极大地鼓舞了世界反法西斯战线的斗志。

希特勒身边的人不敢告诉他莫斯科在进行这么一场士气高涨的检阅，他是偶然听到了收音机里震耳欲聋的"乌拉，乌拉"声时，才知道红场阅兵的事。这位元首大发雷霆，命令前线空军必须在一小时之内将红场炸个片瓦无存。

不适应俄罗斯严寒的德军空军强行起飞，在莫斯科上空遭遇苏联空军英勇的阻击。许多红军驾驶员直接驾驶飞机撞向德国军机。钢铁与鲜血像节日的焰火在长空飞扬，溅落。德军战机在莫斯科郊外被苏军击落了25架，没有一架飞机能够到达红场上空。

这次红场阅兵是人民决心的大展示、人民力量的大凝聚。据说中间出了

向俄罗斯梁赞州长赠送书法作品

一点小的遗憾——由于负责音响的技术人员没有及时到位，斯大林讲话的开始部分只有电影图像，没有声音，只好事后弥补，让斯大林和检阅台上的将帅们重新又录拍了一遍。

红场阅兵后不久，苏军就进入了反攻，1941 年 12 月 8 日，希特勒无奈地签署了在苏德战场全线包括莫斯科方向转入防御的训令。狂怒之中的希特勒甚至一连撤换了三十五名高级将领。惨烈的莫斯科保卫战和后来更为惨烈的斯大林格勒保卫战，彻底粉碎了德国法西斯的无敌神话，促使美、英各国认识到苏联是可以联合抗击德国的有生力量。强大的同盟国战线开始形成。

从 20 世纪 80 年代初开始，苏联就在筹建卫国战争胜利广场，但进展缓慢，直到 1995 年，苏联解体四年之后，俄罗斯才将这个广场修建完成。广场中心有一座钢铁铸成的纪念碑，体现出一个伟大民族的钢筋铁骨和刚强意志。纪念碑高 141.8 米，暗示卫国战争打了 1418 天，即将近四年之久。广场上红色的喷泉，象征着俄罗斯儿女捍卫祖国飞溅的热血。我们来到纪念碑下，耳旁悠然响起苏联卫国战争时期那些振奋人心的歌曲。那些旋律已经超越时空，成为一个民族展示自己强大精神和人格尊严的象征。

苏联卫国战争时期的歌曲有一个特点，就是少有空泛的口号，多从人的感情、人性与亲情、爱情、友谊出发，将个人襟怀中最脆弱的一面和最残酷的战争，以及热血、牺牲、生命融为一体，如《再见吧，妈妈》，如《喀秋莎》（二战时期苏联研制的新型火炮以"喀秋莎"命名）、《海港之夜》，这非但没有冲淡国家民族大义，反而让这种大义与个人生命融为一体，有了永恒的力量与感动。这也是这些歌曲常唱不衰，能够感染我们一代又一代人的一个原因吧。

记得第二次访问莫斯科，我们还进到红场的列宁墓中参观。通向地下墓穴的台阶周围很黑，在幽暗的灯光中大家一级一级数着往下走。列宁躺在若有若无的灯光之下，宁静而安详。一种肃穆感和敬仰之情从内心油然而生。不论历史如何评价这位革命家，我总是不由得尊重着我那个时代的教育留给自己的记忆，这记忆也许有这样那样的历史局限性，但已经和一个人的青春记忆融为一体了，很难忘却。其实很早之前，列宁的遗体就开始出现腐败，现在墓中列宁的遗体其实是本人头颅和人造躯体的组合。而斯大林的墓地在苏共反对个人崇拜之后便已挪出列宁墓，放在了墓外的宫墙之下。知道了这些情况，内心不免有些失落。

这次来，情况与上次所见有了一点变化。列宁墓已经有点冷清，每周只开放两次，国家警卫队的守护撤销了，管理由身穿制服的墓园管理人员承担。而形成明显对照的是，宫墙外的无名烈士墓前却人潮涌动，每小时一次的国家警卫队换岗仪式，都会吸引许多游人，掀动大家缅怀这些为国捐躯烈士的心潮。

红场前除了列宁墓，在宫墙下还有几种等级不同的墓地。第一种在列宁墓后的红墙前，有一排雕像，苏联元帅朱可夫、斯维尔德洛夫、加里宁、勃列日涅夫等人的墓地都在这里。还有一种也在红墙前，有墓碑但没有雕像。再有便是稍远处嵌在宫墙小龛里放着的骨灰盒。更多的科学家、战斗英雄、文学艺术家和知名人士的墓地，都安排在另一处墓园——莫斯科新圣母公墓中。果戈理、乌兰诺娃、加加林、奥斯特洛夫斯基的墓地，都在这个名人墓园中。特别要说一下那里的赫鲁晓夫墓。墓碑是黑白两色大理石的组合，构思中是否暗示着历史和人民对他功过各半的评价呢？

无名烈士墓则在克里姆林宫宫墙外面的河畔草坪上，没有进到红场内。这个烈士墓没有姓名没有碑石，在钢盔和旗帜的青铜色雕塑前，有一束永远不熄灭的火焰从地下喷发出来，像是俄罗斯民族内在的精神、激情和创造力在燃烧。小河边上有商业街，有小商店、小餐馆以及为丰收节特意举办的露天农展会，展出南瓜、土豆、白菜、黄瓜等等，平添了一种平民化的生活气息。平凡的生者与无名的死者相伴相依，交流家常，这是一个多么亲切而且人人可以亲近的地方！这才是平民之墓、无名之墓。我们来到这里，阳光正好从云层中透出来，温暖迅即隔着衣服裹住了已经冻得透心凉的身子。

从神圣的列宁墓，到等级森严、论功行赏的官员将军墓和名士名流墓园，再到无名烈士墓，它们是在诉说一个历史过程，由领袖到百姓、由英雄到平民的这样一个历史发展的过程！这个过程由过去的苏联到今天的俄罗斯，已经走了近百年。

反法西斯卫国战争的伟大胜利和所有历史的进步一样，领袖和统帅当然起了很大的作用，但归根到底是人民，是万千无名的小人物的功劳。随着岁月的流逝，历史前台那些著名一时的人物，被转到了后台，而台下万千的无名英雄，最终会被人民推到前台，会被历史认可的。

历史是无名者默默创造的，是人民创造的！著名者常常免不了在历史的云翻雨覆中被淡化或湮灭，倒是无名者或可永存。这是无名烈士墓前那永远不熄灭的火焰用自身熊熊的燃烧告诉这个世界的。

2017 年 9 月 23 日，于莫斯科奥林匹克酒店

一部交响曲的命运

演出之前，苏军猛烈轰击德军阵地。强大的炮火好似交响乐的开场，换来了战场的一段宁静，市民们走出掩体，涌到大街上来听音乐会。这是世界音乐史上的奇迹……

为了绕过德军封锁，交响曲的总谱被拍成微型胶卷用飞机运到美国。全世界几千家电台转播了交响曲在国外的首演。

一部作品和一个人一样，是有生命、有性格，也有命运的。越是名著，越可能光彩焕发，也越可能命途多舛。

我踏上第三次丝路万里行征途之前个把月，一位爱好音乐的朋友发来一个视频，画面是俄罗斯交响乐队演奏肖斯塔科维奇的《列宁格勒交响曲》，而音乐却是时下人所熟知的《小苹果》："你是——我的——小呀小苹果……"并配有字幕，煞有介事地指出《小苹果》的旋律是从《列宁格勒交响曲》那里剽窃来的。我对肖斯塔科维奇的作品虽不熟悉，大概印象还有一点，好像不应该是这样。《列宁格勒交响曲》是二战中作曲家在被德军围困的名城列宁格勒即圣彼得堡创作的，有悲壮的抗争，有压抑的愤懑，也有对命运的沉思。它和时下流行的《小苹果》，在内容、情绪和风格上迥然不同，沉重而昂扬的呐喊，怎么可能和轻松欢快的表达相融一体呢？为了证实我的疑问，特意请教了几位音乐界的高手，都说这是网络恶搞，千万不要被忽悠。好一阵迷惘，好一阵失落。市场化、娱乐化竟然恶搞到经典作品头上来了。这种事不是第一次遇到，我已经没有了多少愤怒，只是一声叹息，是吐不出来的长长的悲哀。

　　这次来到圣彼得堡，入住的宾馆恰好就在列宁格勒围城战烈士纪念碑广场跟前。深秋时分，在明净阳光的照耀下，两位战士的雕像守护着高耸的纪念碑。碑上刻有"1941—1945"字样，大约是指整个卫国战争时段。纪念碑后面是一个环形广场，广场入口处为残垣断壁，比喻战争对城市的破坏，也以一种残缺之美、哀伤之美吸引了你的目光。两边各有一个大大的数字"900"，大约是这座城市在二战中被德军围困的天数。里面有一个大环形墙，在列宁、将军和战士们的浮雕中，穿插着金色的说明文字和一束束燃烧着的火炬。

　　二战期间，《列宁格勒交响曲》就产生在这座城市被德军围困的日子里。圣彼得堡在苏联时期叫列宁格勒，它是苏联的第二大城市，是十月革命的摇篮，是俄罗斯的故都，也是重要的陆海交通枢纽，更是波罗的海舰队的基地。二战时期苏德战争开始后，希特勒多次叫嚣要从地图上将这个城市抹掉。但苏联军民顽强的抵抗，让德军未能得逞。于是，漫长的围城之战开始了。从1941年9月9日开始，结束于1944年1月27日，整整872天，号称900天，是近代史上特大城市被围困时间最长、破坏性最强、死亡人数惊人的围城之战。

列宁格勒围城战烈士纪念碑广场的环形雕塑

城市被围期间，城外的宫殿和名胜古迹大都被抢劫或摧毁。城内许多工厂、学校、医院也被空袭和远程大炮摧毁。列宁格勒全城总动员，与法西斯展开浴血奋战。围城之战的残酷令人无法想象，一百五十万士兵和平民为守护自己的城市而牺牲。严寒的冬日没有取暖的燃料，活下来的居民饥寒交迫，1942 年 1 月至 2 月每天的死亡人数达几千人，甚至上万人。

在极其艰难危险的时刻，肖斯塔科维奇就居于这座城市中。他作为防空监测员亲自参与了保卫列宁格勒的战斗。他渴望用音乐表达人民顽强的奋斗精神。他说："我要告诉全世界人民，我们依然活着，我们必将胜利！"交响曲的前三乐章都是在围城中完成的。最后一个乐章，由于德军 1941 年 9 月切断了列宁格勒和外界的全部联系，肖斯塔科维奇随家人撤离到古比雪夫市（今萨马拉市），当年年底在那里完成。这部交响曲以列宁格勒命名，也的确因列宁格勒而创作。1942 年 3 月，交响曲在古比雪夫首演。

列宁格勒全民皆兵，去哪里找乐队演奏？炮火下的城市已成废墟，哪里又有演出场地？最近的敌军距市区只有几公里，如何保证演出的安全？为了鼓舞世界反法西斯阵线的斗志，苏军迅速修缮了演出场地，并派人去前线逐个寻找当年交响乐团的艺术家，请他们撤回市区秘密排练。

1942 年 8 月，在德军重重围困中，这部交响曲由卡尔·伊利亚斯博格指挥列宁格勒广播乐团，完成了在家乡的首演。演出之前，苏军最高指挥部下令全线猛烈轰击德军阵地。强大的炮火好似交响乐震撼人心的开场，换来了战场的一段宁静。这时，在指挥棒的引导下，《列宁格勒交响曲》开始奏响。市民们不顾危险，走出掩体，涌到大街上来听音乐会。这简直是世界音乐史上的奇迹，也是艺术参与民族抗战的奇迹，更是人类生命力的奇迹，在全世界获得了极高的赞誉。

国际上一些著名指挥家都希望能够得到这部交响曲在美国首演的指挥权。这是极大的荣誉。这个荣誉最终给予了指挥家托斯卡尼尼。这是因为他旗帜鲜明的反法西斯立场和在音乐界无可争议的权威。为了绕过德军封锁，交响曲的总谱是拍成微型胶卷用飞机运到美国的。1942 年 7 月 19 日，盛大的国外首演式在纽约举行。全世界几千家电台转播了这次首演。各国听众感受到了苏联人民抗击法西斯的顽强斗志和坚强毅力，感受到了俄罗斯民族精神的伟大。

《列宁格勒交响曲》一开始便呈示出"人"的主题，描绘了大战之前的安宁。接着，远方传来的鼓声击碎了和平的美梦，出现了进行曲风格的战争主题。其中夹杂着对人生快乐的片断回忆，但却总是被悲哀的情绪笼罩。第三乐章以慢板表现了对自然的敬意，让你感觉进入了俄罗斯大地上无边无际的森林。第四乐章呈示出命运主题，进入了自由发展的境界。依照肖斯塔科维奇的本意，最后的这个乐章意在表现胜利之来临。在排山倒海般的凯歌之后，四个定音鼓奏出了胜利的主题。

这一切，本来都有历史资料作为凭据。但在肖斯塔科维奇去世之后，却出现了一本叫《证言》的书，据称是作曲家自己写的，声称这部交响曲是抒发他在当时苏联政权统治之下的内心苦闷，这为原本单纯的写作动机平添了复杂的因子，引发了争议。有人因证据不足，怀疑《证言》这本书并不是作曲家的自传；有人认为作曲家生前的确受到过当局的批判，他内心的苦闷是真实的；还有人说，他内心苦闷的确真实，但是否一定是借这部交响曲来宣泄，还需更确凿的证据支持。我以为这些看法可以作为研究肖斯塔科维奇的参考，不见得要全盘接受。后来证明，《证言》的确不够真实，不可以全信。

我想，分析起来，其中是不是有好几种情况。其一，《证言》是伪作，这部自传的出炉本身就是苏联后斯大林时代一种新思潮的产物，新思潮利用作曲家的影响为自己张目。其二，也可能是作曲家自己写的，表明作曲家对自己艺术成果前后认识的不一致，受到了新思潮的严重影响。其三，在这种情况下，艺术家能将个人的精神苦闷与国家民族的大灾难融为一体，通过作

圣彼得堡的清晨

品表现出来，其实也是艺术创作中常有的现象，非但不奇怪，反而同样具有其艺术价值，甚至可以说这是审美的一个规律性现象，即个人命运和时代感受在艺术创作和欣赏中的相互借代与置换。

《列宁格勒交响曲》，一部讴歌人民力量、正义力量的优秀交响曲，从诞生之日起，先是因当时反法西斯战争的需要而被过分拔高，后来又因受到新思潮的影响而被扭曲，今天，则又受到娱乐至死新潮的"恶搞"。在七十多年的历史中，这部名作的命运轨迹竟拐了好几个大弯，怎不让人感喟良多！

说到底，这恐怕正是作品深层价值之所在——能够以作品的复杂性传达历史和时代的复杂性，能够以一部交响曲先后诠释七十多年中时代思潮好几次大变迁，如此罕见的现象不正说明了《列宁格勒交响曲》十分罕见的价值吗？

2017 年 9 月 24 日，于俄罗斯圣彼得堡至爱沙尼亚塔林途中

圣彼得堡，白夜中的温柔

如此难得的白夜，怎能辜负？在这座靠近北极圈的城市，夕阳与朝阳牵着手散步，夜晚和清晨搂着腰细语。所有那些带着历史印迹的名胜，此刻都消退了血色和烽烟，在白夜温柔的微光中睡着了。这边余晖还在天际撒播金线，那边旭日又以万道金光为前导，在地平线上车辚辚马萧萧地上路了……

万里行车队从莫斯科出发，浩浩荡荡，一路阳光，一路疾驰。17 辆车，前面15辆为红白二色的比亚迪（宋级）越野车，最后是卫星转播车和行李车。车队有如箭矢，射向绿色的原野，消失于湛蓝的天际。说真的，我们的车队挺给中国长脸，走到哪里都有人围观。这时候，团员们也会适时凑上去，比比画画给外国朋友介绍车上喷涂的丝路地图、沿线国家和城市，以及各种图标，教他们念"丝绸之路"，念北京、西安、莫斯科、圣彼得堡，念陕西卫视、广西卫视、东南卫视、甘肃卫视。

久违了，圣彼得堡，我们已经六七年没见面了。前后三次，每次来景色都不一样，心情也不一样。记得第一次来是 2008 年 8 月炎夏时分，一个在这座靠近北极圈的名城能看到白夜的季节。

我有幸亲眼见到了一次白夜，从此白夜便成为我在朋友面前夸耀的一种资本，也成为心中时时想起的一个遥远的梦。

2008 年我们是由莫斯科乘火车来圣彼得堡的。第一次坐俄罗斯的火车，好不习惯。一是火车站不好找。从莫斯科至圣彼得堡，上车处不叫莫斯科火车站，叫列宁格勒火车站，挺奇怪的。原来俄罗斯人习惯用到达方向的城市命名车站，比如莫斯科的东西南北就有列宁格勒火车站、喀山火车站、基辅火车站等等。我们拐了老半天才找到莫斯科的列宁格勒火车站！这种命名细想也有好处，它目标清晰，分解了人流，其实是可以节约旅客的时间和市内交通资源的。二是火车车厢门和车站月台之间竟有整整半米的空当。我们是晚上上的车，灯光昏暗，险些从这可怕的"鸿沟"掉到铁轨上去！三是列车员大都是胖大嫂和胖大婶，虽不失周到但非常的冷漠。她们反复比比画画，要求我们把行李锁上。怎么锁呢？她们示范着，将下铺的床板掀开，里面等于是个大箱子，然后把行李放进去，给合起来的床板上上锁，钥匙一定得放在自己身上。大婶列车员不厌其烦地反复叮咛，给我们造成了相当的恐慌。听说改革开放初期，带着许多货物的中国倒爷，在西伯利亚大铁路漫长的旅途上遭遇过多次火车大劫案，难道现在也还有"铁道飞虎队"半夜闯入不成？

我与老伴便是如此这般来到圣彼得堡的。圣彼得堡给我的印象却太好了，好美丽的一座古都，好美丽的几个夜晚，好美丽的涅瓦河，好美丽的芬兰湾。我俩商量无论如何要在这座俄罗斯美丽的城市里，坐在当地市民中间欣赏一次原汁原味的芭蕾舞。正好团队那天晚上让大家登记去看由圣彼得堡芭蕾舞团演出的《天鹅湖》，票价很贵，合1200多元人民币。全团只有我们老两口买了票，虽然我们知道绝对没有乌兰诺娃的出场，也绝对不会有柴可夫斯基的谢幕，更不会有华贵包厢中华贵的公爵夫人向我们这些中国人展示矜持的微笑。尽管这一切都没有，在那金碧辉煌的剧场中，我们依然感受到了只有经典芭蕾舞剧才能传达给我们的那种俄罗斯的高贵。那种高贵既在剧情之中，又辐射于剧情之外，辐射于每位观众的彬彬有礼和对艺术普遍内行的气质中，弥漫在那金碧辉煌的剧场和极尽奢华的建筑所营造的气场之中，弥漫在这个气场所诱发的我的青春时代，那些被俄罗斯文化熏陶的青春联想和忆念之中。欣赏者特定的经历和特定的心理对于艺术作品的渗透和摄入，使我们超越演出本身得到了好几倍的满足。当你能够融入作品所营构的艺术环境之中，身临其境的岁月记忆便被编织进了舞台情景之中，艺术体验也就复活为生命体验……

演出结束时，已经临近深夜十二点。不料半夜的圣彼得堡，天并没有黑尽，整个天穹赤金般的灿烂，从上而下，由亮渐暗，像一道金色的大幕缓缓落下，最后在地平线上漫开来。铺排在大地上的这座城市，浸润在一种柔和的蓝色之中。是那种深湛的蓝，像远方深深的海洋。圣彼得堡的灯光有如七彩变幻的珠宝，一簇一簇，点缀着这无边的湛蓝，美丽得出人意料。夕阳与朝阳牵着手散步，夜晚和清晨搂着腰细语。如此难得的白夜，怎能错过，怎能辜负？我们打了一个车，我用半个世纪前学过的一点俄语，结结巴巴示意司机不要直奔宾馆，尽可能在城里绕着圈圈走，我用手一次又一次画着圈："绕圈圈，明白？объезд？我们想多看看，多看看你们的圣彼得堡，明白？объезд？"司机终于明白了。一次难得的白夜之游便这样开始。

所谓白夜，是指高纬度地区夏季特有的不黑之夜，一般是从纬度48°34′开始，圣彼得堡位于北纬59°—60°，比可能出现白夜的纬度高了10°多一点，故而白夜景观十分明显。纬度越高，白夜越长，天空也越亮。这边太阳似乎还没有落尽，那边太阳又升了起来。到了极地地区，白夜长到极点，那就是"永昼"了。在我国东北漠河地区也能看到白夜，当地人习惯叫作"白昼"，其实"昼"的本意就是白天，这种景观的奇特之处在于夜晚有如白天，故而叫"白夜"应该更为准确。

车沿着蓝色的涅瓦河缓缓开去。夜色在灯光下显出一种幽秘的妩媚，城市矜持而又温婉地注视着我们这几个夜游的中国人。此刻竟然还有人在河中

涅瓦河

荡舟，桨声灯影伴和着俄罗斯独有的沉郁的歌声在河面回荡。两岸的建筑，大都六七层高，乳白色或米黄色，风格协调。协调的风格中，又显示出各自不同的精致个性，告诉你这座有着三百多年历史的城市，在它美丽的背后，在好几个时代里，都有许多人在为它精心地装扮。

从涅瓦大街的十二月党人广场穿过，圣彼得堡的标志性雕塑青铜骑士出现了，他在我们面前旋转着展示自己。法尔科耐创作的这座青铜骑士雕像，以一块巨石为基座，骏马前腿腾空，坐骑上的彼得大帝炯炯有神地雄视着前方。年轻时曾经读过俄国诗人普希金专为他创作的叙事长诗《青铜骑士》，这一骑士形象成为彼得大帝和整个俄罗斯民族精神的一种象征。

壮观的白夜

　　此刻的涅瓦大街上行人和车辆已经不多了，司机几次要加档提速，我却一再示意慢一点，再慢一点。涅瓦大街我曾经来过，却从未领略过它的夜半风情。这个圣彼得堡最著名的街区，是连接市区和涅瓦河的主干道，大道两边集中了许多歌剧院、图书馆、博物馆、音乐厅、电影院，以及名人故居和品牌商场，每幢建筑无不精雕细刻。可以说这里是圣彼得堡城市精魂之所在。涅瓦大街横贯了三条河，我们路过了其中的喷泉河，河上竟然有 15 座桥连接两岸！其实在见到它之前的四十多年，我对这条街已经熟知。那是因为读了果戈理的小说《涅瓦大街》，作家以这条大街早、中、晚一天中的各个时段为背景，写出了活跃其中的不同阶层和不同类别的人群和大街风貌，塑造出一条有生命、有呼吸、有个性的街区。当时很让我入迷。那时我刚爱上文学写作，曾经几次想仿照它来写我家乡南昌的中山路，后来又想写我所居住的古城西安的东大街，均因力不从心而快快作罢。

　　车驶过了俄罗斯博物馆，驶过了夏宫，驶过了伊萨基辅大教堂……街边的楼房中还有稀疏的灯光，大约是普希金、莱蒙托夫、陀思妥耶夫斯基仍在伏案写作。似乎能够看到《叶甫盖尼·奥涅金》中的塔吉雅娜、《当代英雄》中的毕巧林和《被侮辱与被损害的》中的伊赫缅涅夫从灯下闪过去的剪影。圣彼得堡是一座有2000多个图书馆、300多个博物馆、80多家剧院、近50座美术馆的城市。列宾美术学院是世界四大美术学院之一，圣彼得堡音乐学院与奥地利维也纳音乐学院齐名，芭蕾舞更是世界首位。真是当之无愧的世界艺术之都！现在，这座汇集着美的城市就在我眼前，就在白夜的熹微中若隐若现着自己的风姿。你不能不想起美国前总统克林顿在圣彼得堡的感慨：这是世界上最美的地方！

驶过一座桥又一座桥，跨过一弯水又一弯水。圣彼得堡由涅瓦河三角洲上的近百个岛屿及河滩组成。纵横交错的人工运河，舒缓着芬兰湾倒灌进来的海水。全市五百多万人生活在由423座桥梁连接起来的42个小岛上。其中有20座桥的桥面可以开启让大船驶过。这些都构成了它特别的景观。车从涅瓦河三角洲的兔子岛附近驶过。1703年5月27日，彼得大帝在岛上修建了彼得保罗要塞，将波罗的海出海口纳入自己的版图，从此俄罗斯有了自己的海军——波罗的海舰队。

我们的车还驶过了沙皇居住的冬宫，驶过了十月革命的司令部斯莫尔尼宫，驶过了停泊在岸边的阿芙乐尔号，那是在十月革命中率先开炮的舰艇。所有这些带着历史印迹的名胜，此刻都掩映在白夜温柔的微光之中，消退了当年的血色和烽烟。它们在历史与岁月的摇篮中沉睡了，在白夜温柔的抚摸下睡着了。

头天的余晖还在天际撒播着金线，第二天的旭日已经以万道金光为前导，在东方地平线上车辚辚马萧萧地上路了。

2017年9月25日，于塔林

塔 林 心 音

两次在塔林听歌，听出了爱沙尼亚人独立自强的炽热激情，听出了他们对悠闲的古典生活的向往，更听到了他们向往进入当下世界的开放情怀。

由圣彼得堡到塔林，整个上午，车队在林子里穿行。厚厚的绿，沉沉的绿，层次丰富的绿，千变万化的绿，从远方一直铺到眼前，又从眼前再铺向远方。车队几乎是在绿海中冲出一道白浪，向波罗的海边的北欧名城塔林驶去。但这种亲历性的感觉，相机和手机却怎么也拍不出来。车速太快，美景一瞬即逝。车队在大森林中间穿行，没有航拍的远距离鸟瞰，那层层叠叠郁郁葱葱的感觉，在照片的画面上怎么能出得来？

由于爱沙尼亚不认可国际驾照，每辆车都换上了他们本国的司机。到达塔林后告别时，我将西安中铁中学学生的木刻作品送给为我们 12 号车开车的爱沙尼亚女司机汉娜，她高兴地说："我向往中国，会去那里找你们。"并且一定要送给我一个有着塔林景观的冰箱贴。

我是第二次来到这个海滨城市。原以为中文"塔林"是意译，城市里有着"塔之林"，因此对参观这座城的"欧洲塔"充满期待。及至听到导游讲，"塔林"系由"丹麦的"和"地堡"两个词组成，意为"丹麦地堡"，才知道自己误解了。

塔林原来是"丹麦地堡"！这个城名的由来似乎传达出了些许历史的苍凉。万里行车队这次要到的是波罗的海三国。爱沙尼亚地处芬兰湾南岸，是联结中东欧和南北欧的交通要冲和经济枢纽，自古以来遭受周边几个强国的觊觎、挤压，曾先后被丹麦、波兰、俄罗斯等国占领。外族的统治没有让他们软弱和屈服，反倒激发了他们的民族凝聚力和对独立自强的渴望。

记得上次我来时，在塔林老城门内的小场子上，有几棵老树浓荫匝地。当地女导游——一位业余出来兼职的中学女教师，站在树荫中，向我们介绍了爱沙尼亚被外族侵占、长期不能独立建国的屈辱史。说着说着她激动了，抬高嗓门说："他们不让我们用自己的文字，要用他们的文字；不让我们唱自己的国歌，要唱他们的国歌！但是爱沙尼亚人并没有忘记自己的国歌，我们冒着生命危险在私下里传唱，因为我们的国歌里有独立的诗句、自由的精神。我们的国歌多么好听啊，现在我唱给大家听——"接着她放声高歌起来，周边的爱沙尼亚人也跟着唱起来。女教师眼睛湿润着，指挥着大家。拳拳的爱国之心点燃了同样有过民族屈辱史的中国游客，我们激动地打着节拍，称赞这些好样儿的爱沙尼亚人……自由，独立，对一个民族、一个人的生命，是如此如此重要，远比衣食住行分量重得多。那天的歌声一直在我心中回响，激昂的旋律让我触摸到了一个民族的内心世界。这真是爱沙尼亚人的心音！

后来我们去了长腿街，一条拐着弯下坡的窄窄的长巷，卧在古城之中。一色的石块铺地，一色的古堡建筑。路上也有旅游工艺品小摊，路的尽头有几个石质的拱门，拱门里驻着年轻人组成的时尚的街头乐队。见我们这些外国人来了，便演奏起来。意外的是，曲子并不是癫狂的摇滚，也并不十分时尚，只用两把曼陀铃，随意弹拨出几组和弦，营造出一种古典的悠远闲适的气氛，而后歌声响起，便融入了古堡固有的情调中。我几乎一下子就爱上了这个地方，这群年轻人，这座城市……

这次来塔林，我拉着当地导游执着地寻找着上次跑过的那些地方，执着地找那个古城门，那个浓荫匝地的小场子。我又一次站在那棵树的大荫盖下，回味着大家唱爱沙尼亚国歌的情景。

中午时分，我们爬上了全城的制高点堡垒山，饱览这座欧洲古城的风光。

能唱十几首中国流行歌曲的塔林歌手与作者

各种哥特式建筑，以远远的海岸线为依托，渐次展开。远处是波罗的海的粼粼波光和点点渔船，稍近一点则有各种货船客轮，人来货往。山脚下是熙熙攘攘的街市，车流人流在市声的混响中浮游。一幅鲜活的城市生活图景在眼前展开。塔林是爱沙尼亚的重要商港、渔港和工业中心，港口吞吐量在波罗的海地区名列第二。国家虽小，却正在大踏步地融入世界。

　　想不到我与爱沙尼亚的又一次音乐之缘，就在此时不期而至。

　　我们来到堡垒山顶时，有位当地的歌者弹着吉他，在那里轻声地歌唱，歌中有着游丝般的沉郁，像是在我们这个年纪的人中流行过的俄罗斯歌曲——也许是寒带地区人们在心理上天然的忧伤，也许是这个小国多舛的命运浸入了旋律。歌手见到一群中国人出现了，一曲结束，便改用中文开始唱中国歌曲。想不到他的中国话咬音挺准，清晰的吐字声声入耳，悠远之中显出一种绵延不绝的生命感，最难得是能传达出歌曲的韵味，我们所熟悉的中国气息。大家围了过去，歌手用微笑朝大家示意感谢，大家则用掌声鼓励他。

他唱了《大海啊，故乡》，又唱了《月亮代表我的心》，甚至还唱了《甜蜜蜜》。中国游客对这些歌太熟悉了，便跟着唱起来。跨国合唱的歌声像鸽群在芬兰湾上空腾挪翻飞，久久回旋。唱罢这几首，他竟然又用口哨将《月亮代表我的心》吹了一遍。我们报以热情的掌声，有人也吹起口哨跟进。这下塔林歌手更是来了劲，领着大家唱起了中国名曲《茉莉花》——这首在欧洲歌剧《图兰朵》中被采用并发展过的中国江南民歌，在欧洲人眼中现在已经是中国音乐的标志、中国的标志。在场的各国人都热情响应，场面更是火爆了。大家或放声高歌，或以口哨伴奏，或鼓掌击节——就这样在堡垒山上办起了一场即兴的中国音乐会。

歌手对中国歌曲的熟悉令我吃惊，音乐在不同民族地域之间沟通心灵的魅力更令我感到温馨。他的歌声传达出遥远的北欧一位普通老百姓对东方中国的了解和热爱，也是中国声音、中国文化、中国形象在世界得到广泛传播和广泛认同的一个表征。

两次在塔林听歌，听出了爱沙尼亚独立自强的炽热激情，听出了他们对悠闲的古典生活的向往，更听到了他们正在进入当下世界的开放情怀。

这次从西安出发之前，我在"丝绸之路国际艺术节"国际儿童戏剧周上欣赏了爱沙尼亚的儿童剧《通道》。这是一部肢体舞剧，四位演员利用各种肢体和舞蹈动作，表现了在人生的道路上信任与合作的重要，人与人、人与社会之间交流的重要。这其实也是塔林堡垒山上的即兴音乐会传达给我们的信息：人类需要开放、了解、沟通、交流，需要有文化和精神的各种通道——这不也正好是"走出去谋发展，拉起手共发展"的丝路精神吗？

《通道》，音乐的通道，艺术的通道，经济社会发展的通道，丝绸之路这条旷古罕有的大通道，让世界各地之间、人心之间的隔阂越来越少了。

2017 年 9 月 26 日，于塔林至里加途中

里加有个黑猫的故事

　　他们的黑猫的故事说的是经贸交往要有诚意，要多协商。我们白猫黑猫的故事，说的是社会发展要抓落实，要看实绩。两个故事合到一起，不就是今天我们在"一带一路"上的经商之道吗？

　　到达拉脱维亚的里加之后，该国地陪导游杨长龙（中文名）先生给我们讲了一个黑猫的故事。他领着大家在里加老城的长巷中拐来拐去、曲曲折折地走了半天，突然眼前豁然开朗，便来到了市中心的广场上。他让大家站定，有几分隆重地说，大家请看对面那幢哥特式楼房，看见了吗？那个塔形楼顶上，藏着一个故事。众人急忙掏出照相机，严阵以待。远远望去，只见塔形楼顶上竟然立着一只黑色的铁猫。这猫弓着身子，是起跳前蓄势待发的那个瞬间，而高高地甩出去的尾巴，又使这只猫有点像风向标。稀罕！

　　杨导说，这幢楼本来是近百年前的一个拉脱维亚商会所在地，街对面那幢楼则是当时的德国商会驻地。由于争夺生意，两家有了意见，拉脱维亚商会便将这只黑猫拧转身子背对着德国商会，尾巴朝对方甩过去，露出屁股，非但有点不礼貌，而且强烈表现出不友好不合作的态度。德国商会不愿意了，跑过来说，我们两方既然要交往，要谈判，要做生意，你们背对着我们是什么意思？有助于问题解决吗？经过协商，拉脱维亚商会的铁猫终于又掉回了头，隔着窄窄的街道与德国商会相向而视，双方面对面善意交流起来。杨导说，这个故事虽然是一个传说，但说明商贸也好，交朋友也好，国家来往也好，一定要友好，要面对面交流，而不能背靠背耍心计，那不利于合作和发展。杨长龙是位博士，师从该国德高望重的汉学家贝德高老先生，郑重而言，

塔形楼顶上的黑猫

应该不谬也。

我给杨导说："你知道我们中国也有一个关于猫的故事吗？这就是'不管白猫黑猫，抓住老鼠就是好猫'。这是邓小平同志引用民间智言，来说经济社会发展的道理。你们黑猫的故事说的是经贸交往要有诚意，要多协商；我们白猫黑猫的故事，说的是社会发展要抓落实，要看实绩，要出成果。中国当时刚刚经历'文化大革命'浩劫，国民经济面临崩溃，政治极左，思想封闭，邓小平用这句老百姓的日常话，强调冲破极左思潮，发展经济、实干兴邦的重要性。"我又说："中国与拉脱维亚这两个关于猫的故事合到一起，不就是今天我们在'一带一路'上的经商之道吗？一是要诚恳交流，友好协商，共建；一是要抓得实在、有力，出成果，大家发财，共赢。"杨导听了哈哈大笑，我俩同时拍了拍对方的胳膊。

由爱沙尼亚的塔林来到拉脱维亚的里加，给你印象最深的就是这里有大大小小很多商会的遗址。总商会、行业商会、地域商会，甚至还有"光棍商会"——专门联络扶持未婚青年和单身商人的商会组织，可见当年这里民间商业活动的繁盛。这让我想起川滇黔一带过去的民间商会行帮组织——米帮、茶帮、酒帮、布帮、船帮、竹帮、木帮、瓷帮等等，几乎遍布县乡集镇。举凡老百姓的生活必需品和社会发展的必需品，都有热心的商会行帮在操心、在操办。商会行帮的操办，既按照市场规则行事，又带有农业文明同乡、同族的伦理亲情，极有中国特色。民间商帮兴盛与否，民营企业在经济总量中占比多少，是一个地区经济贸易发展的"地温计"，它反映了社会商贸发展底层的土壤深处的温度。

前两次跑丝路，我谈过一点感觉和建议，就是感到当下丝路经济带上的重点项目、大项目，大都由国企、央企接手，而民间企业、中小微企业的作用则发挥得不够，与已有多年历史的当地中国民间商会的对接和合作也不够。其实大项目建设本身就带动了相关配套企业和服务外包业，这正是民企和中小微企业可以发挥自己优势的地方。丝路各国各地原来就有许多中国民间商会，这两年更如雨后春笋般冒出来。他们在当地情况熟，人缘广，深耕市场多年，一直十分活跃。如何提升它们的档次，更充分地发挥它们在"一带一路"建设中的作用，很值得我们重视。

从拉脱维亚传统民间商贸组织的发达，可以想见当年波罗的海地区陆、海贸易的兴盛。这为今天这一地区更广泛深入地进入全球贸易格局，奠定了丰厚的历史基础和民间基础。近年来，里加港、塔林港在北欧的地位与日俱增，其中一个原因，也许就是这一民间商贸基础在发酵，在起作用。

很自然地你会想到，丝绸之路经济带在波罗的海三国如何贯通接轨的问题。前不久，从中国义乌始发的中欧班列已经穿越广袤的哈萨克斯坦和俄罗斯，到达里加港。其中，一部分货物将在波罗的海三国市场上与消费者见面，一部分货物将快速转海轮运输，在不超过一天的时间内运抵丹麦、芬兰、瑞典、挪威、冰岛等北欧各国。也就是说，里加港将会和希腊的比雷埃夫斯港、巴基斯坦的瓜德尔港两个新建港口一样，和阿姆斯特丹、威尼斯等老港口一样，成为中国陆上丝路、海上丝路在北欧的衔接点和转运枢纽，成为北欧地区世界贸易陆海联运的基地。那时候，里加将和过去不可同日而语，世界对里加也将刮目相看。欧亚丝路大通道在北欧各国的开辟，对中国当然有益，但最大的受益者显然是北欧各国自己。

这可能也是拉脱维亚重视这次"丝绸之路万里行"媒体团访问里加的一个原因吧。上午，总理府国务秘书接受了中国七家卫星电视台记者的采访；下午，中国驻拉脱维亚大使和经商参赞，里加的许多经贸组织领导和当地孔子学院的朋友们，又参加了我们组织的文化经贸论坛。异国他乡，大厅里一时聚集了这么多中国人和了解中国、热爱中国、想和中国往来的人，聚集了这么多到过中国、会说中文的外国人，好不令人兴奋！

最令人惊喜的是，论坛拉脱维亚方的女主持人妮卡，白肤金发，潇洒秀雅，不但集中了典型的北欧女性之美，而且能操一口纯正流利的北京话，溜到可以和我们的主持人郑玥和耿万崇侃大山、赛幽默。她当即被丝路国际卫视联盟各电视台一眼相中，内定为 2018 年第二届丝路春晚的国外主持人。几个月后，妮卡果然在丝路春晚上闪亮登场，成为那天晚会的一大明星。在谈到各国、各地过年的风俗时，她讲了一个拉脱维亚的年俗：她的家乡过年流行吃肥肉煮青豆。为什么呢？因为一粒粒青豆像是一滴滴眼泪，你趁过年把眼泪吃到肚子里去，消化掉，一年便没有了悲伤，只剩下了快乐。看看，各国老百姓虽然国别、民族、地域不同，向往幸福快乐却是"人同此心，心同此理"的啊！我和被我鼓动起来的家人，在电视屏幕前为妮卡好一阵热烈鼓掌！

那天承蒙主办方安排，我在中国－拉脱维亚文化经贸论坛上有个简短讲话，要点如下：

第一，沿丝路经济带一路走来，亲身体会到"三热"：沿路各国友好交流很热乎，各国人民很热情，丝路经济正在热销。

第二，丝路品牌万里行给各国朋友们带来了世界五百强，2016 年排名第二十四位的中国人民保险集团股份有限公司和其他中国名牌产品，如中国顶级的茶叶汉中仙毫，顶级的白酒西凤酒，顶级的名车比亚迪越野车。但最大的品牌不是哪一个具体商品，而是"中国"和"丝路"这两个大品牌，是世界和平、共同发展的新型全球化理念，是真挚的友谊，真诚的微笑。有了和平、友谊和发展的诚意，一切品牌都可以相互进入，在世界市场中发育壮大。

第三，中国有着巨大的市场，巨大的产能，越来越丰厚的资金。中国需要世界，世界也需要中国。我们愿意和一切国家和地区建立伙伴关系，谐和而不零和，对话而不对抗，结伴而不结怨。生活在同一星球上的人类，本来就是一个大的命运共同体。

最后，我将江西教育出版社出版的我的新书《丝路云谭》和一幅书法作品《和》，赠送给了拉脱维亚著名汉学家贝德高老先生。名师出高徒，原

作者向贝德高先生赠送他的著作《丝路云谭》

来美女主持妮卡和那位杨长龙导游都是这位老先生亲授的学生。祖师爷现身，令人肃然起敬！贝德高老先生是该国第一部拉脱维亚语－汉语词典的编纂者，拉脱维亚孔子学院创办者，也是拉脱维亚国务秘书安德烈斯的父亲，在该国德高望重。老人今年快八十岁了，在会上用流利的北京话脱稿演讲，博了个满堂彩！

　　在书法作品《和》中，我写了如下的题款：和平、和谐、和合、和惠、和宁。

　　　　　　　　　　　　2017 年 9 月 27 日，于里加至维尔纽斯途中

立陶宛——力与美

立陶宛人美，风光美，城市美，艺术美。夕阳下的维尔纽斯古城，向你展示了目不暇给的北欧古代建筑群和当代街市风情。古典建筑和山坡、树木、湖泊那种妙不可言的、一步一景的组合，告诉你这座城市被列入世界文化遗产名录，是多么实至名归。

万里行车队今天分为两部分活动，一部分由各卫星电视台记者组成采访先遣组，在胡瑜涛总监带领下，凌晨五点从里加出发，赶在上午十点到达立陶宛首都维尔纽斯，采访中国驻立陶宛大使。

我和其他媒体的同志由杨文萌团长带领，按正常时间表运行，下午三点多赶到了维尔纽斯城。大家放下行李便步行于古城，采访百姓生活、市井风情。

我对立陶宛并不了解，但在片断的接触中，有三个主题词让我感知了这个令人肃然起敬的国家：力、美、梦——力量、美丽、信仰，主要表现为体育、艺术、宗教。

立陶宛人美，风光美，城市美，艺术美。夕阳下的维尔纽斯古城，向你展示了目不暇给的北欧古代建筑群和当代街市风情。古建筑和山坡、树木、湖泊那种妙不可言的、一步一景的组合，告诉你这座城市被列入世界文化遗产名录，是多么实至名归。

这次出发之前，我在国内的"丝绸之路国际艺术节"上看了两场立陶宛的演出，一场是爵士岛合唱团的无伴奏人声合唱，一场是立陶宛艺术家的四人器乐音乐会。掌声和叫好声多次掠过全场，表明他们的艺术和相隔万里的古长安有着怎样如胶似漆的感应。

爵士岛合唱团以原生的音色和柔美的和声显示了自己的特色。少男少女们将自己的青春生命注入传统的民谣和古典的乐曲，使这些曲子鲜活起来，显示出一种现代感和青春感，也显示出蕴含在乐曲中的异域的陌生和微妙。

无伴奏合唱主打的是人声，它将人声而不是乐声的审美潜力发挥到了极致。我们所习惯的声乐，一开唱就要和文字语言粘连在一起，要与歌词不拆伴、不剥离。这时候，生命感悟反倒会退居语言思维之后，成为乐曲第二位的内容。第一位的是词而不是曲。要听者首先听的是你的歌声唱了些什么，而不是听你的曲子能让人感悟到什么。其实，这未必符合音乐的初衷。理性与感性生命只构成音乐内容一个方面的要素，灵性生命的咏叹、宣泄才是音乐（包括声乐）最主要的功能。立陶宛无伴奏合唱团，将声乐和歌词做了大幅度剥离，不借助文字而直接用人的声音去表达各种旋律之美、和声之美、情绪之美以及社会和自然的风情之美，真个是别有一番风景在其中。

除了关注音乐旋律的线性发展，他们还尤其注意将和声的功能发挥到极致，用不同的协和音阶做同步、同瞬的混搭，给听众营造出一个立体的音乐环境和氛围。这种虚拟的空间效果，也许用"一汪""一缕"和"一片"来形容更为准确——有如一汪湖水、一缕云絮、一片大地，让你四维地沉浸其中而难以自拔。

他们将舞台表演的元素几乎减到了零，素面素姿，真容真性，不化妆，不滥用灯光，重在音乐本身的展示，以及用音乐和台下的观众挚友般地沟通。这尤其给人以启发。舞台本不是神圣的隔挡，也不应该是金碧辉煌的秀场，它是人与人之间零距离的、居家过日子的审美交流。我们其实应该重新审视当下那种从内容到形式都远离百姓日常生活的过分宏大和精致的舞台艺术观，它真的符合艺术创作的本意和艺术欣赏的本意吗？而这个北欧国家朴素的音乐表演，却潜藏着那么真切而有活力的文化感，真是不可小觑。在他们的音乐旋律背后，你能感觉到一个民族的整体素质和审美追求。

波罗的海三国的男人女人一个个高大美丽，平均身高给人感觉不会低于一米八。他们人高马大地从你面前走过，会带起一阵风，让我这小个子顿生自卑。怪不得立陶宛的篮球和一些体育竞技项目闻名于世，篮球好像还得过欧锦赛冠军。我一度热衷于在电视上追踪他们的赛事。立陶宛球队的队员尺寸整个大了一号，技术娴熟，配合默契，打起球来有一股劲，或者说有一股狠劲，说确切点应该是一股狼性。我很奇怪这个不大的国家，怎么会有这种狠劲和狼性。

接触了一些资料，才知道立陶宛的首都维尔纽斯竟然是从立陶宛语"维尔卡斯"（狼）一词演变而来的。相传 14 世纪时立陶宛大公来到这里狩猎，梦见一只铁狼在山冈上嗥叫。祭司说这个梦是吉兆，在此地筑城，必将名扬天下。大公于是在狩猎的山冈上修筑了维尔纽斯城堡。传说当然是传说，它关注的是解释文化密码，而不负责考证历史事实。历史的记载是，公元前这里就已经有人定居，维尔纽斯城可能是因为维尔尼亚河流经而得名。

一座城市最早的传说跟狼也就是跟狠联系在一起，暗传了它的民族性格。若从这个狠字，或狠字头上再加一点的狼字深掘开去，你就能理解这个民族最深层的文化精神了。

四五百年来，立陶宛一直被俄国、法国和德国法西斯轮番占领和瓜分。短短几百年中，这个小国多次易主，多次像商品一样在几大强国之间易手。我们能够想见，立陶宛民族原本那种崇尚独立的人格精神受到了多么严重的摧残。在波兰立陶宛联邦时代，波兰作为宗主国甚至不准立陶宛人在官方场合使用本国的语言文字。

1989 年 8 月 23 日，波罗的海三国二百万人组成人链，横穿国土，要求从苏联独立出来。1991 年苏联宣告解体，波罗的海三国的独立终成事实。

从历史哲学的角度看，被瓜分的历史往往会产生另一面的意外效能。这

中国和立陶宛的两位古稀老人因丝路得以在维尔纽斯街头邂逅

就是外在力量强行打破了单一民族内封性的文化心理结构，逐步形成对异质文化开放性的容受能力，从而促进民族之间的交往。这又使得波罗的海三国有了对现代文化开放的基础。

故而在立陶宛独立之后，维尔纽斯能够比较迅速地转变为一个现代欧洲城市。许多古老的建筑得到了修复，历史上屡次遭到破坏的纪念性建筑"三十字架"重又屹立在大地上。在维尔尼亚河边建起的新城，已经逐步成为维尔纽斯主要的行政区和现代化的住宅区。他们立志要把自己的城市建成欧洲文化之都。

我们从普通居民区穿过一道长长的白墙拱卫的白色城门，便进入了老城。

三四公里长的老城街道静谧而安详，除了各国各地的旅游者，行人、车辆很少。这里三步一教堂，五步一经院，有天主教、东正教、东仪派天主教会、伊斯兰教的建筑，还有路德会、浸信会等新教和其他基督教团体的驻地，我进入了其中的五六个。据说还有 105 座犹太会堂，建立了纪念在纳粹大屠杀中被杀害的犹太人的纪念碑。维尔纽斯以自己的胸怀包容着多元的文化，成了"立陶宛的耶路撒冷"，成为一个多种宗教和谐相处的文化宽容之都。

从文化角度看，宗教既是一种精神信仰，也是一种精神归宿；既是心之梦幻，也是心之念想。一个有力量而又美丽的民族，必定会孕育坚定的信仰，而坚定持久的信仰，又必定会构成生命中力量与美丽的不竭源泉。

从艺术到篮球，从篮球到历史，再到文化，我们就这样透析出了立陶宛这个民族的气血和骨质。一个好令人尊重的民族！

2017 年 9 月 28 日，于维尔纽斯至华沙途中

我与华沙的四个缘分

傅雷在稿纸上稳步前行的笔触，傅聪在键盘上急速弹跳的手指，还有肖邦灵魂深处飞出的旋律和那颗强劲搏动的心，陪伴着我们，向着远处市中心的灯光而去。

我们来到了华沙。我是第一次来到这个美丽的城市。但是在六十年前，1957年，也是秋天，我就和她有了最早的缘分。

我上大学一年级时，第一次听大记者的国外游记报告，就是当时人民大学新闻系主任安岗先生（后任人民日报社副总编辑）讲他的华沙之旅。其实他当时也只是路过，所以报告起了一个有点怪怪的题目——"华沙半日游"。那是我游记写作的第一课。安岗先生是位老记者，战争年代便担任过新华社晋冀鲁豫总分社社长。

这位老记者基本上是用细节的缀连构成他的游记报告。有一个细节我至今难忘：当他上汽车要离开一个地方的时候，有个波兰孩子追过来伸出一个小手，手里边有张1元的人民币。他以为那个孩子要乞讨更多的钱，便掏出一张5元的，孩子摇头；又掏出一张10元的，孩子的头摇得更厉害。找来了翻译才弄清楚，孩子是拾到了刚刚从他口袋里掉出来的1元钱。孩子不知道这张钱的价值，追上来执意要送还失主。这个细节让我对波兰孩子的纯真、对波兰社会的道德风气，有了非常深刻的印象。这次报告让我懂得了，作为一个记者，一定要到现场，要目击和亲历，要抓细节，尤其是有特征的细节，才能写出好的报道。华沙，我新闻写作的第一课。

在大学三年级的时候，我鬼迷心窍开始学钢琴。我是个没有音乐天赋的人，总学不会，不到一年便放弃了。说出来不怕大家笑话，我苦练的第一首曲子也是最后一首曲子，这唯一的曲子，竟然就是波兰歌曲，叫《华沙颂》！钢琴没学会，《华沙颂》连曲带词至今不忘："勇敢地举起我们的旗帜，不怕那风暴横扫大地，不怕那敌人强大的压力，命运绝不能摧毁意志……"

在第三次丝路行之前的９月８日晚，我又有缘在西安音乐学院音乐厅欣赏了"波兰中世纪古乐音乐会"专场。这是我至今为止七十多年的人生中，除了听肖邦钢琴曲的光碟和中国钢琴家演奏的肖邦作品，第一次在现场听波兰音乐专场。

波兰乐团五位专业的艺术家用传统乐器演奏了波兰中世纪古乐以及斯拉夫音乐。珍藏在波兰土地上的中世纪的神秘故事，由一支支古乐的旋律娓娓讲述出来。古老的乐器原汁原味地传达着自己民族生命深处的回响。在缓慢忧伤的波兰古乐《松树》中，可以听到一个小二度的低音一直在持续，两个演唱家一直伴唱着悠长的和声，有一种来自过去岁月的深沉的凝重和哀怨。波兰历史上有着无数的斗争和血泪，音乐会帮助我们穿越时空去聆听这个民族的历史回音。

你看，上面一下子就说出了我与华沙的三个"第一次"，缘分真的不浅吧？

但是我与华沙最深的一次缘分，几十年中深深镌刻进记忆而不能忘怀的一次缘分，则是关于青年钢琴家傅聪的所谓"叛国事件"。那是２０世纪５０年代后期，我还在大学学习。1934年出生的傅聪家学渊源深厚。父亲傅雷是闻名于世的翻译家，家教严格。傅聪三四岁便显示出对音乐的热爱和独到的悟性，八岁学习钢琴，九岁师从意大利钢琴家梅百器，1954年赴波兰留学，仅一年便获得了"第五届肖邦国际钢琴比赛"第三名和"玛祖卡"演奏最优奖，拥有了"钢琴诗人"的桂冠。傅聪自小便养成了世界文化视野和欧洲音乐素养，是中华人民共和国成立后第一个获得国际奖的中国青年钢琴家。他每天坚持练琴十个小时，排除一切干扰与钢琴"促膝谈心"。记得全校各团支部都开会，表态要向傅聪学习，在科学教育文化各个方面走到世界前列。但是，很快就传来傅聪"叛国"的爆炸性消息，他没有听从组织安排学成归国，而是从波兰去了"老牌资本主义"国家英国，实际上他是为了继续深造而去英国进修、发展。于是，许多团支部又开会愤怒声讨这种行为。

傅聪瞬间由一位青年楷模变成了人所唾弃的"变节分子"。说实话，那时的我内心有一点痛惜，但更多的是失落和愤怒。后来到了"文革"，他的父母傅雷夫妇遭到抄家、批斗、逼供，不堪凌辱而双双自杀身亡，留下了泣血的遗嘱。这使我内心拥堵着排解不开的郁闷和痛苦。因为我甚至比了解傅聪更了解傅雷。大学期间我读了太多太多傅雷先生翻译的欧洲尤其是法国的文学名著。他译的巴尔扎克的所有的长篇我几乎都找来阅读、求教。但当时我不敢表示我的同情，不敢说出我内心的困窘。直到改革开放之后，见到《傅雷家书》出版了，赶快买回来，连夜读完。我由不解到无奈。傅雷一家和当时许多家庭一样，卷入了一场错误的政治运动，他们无法获救和自救，只能以死来洁身自好。我由醒悟到崇敬，由崇敬到自问——如果我是傅雷先生，我会有如此的节操吗？

1976 年，去国二十余年的傅聪先生开始归国演出。有年冬天，他在西安举办了一场钢琴独奏会，我当然是一定要去听的。记得音乐会是在曲江大礼堂举行的。演奏前，主持人一再通知在场的听众演奏进行时千万不要拍照，以免影响音乐效果，但琴声响起后还是有人拍照。虽然声音不大，但音乐家的耳朵何等灵敏。傅聪突然中断演奏，站起身便走回了后台。整个大厅一时茫然不知所措。十几分钟之后，主持人才出来解释说，由于有人在演奏中坚持不礼貌地拍照，影响了傅聪先生演奏的专注，他不得不中断演出。傅先生说他不弹出最好的艺术效果，对祖国问心有愧。经过现场工作人员协调、道歉，傅先生决定继续这场演出。一时大厅里掌声雷动！许多人唏嘘不已。一位饱经磨难的音乐家，对艺术、对故土依然如此认真，家国之情依然这么浓郁！我看到了音乐家的尊严和匠心，看到了他对音乐近乎神圣的宗教感和对艺术传播的责任感。

傅聪的命运和肖邦可以说十分相似。肖邦流徙法国多年，但从他在国外创作的许多作品中，都能感受到他对家乡和祖国的苦恋，对强权和侵略的蔑视。而傅聪这位去国后大半生流浪西方的钢琴家，不但在六七十年代的二十年间举行了约两千四百场独奏音乐会，足迹遍及全世界，几乎与当代一些享誉国际的钢琴大师都合作过，还被《时代周刊》称誉为"当今最伟大的中国音乐家""极有分量的巨匠"。他自己则说"我是钢琴的奴隶，是音乐的传教士"。在傅聪先生回国演出的曲目中，几乎每场都有马思聪、贺绿汀等中国作曲家的作品，那是怀乡之情缠绵的寄寓……

那天晚上由于有停演十几分钟这个插曲，听完音乐会很晚了，回家没有打上车。我和老伴冒着寒风，一路小跑着。傅雷在稿纸上稳步前行的笔触，傅聪在键盘上急速弹跳的手指，还有肖邦灵魂深处飞出的旋律和那颗强劲搏动的心，陪伴着我们，向着远处市中心的灯光而去。

2017 年 9 月 30 日，于华沙

刚强·美丽·智慧

人的记忆是具有选择性的，这样一张由中国孩子从万里之外捎过来的版画，这样一个在广场赠画的场面，由于从书本变成了经历，他们可能记住一辈子，而中国和西安也就可能进入他们的人生。

2017 年 9 月 29 日上午在华沙老城参观访问。深秋的阳光透过明净的空气照射在路边已经染成金色和红色的白杨和枫树上，便给绿色的华沙城镀上了一层金，添了一层辉煌。不过风很大，冷飕飕的，从纬度看，这里的温度

给波兰的小学生赠送中国中学生制作的版画

华沙哥白尼纪念碑广场

应该和中国的漠河相当吧。

我们先去了多特蒙特广场。在纪念碑前遇见一群小学生，为了路上安全，他们在老师的带领下，穿着一色的绿色荧光警示服，趴在广场上做拼图游戏。我们拿出西安中铁中学学生的版画作品送给他们，孩子们一下拥上来，围住秦始皇兵马俑的木刻版画合影。老师用波兰语给他们讲解中国、西安和秦始皇，小家伙们瞪着灰色或蓝色的眼睛，听得很专心。人的记忆是具有选择性的，这样一张由中国孩子从万里之外捎过来的版画，这样一个在广场赠画的场面，由于从阅读书本变成了人生经历，他们就可能记住一辈子，中国和西安，也就可能进入他们今后的人生。

接着我们去了居里夫人纪念馆。居里夫人很早就离开家乡华沙去法国求学、发展，馆内陈列品不是很多，但这位世界上唯一获得两次诺贝尔奖的伟大科学家，永远是波兰人的骄傲。因为肖邦博物馆较远，我和几位音乐爱好者没敢久留，就以急行军的速度，跑了很长一段路去肖邦博物馆，想亲身感知一下那位伟大的音乐家。路上经过了华沙大学和哥白尼博物馆。哥白尼塑像的手里拿着一个太阳系的模型，坐在那里沉思。他以生命坚守自己发现的日心说，给世人留下科学和真理，从而进入了人文精神层面。而他的日心说转变了人类对宇宙和我们这个星球的认识，并使之上升到自然辩证法的哲学高度。无须说，在他的智慧和气节中，肯定蕴含着故土中的波兰精神和华沙性格！

肖邦博物馆在一条并不显眼的巷子里的一座并不显赫的建筑中。一个小院，两层小楼。离开馆还有一刻钟，经与工作人员反复陈述我们万里迢迢前来，想实地感受这位浪漫主义钢琴诗人的心情，才通融让我们提前入馆参观。

肖邦后半生带着亡国之恨流落他乡（主要是在法国）。他创作了很多思乡爱国的作品，扬厉民族独立的激情，哀恸祖国的命运，怀念家乡的亲人。这让我不能不想起傅聪的命运，这位大半生流浪在西方的钢琴家，在他回国演出的曲目中，几乎每场都有马思聪、贺绿汀等中国作曲家的作品，那是一种怀乡之情的寄寓啊。在肖邦流落国外时创作的许多作品中，你能感受到火花迸发的铮铮铁骨和内心的忧愤悲悯，以至另一位大音乐家舒曼称肖邦这位昔日的浪漫钢琴诗人的作品，已经成为"藏在花丛中的一尊大炮"。他在国外经常为同胞举行募捐演出，严词拒绝沙皇授予他的"俄国皇帝陛下首席钢琴家"职位，自称是"远离乡亲的波兰孤儿"，大声疾呼"波兰不会亡"。展厅中除了有肖邦的生平、作品以及创作活动介绍外，还配备了电子书和音像设备，观众可以刷卡点曲，品味肖邦音乐的魅力。博物馆灯光被设计成一种幽暗的调子，似乎是为了突出听觉的效果而有意弱化视觉效果。看来这是一位懂得抑扬相生的内行设计师。管理者和参观者很少说话，只是静悄悄地徜徉，在徜徉中感受。你于是懂得了为什么休止符也是音乐的有机构成。博物馆里流动着一种素养，一种矜持。这素养和矜持肯定属于肖邦和他的祖国。

"我死后，请把我的心脏带回去，我要长眠在祖国的地下。"这句名言使作为爱国者的肖邦和作为音乐家的肖邦同时留在了青史之中。

波兰，一个诞生了肖邦的国家，一个拥有哥白尼和居里夫人的国家。

下午举行丝路万里行华沙文化经济论坛，团里要我发个言，为了便于同步翻译，要求写出文字稿，只好从命。这次途中在各次文化经济论坛上的讲话，实际上记录了此行生活的另一个侧面，故附以备考，在华沙文化经济论上的发言：

女士们先生们，下午好！

作为一个远道来华沙的中国人，能够在这里向波兰朋友们讲几句话，感到十分荣幸。我不由得要将波兰和中国这两个伟大国家做一番比较，我发现了这两个民族许多可以自豪于世的共同点。

波兰和中国都无比坚强。

五十年前我还在上大学，就看过波兰的城市游击队在华沙地下水道与德国占领者殊死斗争的电影，而为之久久激动。半个世纪前我对波兰人民的坚强就有了具体感受。后来看电影《辛德勒的名单》，波兰人民在二战中受尽了法西斯的蹂躏，依然坚强自信，更使我无比尊敬。

中国也一样。近现代以来受尽了侵略者的蹂躏，也一直进行着坚韧不屈的反抗。德国法西斯在奥斯维辛屠杀你们的兄弟姐妹，日本法西斯则在南京屠杀我们的父老乡亲。在战后的几十年中，我们两国历尽艰辛恢复重建，又将自己的祖国建设得比原来更为美丽、更为强大，屹立于亚欧大陆的东西两端。我们两个民族都有着非常罕见的抵抗力和再生力。

波兰和中国都无比美丽。

维斯瓦河西岸的美人鱼，因为庇护过华尔和沙娃美好的爱情，而成为华沙城的城标。浪漫主义音乐家、有"钢琴诗人"之誉的肖邦，是波兰向人类的心灵发出的美乐妙音。记得五十年前，中国青年钢琴家傅聪在号称"钢琴奥运"的肖邦国际钢琴比赛中获奖，使整个中国感到自豪。十年前，我在西安的音乐会现场听过傅聪先生演奏的肖邦名曲《升 C 小调圆舞曲》，优美的旋律让人类最美好的情愫得到了交流和共鸣。

中国之美也一样让世界惊叹。中国戏曲是独创的东方艺术思维结出的硕果。中国戏曲的代表人物梅兰芳和德国的布莱希特、俄国的斯坦尼斯拉夫斯基并称世界三大戏剧表演体系的标志性人物。中国伟大的音乐家冼星海，他用《黄河大合唱》凝聚了中华民族精神，激励中国人站起，奋起，崛起！根据《黄河大合唱》改编的钢琴协奏曲《黄河》，一直在世界各地巡演，与肖邦的钢琴旋律一样，让人陶醉。

正逢"十一"国庆节，全体团员在波兰克拉科夫市中心广场高唱中国国歌

波兰和中国都无比智慧。不是小智慧而是大智慧，是整体性、全息性的大智慧。

哥白尼坚守自己的日心说，彻底改变了人类对宇宙、对所居住的这个星球的认识。居里夫人对放射性元素的开创性研究，使其成为世界上唯一获得两次诺贝尔奖的科学家。他们都是改变世界的人。

在我们中国，远在公元前，在德国学者雅斯贝尔斯提出的世界古代文明的轴心时代，就产生了像老子、孔子、孟子这样的元典思想家群体，他们的著作《道德经》和《论语》等，作为东方文明独特的智慧，至今还影响着人类。世界各地传播中国文化的机构"孔子学院"就是以孔子命名的。中国人创造发明了丝绸、瓷器、造纸术、活字印刷术，我们现在所走的这条丝绸之路，就是由德国学者李希霍芬用中国丝绸来命名的，它早已得到了世界认可。

我们"丝绸之路万里行"车队，从中国西安出发，将要走遍中东欧十六国。到昨天为止，正好走了一个月，近10000公里。我们是新闻媒体团，也是中国品牌推介团。我们带来了亚洲第一强、世界五百强的企业——中国人保公司，带来了中国名茶汉中仙毫、中国名酒西凤酒、中国名车比亚迪。

在这里我要特别说几句中国茶。在中国，茶是一种人人都在享用的饮品，更是一种家喻户晓的文化载体。它修身养性，克奢从简，是中国精神、东方价值的重要象征。中国无数的诗人文士都咏叹过茶的芬芳和精气神。我们这次带来的名茶"汉中仙毫"，四个字都有丰富的文化含义。

汉，汉族之汉，是我们民族的称谓。

中，中国之中，是我们国家的称谓。

仙，飘飘欲仙之仙，是《道德经》所倡导的精神，是中华文化的一个核心精神，是一种天人合一的绿色生存理念，是人类共同追求的生态主义的东方版本、古代版本。大家都知道，它在当今世界有着怎样特别的意义。

毫，毫厘不差的毫。我们把春天最鲜嫩的茶树芽子叫作毫。毫是中国人形容生命初开时的一个极为美好的词。毫也可以作细小、细心、细致解释，在中国它既是一种严谨的工匠精神，更是匠心独运的创造精神之表现。"汉中仙毫"这四个字，大可以辐射国家、民族和东方文化，小可以表现中国产品的质量观念、质量标准。这就是精心、精细、精致、精彩，把产品质量落实到毫厘不差的操作之中，这是一种非常高非常高的标准，可以生产出非常好非常好的产品。

我们邀请波兰的各位女士先生们喝中国名茶汉中仙毫，饮中国名酒西凤酒，开中国名车比亚迪，享用世界级的中国保险，大家一定会更深地体会中国，懂得中国，爱上中国！

发言后，我将《丝路云谭》一册及书法作品赠送给中国驻波兰共和国大使馆经商参赞刘丽娟女士。书法内容为中国国家主席习近平访问波兰时在讲话中引用过的居里夫人的名言："人不要总看做过什么，而应关注还有什么要做。"

2017 年 9 月 29 日，于华沙

疼痛的碎片

焚尸炉旁，无数死者的鞋子堆成了整整一座山，整整的一座山呀！绞刑架过去就是停尸间，停尸间过去就是隐藏在地下的焚尸炉，焚尸炉外又铺好了运走罪证的轨道——竟然是一条完整的杀人的流水线！……不能再写下去了，心脏一次次无法承受。

一

9月30日下午参观波兰克拉科夫郊区的奥斯维辛集中营。导游说他每次领人来这里都是阴天，今天天气晴朗，真难得。但没有一个人呼应他的好心。每个人都阴冷着脸，像暴风雨之前，在心里堆积着雾霾和阴云。

参观完后，团里几位笔杆子没有一个人写一个字。我实在想宣泄自己心中的疼痛，憋了好几天，只给老伴发了条骂娘的微信：狗日的法西斯，狗日的纳粹！

不以如此野蛮的语言，无以表达对如此野蛮的行径的极度愤恨！

是的，没有一个人心不是疼痛的。疼痛到想表白而无言，疼痛到想呻吟而无声。真想仰天长啸，却只有间歇性的叹息。

只有碎片，疼痛的碎片。只有碎片。

二

善良的人实在应该多知道一点邪恶，多知道一点强盗心理和强盗逻辑，多知道一点泯灭了人性、违拗了人道的邪恶之徒的心理癌变到底能发展到什么程度。要对他们远超常人的黑暗做好防备，不然就会被邪恶绑架（集中营和灭绝营），被邪恶忽悠（优生论和血统论），被邪恶处决（绞刑架和焚尸炉）。

9 月 30 日的清晨，中国国庆节的前一天。车队出华沙，一路阳光，一路车流，向南疾驰。中午时分，渐渐靠近奥斯维辛，穿过了一个村落，有着好漂亮的个性化的村居。别墅，庭院，草坪，农用机械，晒太阳的老人，绕膝而闹的孩子……你完全不能将眼前的景象与屠杀联系在一起，特别是和那种丧心病狂的屠杀，那种强者对弱者的屠杀，军队对平民的屠杀，有计划的、大规模的、投入各种技术手段的屠杀，联系在一起。

但我们的确是要去一个与这里的安宁恬适完全相反的地方，是要去体验人类一段最为黑色的记忆。

三

过了村落，便看见了奥斯维辛的路牌，10 公里，5 公里，2 公里，像秒表倒计时，预告着目的地的临近。绿色路牌的下部，画着杀人工厂的黑色标志。

这时突然不合时宜地响起了救护车凄厉的锐叫声。人的心一下子紧缩起来……

我们只进到集中营的一个营区参观。这个营地占地 100 多公顷，修建了300 座木排房。火车可以将收容者直接运到灭绝营中。营内关押过犹太人、波兰人、德国人和吉卜赛人。设有行刑场及毒气室，可进行大规模屠杀。1942 年 1 月纳粹采用"最终解决方案"，在灭绝营对犹太人有计划地实施了大屠杀，大约一百一十万人被害。妇女儿童营区的惨烈程度据说稍微轻点。所谓"轻"，也是要收集死者的头发和皮肤的。

临时钉制的木排房完全称不上建筑，外形与欧洲牧场主的大牛圈几乎一样。里面挤满了三层床铺，每层睡六人，共十八人。我在 2 号木排房一床一床数过去，两行共排开了 20 个床铺，一个木排房内估计住三百六十人。按

300座木排房计算，也就是说，集中营可以关押十万人以上。

营地正中有一条铁路，四周全是带电的铁丝网和岗楼。闷罐火车将这些无辜的人一车一车拉来，从此就在党卫军的看守下，等待"灭绝"。处决的方式是他们做梦也想不到的。我耳旁响起了呼天抢地、撕心裂肺的哭喊，是那种无告无助、无可选择、无可逃避、无可替代的哭喊，绝望的哭喊。

最近国外媒体公布了一对犹太孪生姊妹在这个集中营逃过纳粹魔鬼医师约瑟夫·门格勒寻找双胞胎做惨无人道的人体实验的事实。当年的双胞胎小孩谢希娅·赖希曼和阿玛利娅随家人被火车带走，在车上三天三夜没有水，没有食物，到达集中营时车上三分之一的人已经死去。她俩下车时，外婆听见纳粹军官用德语喊"双胞胎"，便叮咛她们立即分开，而且今后一定不能同时出现在德军面前。她俩在德军眼皮底下像捉迷藏一样分开隐藏自己，才得以幸存下来。"我没有童年，真庆幸自己活了下来……"谢希娅·赖希曼后来在视频中说。

四

奥斯维辛营地的草坪上见不到花朵，只有稀稀拉拉几茎拇指大的小黄花，在秋风中瑟缩。大自然怎忍心在这块沃血的土地上炫耀自己的美丽？

突然想起有一次在西安的公园里，有个四五岁的小女孩拿着一朵小黄花照相，正像花骨朵那样笑着，不小心花掉地上了，跟着就有个人走过去，花被踩碎了，小女孩哇的一声哭起来。她知道痛惜美好的生命。而在这里，生命只是杀人狂刀下俎上的鱼肉！于是我跪在集中营草地上的一朵小黄花前，全身贴地，趴下。我想将这朵小花作为拍摄的前景放大再放大，给这里超量的恐怖增加一点亮色，再去讲给那位中国孩子听。她必须知道人生的黑暗，却又怕她无邪的童心承受不了。

千万不能只给孩子讲那些世界永远美好和善良的童话了。我们只知道全力以赴苦心培育他们心中善良的蓓蕾，长大了他们将何以抵御风雨，战胜邪恶？

而邪恶是那样的无处不在，是那样的无所不用其极啊！

孩子当然要有真善美的养成，但不能一味童话化。要进行挫折教育、灾难教育、防御教育，还要有了解并制服邪恶的教育。我们鄙视邪恶，但一定要研究邪恶。因为邪恶者无时无刻不在研究善良者的心理，好找到可以对善良者下刀子的软肋。要不怎能如此自如地利用善良人的弱点来达到他们罪恶的目的？

不把邪恶研究透，我们将永远是弱者。

五

后来我们去参观集中营的博物馆。我看到那么多、那么详细的资料，关于纳粹怎样杀人，怎样更快、更大批量、花样更多地杀人的资料。

我看到在尸体坑前站着一位母亲，紧紧搂住自己的孩子，她后面，是纳粹正瞄准着她的枪口。她知道已经无法挽救孩子了，还是用母亲温暖的怀抱去挡住那粒就要飞过来的子弹。

我看到一排排绞刑架的照片，上面吊着的人晃荡着。他们原本都有着各自的生活，无缘无故便被杀害。而那些还暂时活着的人，个个瘦骨嶙峋，皮包骨头，已经被饿得、被折磨得没了人形！

还有一幅照片，让我热血嗡地冲上头顶：焚尸炉旁，无数死者的鞋子堆成了整整一座山，整整的一座山呀！

一排排绞刑架过去就是停尸间，停尸间过去就是隐藏在山包下的焚尸炉，焚尸炉外又铺着运尸车道、毁灭罪证的轨道——竟然是一条完整的杀人流水线！……不能再写下去了，心脏又一次无法承受。这里有永远写不完的罪恶。这里在展示杀人的罪行，更是在展示人道的泯灭，良知的泯灭。

当我们终于从阴冷的地下焚尸房走出来，绿色的山包上树木葱茏，披上金叶的白杨在秋风夕阳中飒飒作响。有对年轻的夫妇推着坐轮椅的父亲走过。来自全球的参观者，络绎不绝地沉默地走过。

生活没有停止，生活仍在往前进行，地下冤死的人有知否？

六

就在这样黑暗得令人窒息的地方，仍有心灵的光明和反抗的火焰。1940年9月，为了执行在集中营内部组织地下抵抗运动、营救战友的秘密任务，三十九岁的骑兵少尉维托尔德·皮莱茨基受"波兰国家军"派遣，用假姓名有意闯入华沙纳粹党卫军营地而被捕，进入了奥斯维辛集中营。

他冒着随时被处死的危险，在集中营内暗中联络被俘的波兰军人，成立了"军事组织联盟"。在由他牵头，只能单线联系的五人行动小组领导下，该地下组织偷运食物，济助难友，扩招人员，开展抵抗运动。他们搜集德军情报，用秘密电台或通过越狱的囚犯报告给流亡在伦敦的波兰政府，并积极策划，准备在集中营发动起义。他们送出的情报向世界揭露了德国纳粹大规模屠杀犹太人的滔天罪行，引发了全球各地人民对纳粹的声讨。

德军当局发现集中营内出现了秘密反抗组织，立即加强控制盘查，处决了多名嫌疑人，但皮莱茨基却于 1943 年 4 月成功逃出。他向"波兰国家军"汇报了自己在奥斯维辛集中营三年中的工作、生活状况，说明了因纳粹戒备过分森严，发动起义确有困难的情况。

勇敢的皮莱茨基在二战后期参加反对德军占领的华沙起义时，又一次被德军俘虏。直到 1945 年二战结束，盟军将其解救。但这位坚持民族独立的战士，却联络奥斯维新集中营原来地下组织的战友们，投入了反对苏军占领波兰、反对亲苏波兰新政权的活动，直至 1947 年在一次行动中被捕，最后被自己国家的亲苏政权处决！

七

邪恶的屠杀不需要理由，却又常常要给自己寻找某种理由。

日本法西斯在中国南京的大屠杀，是人性丑恶和仇恨汪洋恣肆的宣泄，是野性和兽欲决堤般的泛滥。

日本法西斯 731 部队在中国东北对战俘和平民做细菌和毒气弹试验，是为了研究如何更"科学"更"有效率"地杀人，残害与他们生活在同一星球上的同伴。

而纳粹德国在奥斯维辛的屠杀竟然是以纯洁雅利安种族的名义，向所有的犹太人动刀子。他们煽动种族优生论以取得支持，挑起种族纠纷来掩盖罪行。而一切惑众妖言，一切强盗逻辑，都在历史和良知面前露出了丑陋的原形。

我们了解了强盗逻辑，不是要以邪恶对邪恶，而是要启动正义的良心，

奥斯维辛集中营运送囚犯的铁路

正义的激情，正义的智慧，止戈为武，止恶扬善。无论是采用正面引导的方式，还是展现反面素材，只有鞭挞邪恶，才能使参观更有意义！

八

阳光下的奥斯维辛镇，以完善高效的服务接待世界各地游客，他们知道自己在做一件对人类多么有益的事。他们微笑，礼貌，亲切，将疼痛埋藏在心底。我深知饱受邪恶之苦的他们，反倒是更为善良了，道德境界更完善了。这让人倍感安慰。人性、人道才是正道，是天道，是无敌的、恒久的力道。

战争、屠杀、歧视是隔离和封杀，它们也许今天也没有绝迹，但和平、和谐、和惠、和宁，总是如艳阳祥云那样照亮着大地和人心。我们丝路车队奔波万里来到这里，不就是为了给"一带一路"的联合、融汇出点力吗？

人类总是在岁月中进步。珍惜眼前的生活吧！

九

是夜入住克拉科夫宾馆。

次日是祖国的国庆，上午在老城广场有一个庆祝国庆节的活动。团里很多年轻人等不及，连夜便去了那里，享用古城的夜色和现代的摇滚，享用篝火中的烧烤，啤酒杯中的青春和暗影中的情话。

为了祖国的明天，为了明天的祖国！

（文章的杂乱正是当下的心态，杂乱的心态不能不以杂乱的行文为表征。就此打住。）

2017 年 10 月 1—6 日，

克拉科夫—布拉格—布拉迪斯拉发—卢布尔雅那—萨拉热窝

秋色布拉格

这座城市历代的管理者和所有居民，都是艺术家。他们像一个极有艺术渊源的庞大家族，把自己的城市当成一件艺术品，一代又一代精心塑造着，花上几百上千年精雕细刻。然后，艺术地生活在自己创造的艺术天地里……

当年闻名于世的"布拉格之春"已经远去。1968 年的那次政治风波可以说是"颜色革命"的一个发端。1989 年，"天鹅绒革命"不仅改变了捷克斯洛伐克社会主义共和国的颜色，使之变成了捷克斯洛伐克联邦共和国，后来又将其分解为捷克与斯洛伐克两个国家，而且诱发了整个东欧的剧变，乃至于后来苏联的解体。二十多年后，在这座城市大街上那些着装时尚、轻盈快捷走过的人，大都已经是那次政治风波参与者的第二代、第三代。活跃在那个骚动的春天的第一代，不少已经猫在家门口晒太阳，有的已经挂上了拐杖、坐上了轮椅。人们看不见光阴在逝去，而日子其实正在快速地翻页。

我们的车队在秋色中来到布拉格，只能领略布拉格之秋了。也好，春天是激情蓬勃的季节，秋日则成熟沉稳得多了，或许可以领略到捷克民族更深沉厚重的那一面。

我是第一次到捷克 ，但五六十年前，它在我心里就熟悉而温馨。为什么呢？因为文化。文化很早就将这个国家许多内在的信息传递给了中国人。

捷克音乐家德沃夏克浓郁的浪漫抒情味作品，多少次让我陶醉。捷克文学对中国的影响可能更深刻。伏契克的《绞刑架下的报告》鼓舞了我这样如今已届七八十岁的一代中国人，它让我们懂得为理想献身是何等崇高。卡夫卡的《变形记》对人的异化理论那种经典的审美阐释，让如今五六十岁的这

布拉格之秋

一代的中国人，从灵魂变态的深度去思考"文革"和极左思潮。米兰·昆德拉的《玩笑》和《不能承受的生命之轻》极受中国读者欢迎，甚至成为三四十岁这一代人的流行语。《好兵帅克》更是家喻户晓，经过中国作家马原的解读我们又有了新的感受。还有诺贝尔奖获得者塞弗尔特和担任过总统的著名作家瓦茨拉夫·哈维尔。我们去布拉格广场参观走过的瓦茨拉夫大街，就是以他的名字命名的。

徐静蕾的一部电影《有一个地方只有我们知道》，蔡依林的一首歌《布拉格广场》，还有电影《007》在布拉格的拍摄景点，那些柔情的、揭秘的、英雄的布拉格镜像，激发了多少年轻人神秘的向往！

文化传播就这样为国家的交往、经济的共赢开路打前站，它让脚步的目的地，提前来到你心中。从这个意义上说，一切政治的经济的交流，甚至战争，都是人类跨文化交流的方式。对抗不就是对视吗？战争不就是敌对双方的互相接触和进入吗？

布拉格整座城市被列入世界文化遗产名录。在布拉格行走，我看到了什么？

一场秋雨，将布拉格洗濯得金碧辉煌。白杨树叶黄得澄明，枫树燃起炽焰，古老的铺地的铁色石块被洗得锃光瓦亮，上面，千百年的足印和今年新落的金叶叠在一起，诱发你心中淡淡的幽秘感。

布拉格老城保留的上千年来各个历史时期的完整的标本性建筑，蜿蜒在长街两边。罗马式的圆形教堂，哥特风的主教座堂和巴洛克风的礼拜堂，文艺复兴时期的宫殿，以及现代艺术风格的建筑，没有一幢不可以进建筑博物馆。人老了腿脚不便，走过查理桥后，没有能够爬到全城最高处——那座始建于1344年的哥特式的山顶城堡。它是捷克国家精神的象征。站在那里品一江两岸的布拉格景色，和我老家赣江的风情竟然很有一比，那真是"秋水共长天一色，夕照与欧风齐飞"。

每到一个整点，布拉格广场的人潮便会出现一次彩浪般的涌动，大家都会涌到广场钟楼下来看天文钟报时。广场上的老市政厅，是一座建于1338年的哥特式建筑，塔楼上镶嵌着14世纪的天文钟，每到整点便会鸣笛敲钟；在钟表的顶部会出现天主的十二位圣徒，他们依序从小窗口前转过，引发一阵惊呼。但自私的独裁者只允许他一个人拥有这样的智慧之钟，钟制成之后，君王竟然刺瞎了制钟工匠的眼睛，不让他再造出第二座同样的天文钟。

广场上，游人和鸽子在交相酬对，孩子在蹒跚着咿呀。有一个黑人青年和一个白人姑娘相携相依，在长凳上闭目享受阳光下的爱情。本想上前抢拍这个画面，终于不忍心惊破年轻人甜蜜的梦。

查理桥上，一对穿婚纱的新人，为了拍照，三步一凝视，五步一接吻，不时相互在耳边细语。他俩目中无众人，众人亦习以为常。新人对面则有乐队在摆摊演出。过去几步，又有乞丐坐地，以沉默维护乞讨者的尊严……

徜徉在布拉格的广场和街巷，我有一种强烈的感受：这座城市历代的管

布拉格广场上的市政厅钟楼

理者，不，应该说是这座城市的历代的居民，都是艺术家，都有不同凡响的艺术眼光，也都掌握了高超的艺术手段，他们像个极有艺术渊源的庞大家族，一代又一代，把自己的城市当成一件艺术品，精心塑造着，花上几百上千年精雕细刻。他们将整个捷克民族的创造精神和工匠精神，将自己世代家传的匠心匠艺，融进自己所居住的城市之中，然后，用艺术的方式生活在自己创造的艺术天地里……

　　当我倚着查理桥的一个石雕柱子，在手机上写下这一段话的时候，桥上两个乐队不经意中形成了一个和弦，桥下的游艇正划开碧波驶过来。西安，作为比布拉格更为古老的古都，难道我们不能从中得到一点什么启示吗？布拉格让我这个西安人好羡慕，也好愧疚。

　　午餐时在餐馆见到了当地华人华侨办的两份中文报纸《布拉格时报》和《中欧文联报》。最近几期上登载着《芳华》撤档，冯小刚心情沉重；在捷华人呼吁在全世界弘扬"止戈"文化，永续和平；布拉格国际艺术双年展开幕……还开辟了中国收藏专栏。看来，布拉格的华人华侨已有相当的经济实力和组织程度。

下午参加了"'一带一路'布拉格文化经贸推介会"。中国驻捷大使馆经商参赞王劲松讲话，介绍了中捷商贸发展情况——捷克已是中国在欧盟的第二大贸易伙伴。最近在北京"一带一路"高峰论坛期间，泽曼总统带领了规模很大的经贸团访华签约。

捷克－中国经济协会副会长刘恒军更是讲得动情："我是咱陕西人。1991年来这里时，西安美院一位教授送我一幅字——'游子春来折杨柳，故乡人到问梅花'，至今在墙上挂着，也在心里念叨。我们总想着要给祖国、给家乡争光……"

捷克运输所官员说，他们组建了新的由机器人提供全套服务的疗养中心，还可以提供旅客保险方面的服务，希望大家协助组织客源。捷克影视艺术家说，现在很多中国剧组来这里拍片子，你们有这方面要求，可以找我们搞定。

看来中捷文化经济交流已经步入了非常切实的阶段，前景可期。

会后交流时，捷克华人汪永女士找到我。她原本是四川作协会员，出版过几部作品，出国后写了一个游子在外闯荡的电影剧本，定片名时，有一位福建来的企业家用他的家乡话说："我在布拉格有个厂……"她听成了"我在布拉格有个床"，觉得做片名很好。"布拉格有张床"，不就是有个家吗？后来峨眉电影制片厂果然以此为片名拍成艺术片上映了。但她苦于还不能用捷语写作，只用母语中文写，读者少，出版难，所以现在开始翻译作品，算是为中捷文化交流尽一点心吧。她告诉我，近几年来中国作品《狼图腾》《丰乳肥臀》《酒国》《活着》《我不是潘金莲》《三体》都有了捷文译本。北京十月文艺出版社和广东花城出版社也推出了捷克文学的系列丛书。"十月文学院"还推出了"《十月》作家居住地·布拉格"项目，余华、马原、韩少功等中国作家都来这里写作、交流过。

我一直想尝试对大的历史社会问题做一种极简主义而又个人化的归纳和表述，这天在布拉格的文化经贸推介会上尝试了一次，反响尚可，故将讲话后半部分附在后面。

附：

在"'一带一路'布拉格文化经贸推介会"上的发言
（介绍中国文化部分）

关于中国文化，我想用几分钟给大家介绍两条河和两条路的故事。

两条河：黄河、长江。两条河在唐宋之间接力传递，解决了中国国内发展和中华文明永续不断的问题。黄河文明支撑了中国古代史的上半部，但资源消耗过度，开始显出下滑的迹象。这时长江文明崛起，支撑起中国古代史的下半部。中国社会发展到宋明，虽然国力军力不如汉唐，但经济社会发展和科技文化仍保持世界第一。两河文明在异时异空的接力传递，使中华文明的永续发展有了坚实的基础。

今天的中国，以长三角和长江经济带、环渤海经济带和亚欧大陆桥为两大核心经济带，它们正是两河文明同步发展的新轨迹。

两条路：陆上、海上丝绸之路。这两条路绵延千年，解决了中国对外发展的问题。丝路，从经济发展上看是一条链，含金量很大的钻石链。从文化精神上看是一道虹，七彩霓虹。它让我们像阴阳太极图一样拥抱世界，走出去谋发展，拉起手共发展，与各国建立伙伴关系，共同打造新型全球化格局。

这两条路发展到今天就是"一带一路"。"一带一路"和"16＋1"，使中国国家主席习近平和捷克总统泽曼相继互访，也使我们这个万里行车队——处在海上丝路的福建，处在陆上丝路的陕西、甘肃、青海，以及处在陆海丝路联结地的广西等省区的卫星电视台，还有许多著名商贸品牌，万里奔波来到了中东欧，来到了捷克布拉格。我们带来了产品，带来了生意，也带来了今后合作的项目，更带来了永恒的友谊。

两条河使我们有实力屹立世界，两条路更使我们有途径走进世界，这就是中国的文化结构，这就是中国。

2017 年 10 月 3 日，于布拉格

多彩多瑙河

这一路走过去，我们先后在六个国家与欧洲的母亲河多瑙河相会。我们看到的多瑙河是蓝色的，也是血色的，玉色的，金色的。在时光调色板上遍读了她的各种色彩，才明白她真正的色彩，其实就是多色和多彩。

我们还要或远或近地伴着她行走，我们将会感受到这条母亲河更多的喜悦和痛苦，更多的色彩变幻，直至冬雪降临，迎来银色的多瑙河。

蓝色多瑙河

丝路万里行车队一大早驶出斯洛伐克首都布拉迪斯拉发，中午在维也纳小憩，然后进入斯洛文尼亚。我能够感觉到多瑙河就在不远的某个地方奔涌。大自然是有气息的，山河树花不但各有各的颜色味道，也各有各的气息。此刻虽然看不到多瑙河，却感觉到了她的气场，像玉一样，清澄而微有凉意地沁润着你。从今天开始，在以后近一个月的旅途中，我们将与这条流经九个国家的欧洲第二大河结缘。在途经的斯洛伐克、奥地利、克罗地亚、塞尔维亚、保加利亚、罗马尼亚六个国家，将有多次与她相遇的机会。不知为什么，那凉玉般的气息一路浸涧着，让我在心里一路上纠缠着这条中东欧的母亲河，很有点不离不弃，甚至不依不饶的劲儿。

说起多瑙河，便会想起奥地利作曲家小约翰·施特劳斯的作品《蓝色多瑙河圆舞曲》。这首曲子被誉为"奥地利第二国歌"，传遍了世界，每年的维也纳新年音乐会都会将此作为保留曲目演出。全曲以圆舞曲的三拍子节奏贯穿，优美明快地在耳际流淌，又显出些许的华丽和高雅。这首名曲让我们心中的多瑙河理所当然呈现着一种蓝调。除了蓝色，她怎么可能有别的颜色？

我们和多瑙河就这样默契着，朝着音乐之都维也纳和音乐殿堂金色大厅驶去……

那是一个平常的日子，小约翰·施特劳斯的妻子在小约翰·施特劳斯换下来的一堆衣服中看见一件衬衫的衣袖上竟然写满了五线谱！只有她知道，这是丈夫灵感突现时慌不择纸记录下来的旋律，便特意将衬衣放在了一边。她上街去办了一点事，回来后衬衣却不翼而飞。在她离开时，洗衣妇恰好来家里，把它连同其他脏衣服一起带走去洗了。妻子慌了，她明白这对作为作曲家的丈夫意味着什么。她不清楚洗衣妇的居所，便坐着马车满城寻找，哪里有踪影？几乎要绝望的时候，一位老妇人领她到了一座小屋，她一眼就看见了那件衬衫——幸好还没有被扔进水里——便一把抢过来搂在怀里。衣袖上珍贵的乐谱得救了！这正是丈夫的不朽名作《蓝色多瑙河圆舞曲》。

每当这首圆舞曲响起，我眼前便会出现记忆中那些关于春天的画面。一条蓝色的大河在中东欧九个国家流淌，一个弯道，又一个弯道，像一轴长长的没有尽头的画卷。明丽的旋律承载着诗句，倾吐着对母亲河的爱：

"你多愁善感，你年轻美丽，温顺好心肠，犹如矿中的金子闪闪发光，真情就在那儿苏醒，在多瑙河旁，美丽的蓝色的多瑙河旁。

"香甜的鲜花吐芳，抚慰我心中的阴影和创伤，不毛的灌木丛中花儿依然开放，夜莺歌喉婉转，在多瑙河旁，美丽的蓝色的多瑙河旁。"

歌词是卡尔·贝克的诗句，作曲家用旋律再现了它。

多瑙河孕育了九个国家、上亿人的生命，书写了欧洲几千年的青史，她让大地如此之绿，天空如此之蓝，她怎能不是蓝色的！

但是下起了雨。秋天是中东欧多雨的季节，阿尔卑斯山在封冻之前，惦记着他的儿女，会在秋天赐给土地一次丰厚的奖赏，用天水和地水让土壤喝个畅快。一路上秋雨绵绵，似有若无的雨丝似有若无地划过车窗。淡如烟雾的雨幕中，造化蘸着河水，将沿岸的景色一笔一笔涂上色彩。正待收割的玉米，被她用大排笔恣意地刷出了大块大块的金色，却让秋日的白杨林留下了初春的鹅黄。随即雨大起来，车顶被雨点击得噼啪作响，车窗外淋成了一幅幅中国山水画。间或有枫树林子掠过，像是大地举起一排排火炬，在烟雨朦胧中为车队引路。有次掠过路边的枫树苗圃，看见一片燎原的火焰在细雨中燃烧。路过村落，许多民居的爬墙草，在墙上编织出各种图案。

这是我们在一个多月的行程中头一回遇到雨水。大家在车里议论，老天想得周到呀，跑了10000多公里，今天为我们洗尘呢，好光光鲜鲜去拜见维也纳，拜见多瑙河！而我心里却在祈祷，待会儿见到了这条河，千万赐给我们一缕阳光！结果很不幸，车到维也纳近郊时雨反倒大了，车顶被打得嘣嘣直响，前窗的雨刷刚刚刷出一个清晰的扇面旋即又被雨水迷蒙。

进入维也纳市区，刚驶过联合国驻在机构的大楼，车台里响起了欢呼：多瑙河，快看，多瑙河！

摇下车窗，我第一次见到的多瑙河，却是灰蒙蒙的！大雨一次次扫过河面，大河在雨中默默承受，任凭雨声喧哗，只是无语流动。如此坦然地承受，是因为别人不知道，这其实是河和山百年来的约定。每年秋季，欧洲大陆的父亲山都会给母亲河这样一份滋养和润泽。

我们终于见到了明媚阳光下蓝色的多瑙河！

那已是第三天，车队由斯洛文尼亚向克罗地亚方向编队行驶。好一个响晴的天！满眼蓝天和白云，金黄和翠绿。色彩斑斓的辽阔大地上，风电公司以密集的电力风车和高压输电塔，在多瑙河畔增添了几笔当代色彩。

进入克罗地亚之后，车队穿过一道道山弯，前路渐显平缓，平原眼看就要展开，蓦然，远方天际线上闪出了一弯银色的光亮——是多瑙河在向我们招手！车队于是急切地朝她扑过去。地毯般的草场铺向天边，草坪以一道道优美的弧线，显示出大地的丰乳肥臀和纤纤细腰，那是无以言表的曲线之美。河畔，挤奶的农妇和刈草的男人直起腰向车队招手，引出了林子里的一缕歌声。农舍镶满鲜花的落地窗前，坐着望街的老人。整个原野倒映在河中，一河的绿在滚动。多瑙河，流动的欧陆风情长卷。中东欧的风光之美，风俗之美，风情之美，风姿之美，或灵秀或苍莽，或温馨或沉郁，或精致或简约，一一绘于其中。长卷最后汇入黑海，被欧亚腹地的那面明镜所收藏，留给了千秋万代。

血色多瑙河

其实多瑙河曾经是血色的。殷红殷红的血，一次次浸洇在河水中，为铁血的历史做证言。

《蓝色多瑙河圆舞曲》的创作契机，在明丽蓝调的深处就有着血痕淡淡的回光。1866 年，奥地利帝国在与普鲁士王国的血战中惨败，整个民族沉浸在忧郁之中。这时，维也纳男声合唱协会指挥赫贝克，委托小约翰·施特劳斯为合唱队创作一部"象征维也纳生命活力"的合唱曲，以提振奥地利的士气。《蓝色多瑙河圆舞曲》便在这样的背景中诞生。

多瑙河流域各国的历史是由这条母亲河流贯起来的历史，它是溶解着友谊和互助的情同手足的血缘史，又是充斥着占领、吞并、弱肉强食的刀光剑影的血光史。塞尔维亚首都贝尔格莱德，千百年来先后被匈奴人、东哥特人等多次占领。后来又成了拜占庭帝国、匈牙利王国和第一保加利亚帝国几位强者厮杀的战场。奥斯曼土耳其帝国吞并这里后，强制推行伊斯兰化进程，致使塞尔维亚的东正教信徒在大主教带领下两次走上离乡背井之路。后来这里又三次被奥地利人占领，三次被土耳其夺回。刀光剑影之中，可以想见有多少人流离失所，多少人死于非命。而地处多瑙河上游易北河流域的德意志帝国，正是 20 世纪两次世界大战的主战国。中游波黑首都萨拉热窝，奥匈帝国王储斐迪南大公在此被刺，刺杀事件成为第一次世界大战的导火线。二战中，纳粹德国在贝尔格莱德进行多次大屠杀。到了 1944 年，盟军的飞机在东正教复活节这一天，又对贝尔格莱德施行了轰炸，约一千五百人丧生。因了如此惨烈的血色历史，南斯拉夫最早倡议并主导了不结盟运动，疾声呼吁和平与发展，引发了极大的国际反响。但依然止不住战乱，如今这个国家已彻底解体……

记得那天车队从维也纳街头驰过，滂沱大雨中还能看到出售枪支的商店。多瑙河至今仍有隐忧。

母亲河见证了这一切。她含着泪默默洗净万千儿女身上的血污，又将身边那些满目疮痍的战场和废墟改造成博物馆和鸽群翱翔的广场，希望将战乱永远储进历史记忆。她重又灌溉土地，孕育森林，重又激发大地的生机，恢复城市的活力。多瑙河知道，只有战争和硝烟远去，天重蓝，地重绿，自己才能重奏蓝调，重新成为美丽的蓝色多瑙河。

玉色多瑙河

保加利亚和罗马尼亚以多瑙河为国界。大河在这一段又换了一种颜色。许是午后的阳光被薄薄的云翳含蕴着，少有直射或逆照的光线，满河流动着碎琼乱玉，水波有若匿于玉石中的纹路。

这次入境，是我们三年中跑丝路三十国过境最顺当的一次。车队直接穿过多瑙河大桥，甫入罗马尼亚边境，桥头便有口岸办公窗口，前后十多分钟，出境、入境一次完成。如此便捷，让我们这些饱受过境煎熬的异国旅人太意外了。要知道，为过口岸我们曾经几次在酷热与严寒中苦等十多个小时，耽搁三两个钟头那是家常便饭。听说多瑙河流域以河为界的国家有不少都简化了手续，这使我对这条河有了新感觉，那是一种以和为贵的玉颜色、玉精神，是那种冰清玉洁的风度。

玉在中国是友好和礼仪的信物，是和平发展的象征，正所谓"玉汝于成""玉成中国"。周穆王和张骞西行丝路，带的主要礼品就是玉器。在中国，丝绸之路自古以来就称为玉帛之路。和平、合作、共赢，正是玉所蕴含的精神，此一精神，也是多瑙河各国相处的好传统。在这条大河上联合开辟商贸航运，是沿河各国共同的愿望。

匈牙利和波希米亚在 18 世纪便设置过共同监管多瑙河航运的部门。1830 年，一艘内河船，可能是为了商务首次从奥地利维也纳跨国航行到匈牙利布达佩斯，这次航行象征着多瑙河由军事防线变成和平贸易通道。19 世纪中叶沿河建立了第一个跨国的多瑙河委员会，开始对这条国际水道实行多国共管，欧洲十一国还批准了共管的《多瑙河章程》。多瑙河委员会具有广泛权力，全面管理从乌尔姆到黑海的航运，有自己的会旗，有征收捐税的权力，还有外交豁免权。二战之后，各国联合疏浚河道、修建运河，港口和运输量大增，多瑙河得以成为联结全欧内陆航运的国际水道。流域内两条重要的运河，多瑙—黑海运河提供了罗马尼亚至黑海更便捷的航道，莱茵—美因—多瑙运河则接通了多瑙河与莱茵河，直达北海。

多瑙河的电力资源由于有了多国共建，从上游到下游得到了系列开发。大型水电工程捷尔达普高坝和铁门电力站，便是由塞尔维亚和罗马尼亚合作兴建的。多瑙河河水已广泛用于工业、农业和城乡居民生活，成为沿岸各国和平发展的一个主要动力。

河流，河流两边的草地和山林是没有国界的，整个大自然本来都是没有国界的。水自由地流淌，流到哪国就浇灌哪国的土地。种子自由地飘荡，落在哪国就在哪国落地生根。像见证血色一样，多瑙河也默默地见证了"玉成丝路"的精神。看到两岸排列的城堡和要塞在国与国之间扎下了藩篱，她将自己变为冲破这藩篱的、各国交往的黄金水道，发挥了贸易大动脉的作用。看到自己的孩子开始和睦相处而不再流血争斗，多瑙河越发珠圆玉润，容光焕发。母亲从来不需要孩子感谢自己的玉成之恩，她为因这块土地耗尽自身而深感幸福。

金色多瑙河

离开罗马尼亚，车队一路奔向布达佩斯，我们在那里与多瑙河有此次行程的最后一次约会。作为"多瑙河明珠"，布达佩斯本来处在稍为上游的地方，是因为行程的安排车队才最后来这里。自从在奥地利与多瑙河初会，车队顺流而下一路追随，又回溯北上，拐回来与老友重逢。此刻，她已经在这里等着我们，一河碎金涌动，热烈得像阵阵掌声。

布达佩斯是多瑙河的骄傲，多瑙河是布达佩斯的灵魂。是这条河独特了这座城——她穿城而过，将城区分为布达与佩斯两大板块，又用9座桥连为一体。布达与佩斯，一对亲姊妹隔河相望，打扮得风姿绰约，以河为镜，顾盼自怜，相互构成对方的风景线。城市景观在河滨一段段展开，秋阳以清晰而精细的线条勾勒出市区金色的轮廓。阳光用一种纯净和澄明来强化建筑的色块组合和光影对比。反差鲜明的光与色使古城显出了现代感。"半城绿树半城金"，这就是中欧名城布达佩斯。因了城市的金碧辉煌，我有幸又看到了另一条多瑙河，金色的多瑙河。

匈牙利对我一直有一种难于言传的吸引力，那可能是一种湮灭在岁月中

多瑙河

的遥远的东方密码。离开西安前，在"丝绸之路国际艺术节"上专门赶去看了匈牙利的歌舞专场"巴尔干热火音乐会"，竟然听到了萨满教的曲目，不由得暗自吃惊。这就是历史根脉无意而有意的显示吗？萨满教，它是怎么融入匈牙利的歌舞中去的呢？其中该有多少烽烟，多少岁月，多少喜怒哀乐流徙离散啊。

来到紧临多瑙河的城堡山，行走于 13 世纪的围墙之下，驻足于渔人堡那座结构简约、风格古雅的塔式建筑，我们不停地赞叹这座城市的美丽。正午的阳光从大河水面上折射过来，让眼前一片辉煌。不同成色的金块金线，构成了谐和却又饶有差异的金色组合。空气中散漫着一股气味，和潮湿的土地的气味不同，那是夏收时骄阳把麦子晒焦了的气味，是钻进刚刚晒过的被子里的气味，是刚进出来的爆米花的气味。是阳光的气味！千真万确，实实在在，阳光的气味！多瑙河的阳光原来这么有滋有味啊。

彩色多瑙河

历史哲学是在一次次悖论中前行的。战争也有它的另一面——往往反激了民族文化的交流融汇。中东欧各国的历史、文化、信仰和民情风俗，之所以自古以来就你中有我我中有你，除了空间拥挤、山河相连、信仰交织，一个重要原因是频仍的战争所造成的人口流徙和交汇。人是文化、经济、社会、政治、信仰诸种生存元素最主要也最综合的载体。人群的流动交汇，其实是文化、经济和整个社会的流动交汇。正是因为这一点，多瑙河成为一条融汇多种色彩的斑斓绚丽的河。

今天（10 月 4 日，农历八月十五）是中国的中秋节，车队到达克罗地亚首都萨格勒布市。团里安排大家到中国餐馆与当地孔子学院的学员一起自己动手包饺子，吃月饼。今晚月亮好大，像薄暮时的太阳那样金黄，影影绰绰可以看见月球上面"桂花树"的影子。大家调侃着，赞叹着：外国的月亮的确比中国的圆呀！的确名不虚传！记得 2014 年在意大利的佛罗伦萨，我们利用八小时的时差，大白天与国内中秋晚会连线，直播了一段丝路上的异国中秋节。这已是万里行车队第二次在异国的丝路上过中秋了。吃完饺子，漫步于萨格勒布市，才知道小小的老城里竟有二三十个教堂，有天主教、东正教、基督教的教堂，也有伊斯兰教、拜火教的教堂，因而被誉为宗教博物馆。太让人意外了。听到过许多因为信仰相异而斗争、分裂的故事，多瑙河却在这个月圆之夜给我们讲述了不同民族、不同信仰如何和谐共处的故事。这是信仰本有的宽恕精神，也是文化融汇的一种进程，这个中秋之夜，不也是人类团圆的象征吗？

一路上严格禁酒的团队，在这个异国的中秋之夜第一次举起了酒杯，为万里之外的祖国，为拳拳在念的亲人，干杯！

后来，我们在塞尔维亚首都贝尔格莱德街头，也饱览了各种风格的建筑，从市中心典型的中欧风情小镇，到遍布市区的东方情调。贝城的建筑最多的是奥匈帝国时期的，也有不少法、英、俄风格的，有着多民族、多维度融汇特色。各类博物馆除了有塞尔维亚各时期的文物，还有拜占庭、文艺复兴时期和欧洲现代印象派的丰富收藏，甚至专门有一个馆收藏非洲艺术品。这些真切地反映了这个民族混居地带文化的多元性和包容性，体现出这座城市宽厚的襟怀和美美与共的情趣。祸福相依，得失偕至，上一代以自己的多难生存，换取下一代的多维发展。古往今来有多少这样令人心酸又心悦的故事，我多彩的多瑙河啊。

多瑙河，多瑙河，我们还要或远或近地伴着你行走，我们将会感受到你更多的喜悦和痛苦，看到你更多的色彩，直至冬雪——银色的多瑙河来临之前。

2017 年 10 月，

维也纳—卢布尔雅那—萨格勒布—贝尔格莱德—索非亚—布达佩斯—西安

亚洲大秦人来到了欧洲大秦岭

一伙高喉咙大嗓子的秦人，由中国秦岭来到了欧洲秦岭。他们不改生冷秉性，用秦腔说秦语，自信地指点欧洲江山，议论全球风云。几个秦地愣娃朝着欧洲圣山恣性大喊——"欧洲的大秦岭，咱的好兄弟，亿万斯年之后，咱从中国的秦岭专意跑过来看你咧！哥——们——好——呀！"

秦岭和阿尔卑斯山，中国和欧洲的地理标志，就这样矗立在丝绸之路两端。

在国内，我们常说秦岭是中国的阿尔卑斯山。当我们车队穿过奥地利东南部，朝斯洛文尼亚驰去，在一个叫麦尔黑芬的停车点休息时，阿尔卑斯山竟然一步就进入了我们这些秦岭儿女的视界。"阿尔卑斯山，欧洲的大秦岭"——大家放开嗓门一阵猛吼，像秦腔那样的吼声便在旷野中远远地传过去，又碰在山脊梁上折回来！

公路栏杆外，紧挨着就是宽阔的树林，再过去，稍显平缓的山坡上，一块块梯田拉出秋天的曲曲的线条和弯弯的色块，以天工般的组合，构成一幅大地景观艺术品。再远，是一望无际的、密集的乔木林，墨绿墨绿的深山老林覆盖了起伏的山体。那里生长着椴树、栎树、山毛榉、白杨、栗树、花楸、白桦和挪威枫，最多的则是云杉、落叶松及其他各种松树。再眯起眼远眺，在遥及天际线的远方之远，你就看到了阿尔卑斯白雪皑皑的峰群。我估摸，那大约已经到了奥地利、斯洛文尼亚和意大利三国交界的地方了。

　　阳光实在可称为明媚，明媚到你能感受到它的抚摸。空气也实在是毫不掺假的清新，清新到有一股甘甜之味直沁心脾。就在此刻，我们十来个住在秦岭脚下的中国人，站在阿尔卑斯山脉的东南方向，远眺这座伟大的山脉。我们还将沿着它的东南边沿，往斯洛文尼亚走去，待过了首都卢布尔雅那，就开始进入巴尔干山脉的地界了。

　　在麦尔黑芬停车点的场子上，大家热烈地发表着阿尔卑斯山观感。有人说这里太像秦岭北麓的环山公路了，"简直就是站在关中平原看太白积雪的感觉"。有人学着国内导游"秦普"（陕西夹生普通话）的腔调说："欢迎大家伙翻越秦岭，到俺们汉中坝子来参观访问。"还有人说："这不回到了

远眺阿尔卑斯山

商洛嘛，在秦岭深处的镇柞川道行走。"当欧洲的阿尔卑斯山间回响着一段段中国陕西话，我便想，我们常说秦岭是中国的阿尔卑斯山，果真眼见为实。其实反过来，说阿尔卑斯山是欧洲的秦岭，不也一样妥帖吗？

于是那一刻的画面便成了：一伙高喉咙大嗓子的秦人，由中国秦岭来到了欧洲秦岭。他们不改生冷秉性，用秦腔说秦语，自信地指点欧洲江山，议论全球风云。"歪，真够歪的！"

大秦岭，即广义的秦岭，是大中华心腹之地的一座山脉。作为中国中央山系，它可以分为秦岭、大巴山、岷山、西倾山四大板块，四个伟岸的男子汉像手拉着手的四兄弟，在中国版图的中心像擎天柱那样次第排开。大秦岭连接着中国七大流域中的三个，中华九州中的四大州，现代行政区划中的六省市。

这个大山系像太极图那样，面阳的南山是阳鱼，背阴的北山是阴鱼，清晰地分开了黄河与长江两大水系，又通过支流的交织纠缠，千丝万缕地连接了两大水系。长江、黄河像两条金龙，避让着又围绕着大秦岭，形成了一山两河、二龙戏珠式的中华山河体系和中华文明体系。

大秦岭自古就是中华文明的核心区。秦岭的标志之山华山，是渭河、洛河的分水岭，是长安、洛阳两个千年帝都地理的支撑点、资源的融合点与文化精神的凝聚点，是中国古代标志性文化河渭文化、河洛文化、长安文化的原发地，是炎、黄、周、秦、汉、唐等中华上半部古代史的原发地。

大秦岭在丝绸之路的东端，阿尔卑斯山在丝绸之路的西端。是丝绸之路将亚欧两大洲的这两座大山联结起来了。

这两座山的可比之处太多了——

中国秦岭在亿万年前的造山运动中崛起于亚洲中部，横亘国中 1800 公里，是中国气候的分界线，也是中国不同生存方式、民情风俗的分界线，中国南部和北部的分界线。有人尊称其为父亲山，诚哉斯言。在一篇文章中，我说自己更愿将这座山奉为中国的"四库全书",或者更确切地说,奉为中国的水库、绿库、史库、文库,它是读懂中国必修的"四库全书"。此话既出,传播一时。后由西安文理学院组织全校地理、生物、历史、文学四个系的教师,编撰了四本一套的丛书,书名就叫《秦岭四库全书》。校方力邀我出任主编,固辞不允,只好从命,并撰总序置于每册书前。

秦岭是水库。发源于秦岭的汉江、嘉陵江、渭水、洮河,构成了中国两条母亲河——长江、黄河自唐古拉山与巴颜喀拉山发源、由青藏高原出山之后最重要的补水站。而其中的汉江是长江最长的支流,渭水则是黄河最大的支流。这不是偶然,它是秦岭作为水库储水量无比丰沛的必然显现。

秦岭是绿库。它以在同一空间同时出现四季的独特气候,孕育了几千米上下多季节、多地域的植物群落和动物群落垂直分布的奇观。动植物多种属并存,相克相生,互助互济,循环着一种良性的生态。其无比丰富的生存样态,域中怕是罕有其匹。

秦岭是史库。它是中华文明重要的发祥之地,中国古代历史上半场的主舞台。秦岭的文化主峰华山,是华夏称谓之源。有一种说法认为,"华夏族定居在华山之周,夏水之旁,故而得名"。还有说法认为,华乃华山,夏乃广大,华夏指居于华山周边广大地区的族类。秦岭孕育了世界最早的百万人口国际化大都会长安。"国都在名山之下,名山借国都以扬威"。一座山,一座城,在一两千年中联袂主演了周秦汉唐好几幕威武雄壮的大戏,使这几个朝代先后成为中国历史耀目的华彩段落。而秦岭脚下的关中和西安,也正是古代丝绸之路的起点,现代"一带一路"的改革开放高地,是国家中心城市和以历史文化为特色的、亚欧交流的国际化大都会。

秦岭是文库。在中国和世界恐怕很难找到一座山,像秦岭那样被经典、被文人反复记叙,被诗画、被乐舞反复咏歌。恐怕很难找到一座山,像它那样陶冶了那么多的千古名贤和百代文士,像它那样浇灌了中国第一部诗歌总集《诗经》、第一部纪传体通史著作《史记》，生成了君临天下、影响后世的唐诗精魂。也没有一座山，山南山北集中了那么多道、儒、释文化的源头、亮点和古迹。秦岭的形象就是中天形象，秦岭的气度就是中华气度，秦岭的声音就是汉唐之音。

欧洲的阿尔卑斯山不也是这样吗？

它也是在亿万年前的造山运动中崛起的，和秦岭是地质大变动时期的孪生兄弟。也许由于南部有比利牛斯山、亚平宁山脉和巴尔干山脉三道山脉做柱子吧，它们稳稳地支起了这根欧洲的大横梁。这根欧洲大梁绵延于法国、意大利、瑞士、德国、列支敦士登、奥地利和斯洛文尼亚七个国家，盘桓于欧洲中南部，从东到西1200公里。它的山峰比秦岭还高，4000米以上的高峰有80多座。它也是南欧和北欧，即亚热带和北暖温带的分界线，两种气候和动植物物种的分水岭。

阿尔卑斯山也名副其实是欧洲的"四库全书"。这里发源了欧洲的两条母亲河——多瑙河、莱茵河，让两条河流几千年来保持了丰沛的水量。动植物也因垂直分布而显示出难得的多种属并存的丰富性。说它是欧洲的水库和绿库，实至名归。

阿尔卑斯山也当之无愧是欧洲的史库，是欧洲历史的一个主舞台。整个一部欧洲史，就是从阿尔卑斯山辐射出去又聚集回来，在它的隔断中又在它的粘连中，一幕一幕演将过来的。而欧洲也恐怕没有一座山，能将这么多的哲人、作家、音乐家、美术家揽在自己宽厚的怀抱之中。说它是欧洲的史库和文库，实在也是实至名归……

车队在整齐的编队中南行，南行。几个秦地愣娃朝着欧洲圣山恣性大喊——"欧洲的大秦岭，咱的好兄弟，亿万斯年之后，咱从中国的秦岭专意跑过来看你咧！哥——们——好——呀！"

秦岭和阿尔卑斯山，中国和欧洲的地理标志，就这样矗立在丝绸之路两端。丝路两头的两座圣山，丝路两头两种肤色的人，手拉手往前走，地球转得都比原先快了！

在"一带一路"建设中，我们实在要重点打好这两座父亲山的联手牌。宣传造势，科学论证，联手建设，开线路、拓旅游市场，可做的事很多很多，步子要快些再快些才好。亚、欧名山的双子星座可期在我们这一代手中更为耀目。

下午四点多到达斯洛文尼亚首都卢布尔雅那。这个国家在南斯拉夫社会主义联邦共和国解体前就已经独立，现有二百多万人，首都人口不到三十万。从我们住的宾馆附近能感受到，小城有一种遗世独立的安静，三三两两的行人在疏朗的街道上不慌不忙地走着，汽车虽不少，道路却不堵。小巷里，老人的电动轮椅就那么直接在街中间开行。让我们这些在车流和人堆里游泳的中国人感到新奇而惬意。

2017 年 10 月 5 日，于卢布尔雅那

鸽群与弹孔

我在萨拉热窝街头一处长明的焰火前，在诱发第一次世界大战的拉丁桥边，向两男一女三位波黑公民赠送了两幅中国书法作品《和》，以呼吁和平。一幅题款为"和平、和谐、和惠、和宁"，另一幅题款为"和乃中华君子之风"。前者是对整个社会和谐之风的祈福，后者是对个人以和风修身的祝愿。

昨天下午快到波黑的首都萨拉热窝时，好多人在车台里惊呼："快看墙上，弹孔，全是弹孔！"可不，小的如鸡蛋大，大约是机枪扫过去的；大的有碗口粗，应该是迫击炮弹留下的。"嚓、嚓、嚓"，大家的相机响成一片。但后面有弹孔的房子成群成群地接连出现，也就多到拍不胜拍了。

这是十年前波黑战争留下的烙印。有的整幢房子被放弃了，成了路边的废楼，有的还住着人，也没有再加修饰，就那样过着以弹孔装饰墙面的素常日子。看来这座城市修复战争创伤的步子迈得不是很大，市区面貌变化也不是很快。

波黑全称为波斯尼亚和黑塞哥维那，最近一百年之内经历过多次战争的洗劫。1914 年 6 月 28 日，塞尔维亚民族主义者加夫里洛·普林西普在萨拉热窝城的拉丁桥头刺杀了奥地利皇储弗朗茨·斐迪南大公和他的妻子索菲·霍泰克，刺杀事件成为第一次世界大战的导火线。二战时，萨拉热窝先是在1941 年遭到纳粹德国的轰炸，后又在 1943 年、1944 年惨遭同盟国轰炸。在中国极为知名的电影《瓦尔特保卫萨拉热窝》中，就再现了这个时期的战斗。至于波黑战争，表面看起来是一场地域民族的局部战争，由于隐约有大国博弈的背景，也打得十分惨烈。

第二天，我们去萨拉热窝城区参观，第一站便去看了瓦尔特当年战斗过的那座塔。此刻它安静地坐落在一个很狭窄的院子里。通过小巷进到院内，似乎能够听到当年枪弹的呼啸。导游还特意领我们来到一个情景创意雕塑跟前，那是在街边一块空地的石板上，一组密集的弹坑被油漆染成了血色，看起来极像溅在地上的血污泛漫开来，成为一束随意画在地上的玫瑰花。这组由弹坑组成的血花，被当地人称为"血玫瑰"。

频繁的战争严重影响了波黑的经济社会发展。这一点，我们由克罗地亚一进入波黑就有感觉。较之斯洛文尼亚和克罗地亚两国，波黑这边的村落明显简朴，街巷明显粗陋，而且好几次遇到工业 2.0 时代的那种带着一排大烟筒的工厂，从地平线上迎面扑过来，滚滚的黑烟就那样肆无忌惮地污染着蓝天绿地。

频繁的战争也激化了不同宗教信仰的对立。在小小的波黑一国之中居住着塞尔维亚人、克罗地亚人和信奉伊斯兰教的波斯尼亚人（当地称穆族，即穆斯林），他们同国、同地、同城，却在不同社区分开生活。萨拉热窝城区中心的一条街道上画着一道黑线，一边称"西方"，是塞尔维亚族社区，一边称"东方"，是穆克族（穆斯林和克罗地亚人）社区。看来，在老百姓的日常生活中，宗教信仰的隔阂远没有消弭。但我确信文化隔膜终究会激发和促进文化融汇的需求，从而走向反面，被逐渐消解——尽管这需要一个较为漫长的过程。

战争的实质其实大多是国家的、民族的、政治的利益纷争。在多民族混居的地区也常常表现为不同宗教信仰和生活风习的冲突。但最后的结果，受难、遭殃的不都是老百姓吗？政要也好，老百姓也好，千万不要被民众生存利益之外的其他因素绑架才好。

所幸这座美丽的城市到处都有鸽群盘旋。一片一片云彩一样的鸽群，你飞过来了，我飞过去了，超过我在巴黎和罗马的广场上看到的规模。在该城标志性的小广场上，鸽群密集的回旋，鸽哨嘹亮的回响，更是令人惊喜的一道景观。许多当地居民定时带着食品来这里喂它们。他们一来，鸽子就像见了老朋友，扑棱棱飞过来啄食。有的干脆亲昵地站上人的肩头和手臂、手心，像在自家餐桌上那样用餐。看着那种人鸟交相酬对而毫无陌生和防备感的景象，想起这块土地上的人类之间曾进行的不间歇的战争，不由顿生感慨。

而共居一城的不同信仰的人和不同宗教的教堂，如清真寺、东正教堂、天主教堂，目前也正趋于和谐共处，共同营构着温馨的生活。和平不但为每一个人所心仪，也完全可以由大家来共同营构。

城内有座战争博物馆。多次战祸破坏性的后果和老百姓在战争中挣扎的状态，在战争博物馆中永远被陈列着。这是永远的警示，也表明波黑人民反战意识的觉醒。我心头不由有了亮色。

我在萨拉热窝时，天气因微雨而略冷，在街头的一处长明焰火前，有两位当地男性居民在取暖，我送给了他们一幅《和》。走到诱发了第一次世界大战的萨拉热窝事件的发生地拉丁桥前时，我又向一位当地女大学生赠送了第二幅《和》，以明示我反复呼吁和平、和谐的愿望。两幅字下面题款的小字，一幅为"和平、和谐、和惠、和宁"，一幅为"和乃中华君子之风"。前者是对整个社会和平和谐之风的祈福，后者是对个人以和风养心修身的祝愿。

广西电视台记者卿林强让我以鸽群为背景做现场采访。我说，来到萨拉热窝，深感"和平"这两个字格外格外的珍贵，

拉丁桥是第一次世界大战的导火索萨拉热窝事件的发生地，作者在这里将中国书法作品《和》送给当地大学生

深感人类应该格外珍惜来之不易的和平，让我们的星球能够在和平的大环境下得到大发展。这也是中国通过"一带一路"倡议实现新型全球化的精神实质——和平、和谐是新型全球化的宏观环境，联手共建是新型全球化的基本方式，共享共赢是新型全球化的最终成果。

请永远保留弹孔，让它们在这块曾被战火烧焦的土地上，永远像静大的眼睛那样，注视着过去，警惕着未来。

请永远爱护这里的鸽群，永远爱护鸽群所象征的和平精神。

请永远尊重各民族的宗教信仰与生活方式，永远保存战争博物馆作为反战的历史证据。

我的这些祈愿，似乎很快得到了回应。电视记者在街头随机采访了一位德裔女士，那位女士说，她丈夫是波黑人，她感到这里很安全，人很友善，所以两人决定在萨拉热窝城定居。

中午出萨城，驶向塞尔维亚首都贝尔格莱德。离城不久车队爬上迪纳拉山，车内标高已达 1380 米，——这里已是巴尔干山区了，竟然大雪封山，松树和杉树从雪雾中挺出自己刚强的身躯。山上，每家每户的草场都用木栅栏隔开，但厚雪又将那些分割的草场连成了白皑皑的一片。牧羊犬见开过来这么多汽车，兴奋不已，跑前跑后地欢叫着。羊们纷纷抬起头看着车队，似乎在询问：客来何方？只有牛依然与世无争，只顾埋头吃它的草。

这场早来的雪，令人兴奋不已。我们的车队在金秋时节一路走来，竟然经历了春夏秋冬一年四季的景象，太值了。我们停车于雪山路边，全团集合欢呼着与国旗合影。我也来了劲，将"汉中仙毫"的那个"仙"字裹在身上，拍了一张"仙人照"。想不到天热时从西安出发，一月内竟然走进了大雪天，可不真有点飘飘欲仙的感觉哟。

2017 年 10 月 8 日，离开萨拉热窝之前

贝城追思和长夜行车

　　某种意义上，邵云环、许杏虎和朱颖三位烈士也是丝绸之路的先行者。他们到这里是来搭一座文化之桥，是来沟通民心的。

　　塞尔维亚首都贝尔格莱德，也是前南斯拉夫联盟共和国的首都。"贝尔格莱德"的词根是白色，白色之城，有人口二百余万，是前南斯拉夫联盟共和国最大的城市。

　　10月8日上午，丝路万里行五十二位媒体人来到贝城原中国驻南斯拉夫大使馆。十八年前，三位中国记者邵云环、许杏虎和朱颖，在美军轰炸大使馆时牺牲在这里。我们专程来祭奠三位让人敬佩的同人。

　　原中国大使馆馆区已拆成废墟，正在改建为贝尔格莱德中国文化中心。紧贴大门外立着一块碑石，上面用塞、中两种文字镌刻着一段话："谨此感谢中华人民共和国在塞尔维亚共和国人民最困难的时刻给予的支持和友谊，并谨此缅怀罹难烈士。"从口气看，是塞尔维亚政府树立的。碑石前簇拥着鲜花，显然才送来不久，有的花瓣上还有水珠。记忆是一种选择性坚守，看来这里并没有被遗忘，已经镂刻在记忆的碑石之上了。

　　门外广场雏形已成，六七米高的青铜色孔子像已经矗立。将来这里会成为中国文化的展示中心。三位烈士生前在这里传播文化、沟通民心的事业，将在这块土地上结出一茬新的果实，得到大范围的传承弘扬。

　　上午的阳光让人感到晃眼，灼热，这里属于东南欧巴尔干半岛，带着明显的亚热带的气息。我们庄重地在碑石前献上了国旗、鲜花，在一张纸上写了三位烈士的名字和"永垂不朽"几个大字，落款为"来自中国的丝路万里

在贝尔格莱德向三位牺牲的中国记者致哀

行五十二位媒体同人"，并郑重地写了每个人的姓名。然后敬上三杯从国内带来的西凤酒，洒在大地上。面对烈士纪念碑，我们这些后来者全体三鞠躬，默哀追思，告慰先行者的英灵。

祭奠之后团里让我代表大家讲几句话。我说："某种意义上，你们三位烈士（其中还有我一位人民大学新闻系的校友）也是丝绸之路的先行者，你们到这里是来搭一座文化之桥，是来沟通民心的。现在'一带一路'的倡议在世界各地已经得到七十多个国家和地区响应，亚欧大陆桥、新型全球化的大桥正在我们这个星球上建构。

"上午我们参观了贝尔格莱德老城的王宫。站在河畔花园的台地上，看到多瑙河和萨瓦河交汇的地方，新建了一座大型斜拉索桥，那是中国路桥工程公司援建的'一带一路'项目。丝路的民心之桥和经济文化之桥正在塞尔维亚、在中东欧和世界各地逐步畅通。

"十八年前，作为文化传播的使者，你们是在梦中被炸牺牲的，你们的梦再也不会醒来。但是中华民族伟大复兴的中国梦，正在全民的努力下一点一点变为现实，这也是在给你们、给中华民族历代的仁人志士们，圆一个中华复兴之梦。"

这时又有一车中国游客来祭奠了，几位路过的欧洲人也站在碑石前画十字，为三位中国人的在天之灵祷告。看来，这里很快便有可能成为中国在中东欧的一个文化传播中心和爱国主义教育基地。

铁托仍是塞尔维亚的民族英雄和国家骄傲。街头能看到他与夫人约婉卡的大幅照片。仔细端详那画面的背景，大约是在1961年"冷战"时期铁托和印度时任总理尼赫鲁在不结盟会议上见面的场面。商店里也有许多铁托形象的旅游纪念品。

午餐照例是在路边的麦当劳，一个汉堡包加一杯冷饮。饭后像前几次一样，分为两组工作。一组去中国驻塞尔维亚大使馆采访大使李满长。李大使是陕西人，2005年到2006年在宝鸡市担任过副市长。本来李大使当天上午、下午都已有安排，听说这个中国媒体车队里从陕西老家来的人很多，硬挤出午休时间接受了采访。采访中叙及在陕西工作的旧事，竟高兴得唱起了秦腔现代戏《中国魂》。李大使特别谈到陕西企业应该多来塞尔维亚发展，这里机会很多，大使馆会给大家提供力所能及的帮助。新使馆院内立着一块石质拼镶的中国山水壁画《长城豪风》，是原大使馆被炸后留下的唯一艺术品。放在使馆新址，是对外交史上那次罕见事件的历史纪念，也是历史见证。

另一组同志径直奔向国境口岸，向马其顿首都斯科普里进发。由于昨天过境时没有预先买好保险，乃至在海关耽搁了好几个小时，加之又只有潘导懂当地语言，需要错开翻译，先送我们这一组过关，留下等第二组赶来，再帮助翻译，办理过关。潘导告诉我们，预计到达下一个目的地，怎么也得半夜十二点以后了。大家反应极为平静，这早已经是途中的"新常态"。我知道，到达住地之后，电视台的同志还得剪片子、传信号。陕西、广西、东南、

主持人耿万崇在贝尔格莱德采访时任中国驻塞尔维亚大使李满长

甘肃卫视每天都有丝路万里行的专栏播出，节目一分钟也不能少呀。而报纸、网媒的记者和学者教授们也要连夜写文章，画家要画画，摄影家要修饰加工照片。团里领导和车队领队，更要碰头安排明后天的日程及各个细节。说是半夜十二点到达，到真正睡下，肯定在后半夜两三点了……

这时，4号车、8号车在车台报告，他们的里程表刚跳过了 15000 公里。车队已有一半车跑到了这个基准里程。我们离开西安城不觉已经四十二天了，到达目的地之后还有四个国家，估计车队总里程将达到 18000 公里。心里似有一波浪涛掠过。

车台响起了主持人耿万崇和郑玥的声音："为了消除疲劳，丝路万里行车队广播电台音乐会，现在开始播出。本次音乐会赞助单位为：一人投保、全家光荣的中国人保；体格硬朗、续航持久的比亚迪；瓦尔特保卫萨拉热窝、西凤酒就是好喝的西凤酒；人人都想泡的中国名茶汉中仙毫……"这是小耿给同行的几个企业专门编辑的内部搞笑广告，广告词一路随机变化，总是引发会意的笑声。

行驶在东南欧原野上的这支长长的车队，在寂静的深夜唱起来了，闹起来了。欢乐点燃了 17 辆车里来自不同国家和不同地域的丝路伙伴，也温暖了每个人的心。

回忆在丝路上的奔波，不禁心生感慨。几年中三次跑丝路，已走了近三十国，四万多公里，按华里算，那真是呼应了岳飞在《满江红》里的名句，"三十功名尘与土，八千里路云和月"，我们已经足足"八万里路云和月"了！而对正在向八十岁迈进的我来说，更可以说是"六十功名尘与土，八万里路云和月"了！我的足迹，不意之中逐渐在地球的五洲四海趋近着、衔接着、交叠着。

前几天，车队一进入斯洛文尼亚，便刮过来一阵清冽的带着咸味的风，我随嘴说了声"好舒服呀"，立即意识到，嘿，这不是海风吗？后来我们沿着克罗地亚上千公里的海岸线朝南行驶，可不，那正是亚得里亚海刮过来的风。三年前车队第一次跑丝路，我们不也来过亚得里亚海吗？那次从长安到罗马，车队便是从意大利滨亚得里亚海的安科纳港，连人带车上了大游轮，由南向北航行一天，到达威尼斯港的，恰好是今天路线的反方向，与今天的路线隔海相望。

此刻我们正在接近克罗地亚的科尔楚拉岛，这里是马可·波罗的诞生地，当时属于威尼斯公国。他很小的时候便去了对岸的威尼斯生活，十七岁随父亲和叔叔沿丝绸之路开始了东方之旅，历时四年多来到中国，在中国生活了十七年。马可·波罗从元大都出发，游历了中国的华北、西北、中原、华东，足迹遍及东南亚的越南、柬埔寨、泰国和马来半岛，还在扬州当过四年官。之后辗转回到欧洲。几年后他参加热那亚和威尼斯的海战，被热那亚军队俘虏。在监狱里，他向作家鲁斯梯谦口述了自己在东方的经历，完成了闻名世界的《马可·波罗游记》。这本书一出版，人们争相传阅。欧洲人眼界大开，在沉闷的中世纪看到了一个神奇的东方，激起了对中国的向往。传说是他将中国造的眼镜带到了欧洲，而后风行欧洲的。这真是一个极好的暗喻：可不是，是他给西方人带去了一副新的眼镜，让他们对东方的中国刮目相看……

除了亚得里亚海，我们行走丝路的足迹还在好几个海洋南北去来，东西交叠。

第一次万里行，我们到过黑海沿岸格鲁吉亚的巴统港，并从那里紧挨着黑海东南沿，进入土耳其。车队在黑海边走了几百公里。这次我们又要去黑海西沿的保加利亚和罗马尼亚奔驰千里。丝路足迹隔着黑海便有了一次瞭望和对视，有了一次衔接。

十年前我曾经乘坐波罗的海六国游的几万吨大游轮，从丹麦经挪威、瑞典、芬兰，到达俄罗斯的圣彼得堡和爱沙尼亚的塔林，这回又一次由陆路来到这两座城市，而且在塔林找到了上次到过的老城墙和那棵大树下讲故事的地方。可以说，我们的足迹在波罗的海也有过陆海两路的交叠。

至于在中国的东海和南海，印度洋的波斯湾和孟加拉湾……我的脚印和目光衔接、交叠得就更多了。在短短十来年岁月中，一个人的足迹，竟然如此多地对接了陆海丝路，不能不说是人生之大幸。如果要自炫一下，未尝不可以说是东晋法显和唐代杜环千年之后的一个传人吧，虽然我们的艰苦和成果都远不如他们，但像他们那样走向陆海丝路的人在现代是愈来愈多了。

2017 年 10 月 8 日，于贝尔格莱德赴马其顿途中

马其顿与亚历山大

生活在巴尔干山区的老百姓，竟然将自己家乡的发展、生活的改善和"一带一路"如此紧密地联系在一起！这次采访让我们测量到了大地的温度，听到了大地的脉动，那是老百姓心里的声音。马其顿终于远离了自己上古的大梦，脚踏实地关注着当下的日子，关注着千万个乔瓦尼们的诉求。

塞尔维亚共和国与马其顿共和国南北相邻，离开贝尔格莱德一路南行，大半天时间便到了马其顿共和国的首都斯科普里。

马其顿，好响亮的一个名字。在整个世界古代史上，它都是绕不过去的一个帝国，一个时代。马其顿王国和在它基础上建立的亚历山大帝国，从公元前 800 年到公元前 146 年，纵横风云六百五十多年，横跨欧亚非三大洲，那真是响得震天动地，响得如雷贯耳。当然，今天的马其顿共和国只是古代马其顿王国北部很小很小的一部分，传统称为上马其顿，下马其顿早已经划入希腊境内，至于整个帝国的版图，更是早已成为历史和传说。它现在只有 25700 平方千米的面积，比海南岛还小近四分之一。

公元前 4 世纪，马其顿王国发生权力之争，摄政王腓力二世废黜幼主，自称国君。他加强王权，更新币制，进行了一系列改革，建立了一支忠于他个人的常备军，创造了具有极强打击力的马其顿方阵，并大力发展重装骑兵，赋予其以战略意义。随后，马其顿在与中希腊的克罗尼亚、雅典、底比斯等城邦联军的决战中大获全胜，迫使希腊各邦承认了它的霸主地位。公元前 336 年，腓力二世被刺客杀死在女儿的婚礼上，他年仅二十岁的儿子亚历山大继位。

亚历山大从小勇毅过人、聪慧过人，十二岁时曾驯服过专业骑手都驾驭不了的烈马。十三岁到十六岁时，他父亲聘请了当时希腊最博学的人亚里士多德做他的家庭教师。年轻的亚历山大继位之后，用短短两年时间便巩固了统治，开始实现自己征服世界的野心。他率领三万五千人的大军和160艘战舰，远征东方大国波斯。行前他将自己的地产、奴隶和畜群分赠众人。有将军问："陛下把财产分光，给自己留下了什么？"他说："留下希望！我把希望留给自己，它将给我无尽的财富！"首战即大胜波斯，不久又大败大流士三世亲率的十万波斯军，俘虏其母亲、妻子和两个女儿。之后切断波斯陆军与海上舰队的联系，长驱直入埃及，建立了亚历山大城，作为他伟大战绩的纪念碑。庆功宴上，亚历山大兴奋地说："英雄的伟大就在于不断开拓疆土，不断增加权力，尽情享受美味和美色。"

紧接着，亚历山大率军插入两河流域北部，与百万波斯军决战，直至波斯国王弃阵而逃，全线崩溃。马其顿占领了波斯都城巴比伦和苏萨，烧毁了波斯波利斯等地的波斯王宫，波斯帝国至此覆灭。不久，亚历山大又沿里海东进，穿越现今阿富汗和巴基斯坦交界处的兴都库什山，将自己的势力扩展到中亚锡尔河一带。

公元前327年，亚历山大大军经开伯尔山口南下入侵印度，扬言要打到"大地终端"。他在印度河谷建立了两座亚历山大城，控制了印度西北部的广大地区，并向印度的心脏地带恒河流域进发。但由于印度的炎热、暴雨和疾病，加上对多年连续不断征战的厌倦，士兵拒绝前进，要求回家。由于内部哗变加上印度土著群起反击，亚历山大只好撤出印度，近十年的远征终于结束。

亚历山大是欧洲历史上伟大的四大军事统帅（亚历山大大帝、汉尼拔、恺撒大帝、拿破仑）之首。他以巴比伦为首都，建立了一个西起希腊、马其顿，东到印度河流域，南临尼罗河第一瀑布，北依多瑙河和黑海的庞大帝国。

整个版图达到 550 万平方公里，世界四大文明古国他占据了其中的一半，马其顿也成为当时世界上面积最大的帝国。在他的帝国内，仅命名为亚历山大的军事要塞便建了 70 多座。

战争是杀戮、征服和强制，同时也是以征服和强制为特征的一种强化的文化交融。强制、急迫的目的性是违背规律的，但强制、急迫的目的性在短期内又常常能加速社会、经济、文化的交流。亚历山大大帝在短短的十三年时间里写下了前无古人的杀戮史，也写下了欧亚文明交流的急就章。他的东征开辟了东西方贸易的通路，也拓展了马其顿人的眼界，使他们感受到无论是波斯人还是希腊人，其实和自己的民族一样，都具有杰出的智慧和才能，应该受到尊敬，于是逐渐接纳了民族平等、和睦相处的观念。东方的城市出现了希腊风格的雕塑和建筑，东方的天文学和数学知识也传入了希腊和西欧。他在东方建立的那些以亚历山大命名的军事要塞，后来也都逐渐发展成商业中心。埃及的亚历山大港至今仍是闻名世界的港口。

为了促进和波斯人、东方人的融合，亚历山大鼓励马其顿人和外族通婚，自己也先后迎娶了大夏贵族罗克珊娜和波斯国王大流士三世的女儿斯塔提拉为妻，以做提倡。为了倡导异族通婚，亚历山大举行了盛大奢华的典礼，他与一万名马其顿将士一道步入婚姻殿堂。他在婚礼上宣布：马其顿人和东方女子结婚，可以获得贵重礼物，享受免税权利。这样一些政策，都是有利于东西方文化交流的。

公元前 323 年 6 月，亚历山大突然患恶性疟疾，匆匆离世。帝国陷入权力内讧，母亲与妻儿被政变者杀害，将领们纷纷自立为王，横跨欧亚非三洲的亚历山大帝国只存在了短短的十三年，便从此分裂……

车队到达斯科普里时天已擦黑，市内的参观访问安排在次日上午。我带着一种期待，一种寻梦古代欧洲文明的憧憬，在这个无比安静的陌生城市进入梦乡。明天，斯科普里，马其顿的当代首都，将会给我们展示怎样的大国气象，怎样恢宏的古代文明呢？

斯科普里城市不大，只有五十余万人口。市区有不算宽的河，不算长的桥，不算大的广场以及不算丰富多彩的零售市场，最突出的是城市雕塑十分密集。市中心广场上，亚历山大大帝威武的塑像矗立在奔驰的马车上，他被四头匍匐的猛狮簇拥着，英武地雄视着远方，扬眉剑出鞘，千古气犹存。广场上还有各国各族的英雄塑像，北边还有一组环形的女神雕塑。城中河瓦尔达尔河从东北侧缓缓地淌过，河面只有一两百米宽，滨河的石质栏柱上是密集的人物雕像，那都是些曾经给这块土地增添过光彩的历史人物，他们在那里默默地诉说着城市曾经的辉煌。就连河中间从水里露出的小沙洲上，也有借水滨风光自然生发出来的情景雕塑。斯科普里号称雕塑之城，看来真是名不虚传。

在一座跨河的小拱桥上，石柱上立着的全是艺术家的塑像。雕塑与灯柱交错，虽然有点拥挤，却暗传着一种寓意：灯光照亮你的眼睛，而艺术照亮你的心灵。这座桥被称为"艺术之桥"。在另一座通向市政厅正门的石桥上，又全是历代政治家的塑像。朝市政厅缓缓走过桥去，你便走过了一座在权力的不断更迭中不断绵延的长廊，它诱发你内心某种欲望的膨胀。这座桥被称为"权力之桥"。

小商品市场当然全是家长里短，虽然小家子气十足，倒显示出平民日常生活的温馨。且不去多说了。

见过雕塑，但没见过这么多雕塑一下子堆积在一座小城里。应该说，所有的雕塑都记录着这块土地曾经有过的恢宏岁月，凝聚着这个民族曾经有过的雄心和业绩，也体现出一种千年不衰的自豪。可是为什么要如此密集地布设呢？是值得夸耀的东西太多太多？是当下的城市管理者为了打造雕塑之城而刻意秀一把？是暴露了内心的某种佳弱和不自信？英雄需要阔大的气场和博大的空间来储存自己的气脉，满山都是老虎，老虎群便成了猫群，还到哪里去找恢宏？一不小心，拥挤便会将恢宏变为琐屑。

这种感觉在得知一个原来我所不知的信息后，更是强烈地被印证了——独立不久的马其顿共和国竟然是欧洲少有的一个与台湾当局保持过两年所谓的外交关系的国家！1991年马其顿脱离南斯拉夫联盟共和国，宣布独立，1993年被联合国接纳为成员国，很快与中华人民共和国建立了外交关系。当时马其顿立足未稳，经济十分困难，台湾当局瞅准这个机会插足其中，大搞"金钱外交"，许诺立即援助3亿美元，长期投资10亿美元，以换取马其顿与台湾"建交"。马其顿政府没有抵御住金钱的诱惑，在时任总理和外交部长的暗箱操作下，1999年2月悍然宣布与台湾建立所谓的外交关系。宣布时总统并不知情，因而一直拒绝接受台湾"大使"递交的"国书"。这种不正常的外交关系勉强维持了两年多，他们感到上当了——台湾的"金援"迟迟没有兑现，直接投资仅2000万美元，援建的"自由贸易区"只能看见几座盖了一半的大楼，与当初10亿美元的许诺相差十万八千里。于是，马其顿改弦更张，又宣布恢复与中华人民共和国的外交关系，并承认两年前与台湾"建交"是一个错误。

远去的梦让这座城市无比自豪，他们想通过纪念性雕塑复现那自豪的梦，我太能理解了。而为了一点小钱而罔顾历史和正义，这和书写过大历史而声震世界的祖先们比起来，是不是太小家子气了呢？一个小格局的现实怎能承载得了那么大格局的远古辉煌？雕塑的堆砌又怎能弥合现实与历史的断裂？恐怕反倒会显出几分尴尬来。

第二天车队继续行进，由马其顿驶往保加利亚。离开斯科普里几个小时便进入了巴尔干山区，我们几乎直接由初秋驶入了隆冬。大雪在漫天地飞舞着，山头白了，树丛白了，公路白了，前车的顶篷也白了。车台不断在呼叫注意安全，"慢行、跟上，慢行、跟上"。车队在这关切的提醒中缓慢行进，从容中显出几分镇静。雪天的车速使我们中午无法准时赶到预约的麦当劳用餐，沿路全是山区，没有别的餐厅和超市，直挨到下午二时，在一个离边境一箭之地的叫乌兹姆的山村，才见到了路边的小杂货店和可停车的小场地，遂决定就地打尖、野炊。

团里有人带着迷你小煤气炉和开水锅，每辆车贡献出多日积攒的方便面，点火，烧水，泡面。

马其顿山区的老人乔瓦尼希望中国可以给他所在的山区援建高速公路

这时，小店里一位老人带着几个小脸冻得通红的孩子，提来了开水，还有啤酒和自酿的葡萄酒。山区的孩子们略显腼腆，我取出西安中铁中学的学生制作的木版画《秦始皇兵马俑》送给他们并合影，这才活跃起来。我们采访了老人。他叫乔瓦尼，七十二岁，热情、健谈，对中国尤感兴趣。年轻时在克罗地亚上过中学，对外面的世界多少了解一点。他关心中国，知道毛泽东；关心"一带一路"，知道中国援建的纵贯中东欧的高速路和从匈牙利布达佩斯到地中海的希腊比雷埃夫斯港的中欧陆海快线。他说："高速路通过了马其顿，这是我们的第一条高速路，太好了。但没有通到我们山区，你们回中国后，传达一下这个巴尔干山里老头的愿望，能不能修点支线，让我们这里也能发生大的变化。"

多么有温度的话！生活在偏远山区底层的老百姓，竟然将自己家乡的发展、个人生活的改善，和"一带一路"如此紧密地联系在一起！我们测量到了大地的温度，听到了大地深处的脉动，那是老百姓心中的声音。马其顿终于远离了自己上古的大梦，脚踏实地关注着当下的日子，关注着千万个乔瓦尼们的诉求。心里不由冒出一句话：一些偏狭的政治家们，若比起老百姓如此的期冀和胸襟，又如何呢？

2017 年 12 月 28 日，补写于西安

玫瑰暗香索非亚

来到索非亚不能不分享它的闲适，因而我们便有了难得的一个下午的"零安排"。在懒洋洋的阳光下，大家懒洋洋地去逛步行街。一街两侧，全是露天酒吧，坐满了懒洋洋喝着咖啡晒着太阳聊天的市民。怎么大家都不慌忙、不沉重、不神态凛然呢？你会感觉到一种巴尔干式的文化心理和生存方式。

来索非亚之前，我在西安"丝绸之路国际艺术节"上看了保加利亚青年舞蹈家的歌舞演出，十几个女孩子身着彩裙，头戴玫瑰花环，轻盈地旋转、穿插、腾跃，让你感受到了朝气涌动的生命力和妙不可言的艺术美。舞蹈就是这样，常常以自己特有的肢体语言，以无声之声透露出一个民族深层的文化情怀和精神取向。

有点戏剧性的是，丝路万里行车队来到索非亚，在上午的"一带一路"文化经济论坛上，与我相邻而坐的玛丽安娜·田女士，不但是该国著名的汉学家，她的先生还是中国人。不仅如此，她竟然还就是陕西媳妇！她丈夫田先生是北京外国语大学教授，陕西富县人。她用中文趁势显摆，说她可是陕西的好媳妇，"上炕剪子下炕镰"！我说你也是中国和陕西的好女儿。她像关中媳妇那样，爽朗地笑出了声。

玛丽安娜·田熟知中国和"一带一路"，做了内容丰富的课件，在论坛发言时从历史到现实，从文化到经济，讲得非常细致，令大家吃惊而喜悦。引得在场的也研究"一带一路"的中国人纷纷拍摄这位外国女学者的课件。我也很感兴趣，因为她提到的欧洲和当下世界对这一倡议的看法，给了我们看待"一带一路"的某种国际视角。

　　玛丽安娜·田和她的二十五位同事参与了保加利亚国家旅游局主编的保加利亚第一本介绍中国的书的编撰工作，会上人手一册。她用保加利亚语发言时，能自如地穿插、运用中国成语，说"亚欧同心，其利断金"，说"千里之行，始于足下，今天，'一带一路'也从我们脚下开始"。她是个健谈的人。或者因为很不容易见到了中国来的人，婆家来的人，或者因为遇上了可以过一把说中文瘾的朋友，总之，正式会议结束后，在交流阶段，她给我介绍了索非亚的一些情况，极有生活气息和平民感，虽然简要，却清晰、丰富。

　　玛丽安娜·田女士与田先生结婚多年，每年一半时间生活在中国，一半时间回保加利亚。他们的孩子现在保加利亚发展。她喜欢吃中国饭，对陕西面情有独钟，还试着和面擀面，结果"面的裤带"全断了，说到此她哈哈大笑。她见我送了文化经济论坛一幅书法作品《润德博学，志远自强》，说她特别喜欢中国书法，直率地问能否送她一幅。我便答应送给她三尺整张的一个"和"字，下面的小字题款是"和平、和谐、和惠、和宁"，也就是世界要和平，社会要和谐，民生要和惠，心境要和宁。她笑着说，好呀，这不是中国文化的追求吗？也是丝路精神呀！我邀请她拿着书法合影。她摇摇头说：好。既然好，为什么又摇头呢？我迷惑不解。她随即告诉我，保加利亚人摇头，是表示十分十分同意，比同意还同意。我明白了，那是欣赏、赞叹不已的表达啊。

　　我问她觉得保加利亚与中国有哪些不同？她说她感到最大的不同是中国人生活节奏太快，太紧张，什么"白加黑""五加二"，好累好累呀（她又哈哈笑起来）；保加利亚人喜欢享用闲适，享用葡萄酒和玫瑰花。她说："葡萄酒不烈，很温和，没你们的白酒烈，哎呀那个西凤酒真辣，怪不得你们干活儿风风火火的！我们的玫瑰花也并不十分香，没中国的桂花、栀子花香，是暗香浮动……"

　　可不，眼下是秋天，玫瑰花期刚过，留给索非亚的正是满城暗香浮动。人类一直用玫瑰来象征美丽和爱情。古希腊和古罗马用玫瑰象征他们的爱神阿佛洛狄忒（维纳斯）。玫瑰在希腊神话中是宙斯所创造的杰作，用来向诸神炫耀自己的能力。玫瑰是英国的国花，整个西方世界都以它来暗喻爱情与美丽，暗喻容光焕发、质地高贵。这些年，中国人以玫瑰传递爱的信息，也渐成风气，到了情人节时，也是满城暗香浮动了。

诚如玛丽安娜·田所说的，索非亚号称"巴尔干天堂"，是座美丽的花园城市。里拉山上的积雪，在蓝天下闪着银光，高崇开阔而雄姿英发，像穿着铠甲的勇士贴身拱卫着这座城市。由雪山上漫下来的秋风，带着几分寒意，索非亚的空气便显得格外鲜冽清凉。里拉雪山是保加利亚各大水系的发源地。丰沛的河水奔流而下，灌溉着山下广阔的草原和大地，使这片土地充满了生机。草甸与稼穑穿插着牵起手，嫩绿与澄黄交错着晕成画，青春的蓬勃与生命的成熟自然然地过渡，含蓄的美丽和沧桑的忧郁了无痕迹地融汇，构成了保加利亚独有的风景线。

来到索非亚不能不分享它的闲适，因而我们便有了难得的整整一个下午的"零安排"——自由活动。在懒洋洋的阳光下，大家懒洋洋地去逛步行街。街道宽阔、市容洁净，一街两侧，全是露天咖啡店，坐满了懒洋洋喝着咖啡晒着太阳聊天的市民。这天是周二，并不是假日，怎么会有这么多人像在假日一样在这里享用闲暇呢？怎么大家都不慌忙、不沉重、不煞有介事、不神态凛然呢？你会感觉到一种独有的民风，一种巴尔干式的文化心理和生存方式。

保加利亚雪水充沛，土地肥沃，加之温差较大，是优质葡萄和玫瑰花的产地，葡萄酒和玫瑰精油世界闻名。这两样特产使保加利亚驰名世界，也成为步行街的主打商品。步行街街面上到处都是卖葡萄酒和精油的店铺。店铺内外弥散着淡淡的玫瑰芳香，诱发着你的购买欲。我们一起逛街的五六个人，每人都"扫荡"了几十种，大包小包满载而归。不过我们这些中国来客禀性难移，在步行街购物都急匆匆的，有着明确的目标和任务，完全谈不上享受生活。买东西那不叫买，一个扫货的"扫"字，一个抢购的"抢"字，真是极为贴切地道尽了国人的神情和心态。

随后我们就近参观了市中心的中央广场，这里有苏联时期建起的莫斯科风格的政府和议会大厦。总统府门前，两名穿着鲜艳的卫士肃立把守，沉默中显露出不可侵犯的凛然之气。远处是东罗马统治保加利亚时代建立的喷泉浴室遗址，一股喷泉像花环那样跃出水面，诉说着古罗马的浪漫。

广场地下，是保留着土耳其占领该国时期当年奥斯曼王宫遗址的博物馆。虽然是残垣断壁，却由于博物馆的设计十分有创意，很有参观价值。它是在广场中心凸起一个巨大的弧状玻璃天棚，像是给广场仰天开了一个硕大的窗口，既覆盖着，又敞开着古老的岁月。历史便这样向着当代敞开自己的胸怀，诉说着逝去的风云变幻和血泪情仇。鹅卵石垒就的王宫基座斑驳幽暗，凹凸不平，那正是历史老人蹒跚的脚步。玫瑰在以香宜人的同时，在这里，在朝代的更替中展露了她花刺的尖锐。一旦危及民族生存和国家独立时，玫瑰便会刺入进犯者身体，刺出殷红的血来。

踱步来到翠绿的街心花园之后，便再也舍不得离开了。花园不大，却有合抱的白皮松覆盖着茵茵的草地，市民三三两两在草地上散步。一位母亲带着她的双胞胎女儿。女儿们在斜坡上溜着滑滑板，不时传来毫无忧虑的童稚的笑声；年轻的母亲则静静地斜倚在木靠椅上，就那样一动不动地驰神凝思，欣赏着自己的女儿。一位少女来花园遛狗，放开狗在草地上跑，自己则一直在埋头阅读。只有各家的狗们，一天不见了，摆着尾互相嗅着交流友谊。整个广场浸润在安详、温馨之中。安静，原来对生命如此重要。

我坐在松树下，沐浴着晚霞，面对着闲适和幽静。今天我在索非亚感受到的一切，都是另一种生存方式和社会风气。比起可见的风景，它不那么可见，触动的却是你的心灵。各种生存方式同存共荣，互相吸引。君子和而不同，不就是这个意思吗？

附：

在保加利亚文化经济推介会上的发言

一、丝绸之路是世界上最漫长的一条路（加起来十几万公里），最古老的一条路（两千五百年以上）。其实它远远不止一条路，更是许多条联结亚欧大陆的路的组合。甚至可以不称它为路，它是一个平台，是一个国际交流平台。更是一个理念，人类命运共同体的理念，新型全球化的理念。它欢迎每个国家每个企业每个人参与，也会在共建共赢中给每个国家每个企业每个人以机遇和回报。

二、丝绸之路是地球胸脯上的一条钻石链，一条含金量极大的钻石项链。它涉及众多国家、地区，辐射几十亿人口，是如此庞大而有活力的市场。中东欧和中国的"16+1"，更是近年来"一带一路"搭建的新平台。单旅游一项，中国每年有超过一亿人来这里，很快可达六亿。我们今天来了七个省的卫视，仅这七个省，就有近两亿人口。相信玫瑰精油的扑鼻香味会吸引大量中国游客。

三、丝绸之路是人类精神天空的一道七彩虹，多元集纳、色彩丰富的七彩霓虹。它提倡并践行"走出去谋发展、拉起手共发展"的理念，"共商共建共赢"的理念，"和——和平、和谐、和惠、和宁"的理念，各国建立伙伴关系的新型全球化理念。这对历史上动荡的巴尔干地区，有更为重要的意义。七彩虹是我们发展的和平环境；钻石链是我们得以发展的雄厚实力。

"一带一路"将在经济文化与政治各领域，把中国、保加利亚紧紧联系在一起。

2017 年 10 月 10 日，于索非亚至布加勒斯特途中

又见玛丽娜

两个月里，她飞越 5000 多公里来西安采访我，我行车 10000 多公里去罗马尼亚回访她。

她在中国游记中这样说西安："十天来，我走过令人目不暇接的居民住宅楼，驶过宽阔的现代化的高速公路，参观了被誉为世界第八大奇迹的兵马俑和几座神奇的博物馆。我在古城墙上漫步；在现代化大型商场，我触摸到了人们现代时尚的生活脉搏；我观看了与欧洲舞台截然不同的戏剧表演，演员既能唱又善舞；我们拍摄了千年古塔；登上了高 200 余米的电视塔观光平台鸟瞰全城美景；我在寺庙内沉思；我登上最新型号的重型卡车驾驶室……这就是我这次旅行的结论：在离罗马尼亚 8000 公里的遥远东方有这么一个神奇的地方，人们热情友好，渴望成为我们的朋友，希望同我们一起互利共赢合作。"

我将怎样说她的城市布加勒斯特呢？

"肖老，您好，罗方已安排今天下午你们到罗马尼亚国家电视台的活动。玛丽娜在西安对您的采访，已刊登在罗马尼亚著名文学杂志《现代》2017 年 10 月第 1 期上。她把电子版发给我了，以后我可发给您。另外，她准备把她在西安拍的《兵马俑探寻记》电视片的 DVD 光盘三份托你带回来……"

这是 10 月 12 日上午我在罗马尼亚布加勒斯特收到的来自北京中国国际广播电台骆东泉先生的微信。

怎么回事，其中有什么缘由？还得我慢慢道来。

那还是 2017 年夏天，8 月份，经国务院新闻办公室和陕西省委对外宣

作者与玛丽娜在西安一起骑共享单车

传办公室安排，我在西安接受了罗马尼亚国家电视台主持人、制片人玛丽娜·阿尔马善女士和摄影师马里安·戈里果雷先生的采访。原来通知我是谈关于"一带一路"方面的内容，但到了西安索菲特会议中心，见到了这位美女主持之后，才知道她已在西安待了两周，已经拍摄了一部秦始皇兵马俑的专题片，还想再拍一部关于西安的片子。人到中年而依然美丽的玛丽娜，是位成熟的有经验的记者。

她提的问题很广泛，似乎除了丝绸之路和解读陕西、西安，还想了解一位中国学者的人生道路和家庭、事业的方方面面。这样，原定半小时的采访延长到一个半小时。采访结束，又拉上我到西安标志性景观南门广场，以明代古城楼为背景，专门说了一段简介西安城从历史走向现实的话。她说这段话要放在西安专题片的开头用。之后，还"绑架"我和她作了一次秀，两人并肩骑上了西安的共享单车。照片传到微信上，有朋友调侃我：能被金发美女"绑架"，好羡慕呀！

我告诉玛丽娜，我可能很快会参与由丝路卫视联盟国内七家卫视联合组织、陕西卫视实施的第三次"丝路万里行"活动，主要跑中东欧十六个国家，大约 10 月上中旬就会到达她们国家的首都布加勒斯特。她拊掌大笑，说她去过陕西卫视，知道有这么个壮举，而且在万里行车队第 7 号车的前盖上，用罗马尼亚文签下了自己的名字。可她没料到我这么大年纪了，竟然也会随团西行。"太巧了，太好了，到时候你们可一定来我们罗马尼亚国家电视台参观采访，太欢迎了。"

担任她在中国采访全程翻译的，便是给我发短信的中国国际广播电台的老记者骆东泉先生。这位骆先生也和我极有缘分。他比我略小几岁，是中国国际广播电台驻罗马尼亚的资深记者，能说一口流利的罗语。恰好我大学同班同学郭景则在国际台工作了一辈子，专事海外联络。我一说出他的姓名，骆先生马上接嘴："老郭啊，怎么不认识？老熟人！"可惜的是景则已辞世经年了。

我又问："你们台还有位叫王竹的女记者，认识吗？""太认识了！"老骆说。王竹是三年前我们第一次万里行时，央广国际派出的随团记者。此女才高八斗，有问必答，地上的全知道，天上的也知道个八九不离十。她被万里行车队同人荣赠了一个十分高级的绰号——"百科全竹"，你说该有多厉害！骆先生回京见了王竹说起了我，这便更是缘上加缘了。精通罗马尼亚语的骆先生，在我们踏上丝路征途这一两个月来，一直热心地担任我和玛丽娜的联络员。微信时代也真够神的，一个瞬间信息便可由天涯海角的车队飞到中国北京，再一个瞬间又飞到了罗马尼亚的玛丽娜手机上。

10月12日上午，我们在布加勒斯特走访了罗马尼亚的政治中心人民宫。这是一个走得你腿疼的硕大无比的建筑群，是除美国五角大楼之外，世界第二大规模的政府工程。大到建筑面积30余万平方米，地面十二层、地下四层，内有上千个房间。地下有辐射形通道，可供汽车往来。1984年开始兴建，历时三十余年才基本完工。这个齐奥塞斯库时期的苏式风格的大方框建筑群，有如一个巨无霸的玉石印章，盖在了罗马尼亚的土地上，镌刻着一个过去了的威权时代，一代过去了的威权人物那无言的、严峻的印痕。

随后我们去革命广场采访。广场周边是罗马尼亚的旧王宫、罗马尼亚共产党的原总部。20世纪40年代罗马尼亚共产党在这里发动起义取得了政权，四十年后又是在这里丢失了政权。当时，十多万罗马尼亚人在这里集会，总统齐奥塞斯库在大楼观礼台上讲话，号召人民支持罗共政府，当场就有人高呼打倒他。眼看局面无法控制，齐奥塞斯库从楼顶登上直升机逃跑，结果在北部边境一个小城被抓，不久被就地处决。这些如今都已经写进了历史教科书，留在导游的解说词中，留在人们淡淡的记忆中。

倒是广场中心的纪念塔，凝结了人民对那段历史的一个判断：新生！塔柱像一把利剑指向天空，刺穿了深褐色的树枝编织的鸟巢笼子，笼中流下一汪鲜红的血——新生命在旧家园的血光中诞生！这就是罗马尼亚的颜色革命。虽然大体是和平演进，但也有两千多人丧生。不过时至今日，罗国也有不少人后悔那次行动，因为国家的发展和人民的福祉并不像原先预期的那么好，民众啧有烦言。这也许是革命广场今天能成为景点的一个原因吧。来这里，既是缅怀，也有反思，有感慨，有前瞻。

记得在西安时，玛丽娜曾问我关于罗马尼亚知道些什么，我不好意思地说，我真的不了解你们国家的现在，只大概知道她的从前：乔治乌－德治呀，齐奥塞斯库呀，还有一首你们的歌《多瑙河之波》以及关于它的版权公案。这些，对中年的她来说着实太遥远了，她无奈地摊了摊手。岁月流逝之快真是令人唏嘘不已，老爷爷一代的故事，就这样一层一层被后来的人、后来的事所覆盖……

往事且不去细说了吧，还是把话题拉回到玛丽娜女士身上来。今天下午，我随万里行团领导杨文萌、胡瑜涛率领的一个记者组如约到达罗马尼亚国家电视台。大门口没有岗哨，进门手续也不繁杂。玛丽娜和她的同事直接将我们引进会议室。罗马尼亚国家电视台国际部负责人、对外联络部门、人力资源部门和几位摄像记者，和我们一道座谈。我们说明了来意，预告了下一步双方领导层希望举行的正式会谈，并送给他们每人一套介绍万里行情况的邮册。玛丽娜也将她制作的西安专题片光盘以及发表了她的文章的几本刊物回赠我们，并托我们带给国家和省里的对外友好协会，带给骆东泉先生。我也给国际部领导赠送了书法作品和写丝路的第二本散文集《丝路云谭》。想不到的是，玛丽娜竟然已经出版了写北京、上海的两本书，又正在写一本关于西安的书。在西安时我送给她两本我写丝路的书，她还希望我再寄一些关于陕西和西安的资料。

作为罗马尼亚国家电视台的部门主管，国际部负责人的发言坦率得令人吃惊，她说他们台现在有一个中心区，五个分区，目前正面临改组，领导层正在更换，经费欠缺，处在困难时期。过一段改组完成，情况也许会好起来。

中国记者组参观了罗马尼亚国家电视台好几个演播厅，有新闻直播现场，有民间歌曲评比现场，论坛和话题现场，脱口秀现场。作为老主持人，玛丽娜平时主持的是一个类似《好男好女》的栏目，专门与优秀的男士和女士对话。这是个对主持人的知识、素养和气质要求都很高的栏目，选她担纲，表明她个人素质和文化储备都很不错。在总控室参观时，有块屏幕正播出她主持的节目，她笑着让大家围住屏幕合影。大厅的柱子上，喷涂着电视台一些知名主持人的头像，她又特意指着自己的头像，示意拍摄下来。在她家乡的重逢，玛丽娜很放松，一点不见外，真的把我们这些中国同人当老朋友了。

离开前，中国电视记者对玛丽娜进行了专访。她说她在西安两周，拍了片子，走访了名胜古迹，去了电视台，见了同行，采访了肖先生。写的文章发表了，拍的西安专题片同事们都说好，不是她的水平高，是因为西安的确是一座伟大的城市，是一座有魅力的城市！

缘分就这样将我们与玛丽娜和她的祖国罗马尼亚交织在一起。千缘万缘，不都是丝路之缘、友谊之缘吗？

我给罗马尼亚电视台朋友送的书法，写的是唐代大诗人杜甫的诗句："渭北春天树，江东日暮云。何时一樽酒，重与细论文？"这是杜甫在春天怀念同代诗友李白时写的诗歌中的后两句。是啊，什么时候可以再度相逢，重又在一起切磋中罗友谊与文化发展呢？

说来也巧，回国后就在我改定此文时，看到骆东泉先生的报道，照录于后：

罗马尼亚国家电视台播出《兵马俑探寻记》引热烈反响

罗马尼亚国家电视台一频道于 2017 年 10 月 1 日晚 7 点播出电视片《兵马俑探寻记》，介绍陕西和西安作为中国历史文明之根、古代丝绸之路的起点，在文物古迹的保护和利用，经济、旅游、社会、文化、教育、城市面貌、百姓生活等方面发生的变化和所取得的成就。影片播出引起了广泛关注，反响热烈。

影片从采访陕西文化大使肖云儒先生开始。长期致力于丝路文化的挖掘、研究和思考，风度儒雅的肖先生，在西安城墙南门广场向客人讲述陕西和西安悠久的历史和灿烂的文化及其近年来所发生的巨变。他幽默地邀请玛丽娜女士一起骑上共享单车游览西安……

罗马尼亚电视人的摄像机不仅对准了陕西历史博物馆、大慈恩寺、碑林博物馆、兵马俑博物馆、西安城墙、半坡博物馆、大清真寺等闻名遐迩的文物古迹，也拍下了反映陕西现代经济、科技、文化发展的陕西电视台、西咸新区空港新城、陕汽集团、杨凌农业高科技产业示范区、西北大学、曲江影视中心、大唐西市、大唐芙蓉园等镜头。罗马尼亚客人还在易俗社观看了秦腔《夺锦楼》，出席了陕西电视台"七夕文艺晚会"，同青年歌唱家王建房、沙莎、郝萌和知名文化学者肖云儒先生会面和会谈。西安美轮美奂的城市夜景，琳琅满目的小商品市场，香味扑鼻的小吃街，街头老大妈喜悦的脸庞和优美的广场舞姿也被一一记录下来。

影片以陕西省委常委、宣传部部长庄长兴同志的话语作结："陕西是一个美丽的地方，人们热情好客，我们期盼更多罗马尼亚朋友来我们陕西旅游、经商或学习。衷心祝愿中罗友谊万古长青！"

十天的访问，玛丽娜女士和摄影师被陕西的古代文明所震撼，被西安及周边几个拔地而起的新城的繁荣发展所折服，被陕西人的质朴好客所打动。他们以极大的热情、独特的视角、极高的效率投入到电视片的拍摄制作中。回国不到一个月就完成了对二十多小时的录像素材的筛选、剪辑和配音。罗马尼亚国家电视一台，把这部时长五十分钟的纪录片，作为对中华人民共和国成立六十八周年的献礼，奉献给了罗马尼亚观众。

纪录片解说简洁、生动、幽默，镜头亮丽、干净，背景音乐选择得当，能烘托主题，播出后引起热烈反响。

10月1日当晚罗马尼亚原驻华大使、汉学家罗明先生和他的夫人汉学家、历史学家安娜女士就发来邮件说："片子给我们带来了无比的愉悦和满足，把西安这座既古老又现代的都市的风貌呈现在我们眼前。影片把我们带进了神话般的世界，但片子反映的却是现实的西安、真实的陕西。我们曾多次到访过西安，多年来也一直关注着它的发展，而现在很高兴地看到了这座城市 21 世纪的新面貌。请接受我们对陕西和西安所取得的巨大成就和片子的成功的热烈祝贺。"

罗马尼亚著名诗人、雅西青年出版社社长卢奇安先生第二天发来邮件称："这部电视片的主人公是'光'：人们眸子里闪现出的幸福之光，悠久历史的灿烂之光，城市发展的炫酷之光，都市夜晚美轮美奂之光；这部电视片的主旋律是欢乐：完美的欢乐，好客的欢乐，没有夸示、炫耀、做作的人间交往和紧密团结的欢乐；这部电视片的基本色调是绿色：历史雕塑、城市街头、耕地原野和华丽公园都披上了绿色。"

中国国际广播电台罗马尼亚听众俱乐部主任维切丘丘说："纪录片从头到尾都非常有趣，吸引人。继 10 月 1 日首播后，在罗马尼亚国家电视台 HD 频道重播时我又看了一遍，希望该片继续在网上保持链接，让更多观众看到。特向罗马尼亚国家电视台、玛丽娜女士和骆东泉先生表示祝贺。"

罗马尼亚国家电视台主持人、制片人玛丽娜·阿尔马善女士和摄影师马里安·戈里果雷先生是应中国人民对外友好协会和陕西省人民对外友好协会邀请，于 2017 年 8 月 22 日至 9 月 1 日，对陕西省及其省会西安市进行友好访问的。

玛丽娜女士对华友好，通过笔和电视镜头向罗马尼亚百姓讲述中国故事。2014 年夏她自费到北京旅游，回国后出版了《北京十天》一书。2015 年应中国友协和上海友协邀请访沪十天，回国后撰写了《上海摩天楼》一书。2016 年 9 月应国家新闻出版广电总局邀请到北京采访拍摄十天，回国后制作了《神秘的中国》电视片，于当年 10 月 1 日在罗马尼亚国家电视台播出。

她撰写的文章和摄制的片子采用"边走边看"的游记形式，耳闻目睹，直观真切，时效性强，深受广大电视观众的欢迎。

年过半百的玛丽娜女士工作勤奋，讲究效率。除拍片外，她见缝插针，笔翰如流，每晚以日记形式向罗国内发回一篇有关当天参观活动的报道，在多家纸质杂志和她负责的《女性风采》网络杂志上发表，每篇长达两千多字。最后一篇（第11篇）回顾了她在陕西采访的感受，是在回国的飞机上完成的。文章说：

"十天来，我走过令人目不暇接的居民住宅楼，驶过宽阔的现代化的高速公路，参观了被誉为世界第八大奇迹的兵马俑和几座神奇的博物馆。我在古城墙上漫步；在现代化大型商场，我触摸到了人们现代时尚的生活脉搏；我观看了与欧洲舞台截然不同的戏剧表演，演员既能唱又善舞；我们拍摄了千年古塔；登上了高200余米的电视塔观光平台鸟瞰全城美景；我在寺庙内沉思；我登上最新型号的重型卡车驾驶室；我看到了长在树上、挂在空中的南瓜、辣椒；我品尝到了大自然赐予的种类繁多的美味佳肴。参观装备现代化的陕西电视台时我发出感叹：什么时候我工作的电视台也能这样？！我在一座像综合商场那么大的书城里漫步翻阅；我采访了陕西省的知名人物。十天的所见所闻，美不胜收，令人流连忘返！而最重要的，是我在这里结识了许多许多朋友，我给他们介绍我的国家，他们听得津津有味，渴望我们之间建立联系和增进友谊。哇！这就是我这次旅行的结论：在离罗马尼亚8000公里的遥远东方有这么一个神奇的地方，人们热情友好，渴望成为我们的朋友，希望同我们一起互利共赢合作。"

中国国际广播电台　骆东泉　2017年10月

关于我的这位朋友玛丽娜，我想不用再多说什么了，只是想再次吟诵杜甫的那两句诗献给玛丽娜和丝路各国的朋友们："渭北春天树，江东日暮云"，在新的春天里，我们"何时一樽酒，重与细论文"呢？我在丝路的东方起点等着你们。

2017 年 10 月 13 日，于布加勒斯特至锡比乌途中

从两个国外老乡说到大中华文化圈

中华文明自唐宋以降，便逐步形成了内外交汇的两圈层结构。一是本土生成圈，指生成中华原生文明的中国本土；二是异域融汇圈，指将中华文明传播到海外，并在那里落地生根，融汇成当地文化有机成分的海外中华文化。想想中华海外文化圈近几百年中给本土输送了多少人才吧，大政治家如孙中山，大科学家如钱学森，大学者如饶宗颐，大企业家如李嘉诚，以及无数"身归"或"心归"的华人人才和华人资金、企业……

罗马尼亚为什么冠以"罗马"二字，她难道与罗马有什么关联吗？是的，而且关联很是密切。

罗马尼亚人的祖先是达契亚人，达契亚人在公元前70年就建立了国家。公元106年被罗马征服后，成为罗马帝国属下的一个行省。达契亚人从此改称罗马尼亚人，改说拉丁语。我国古代称罗马帝国为"大秦"，其实与秦朝、秦地、秦岭没有多少关系，"大秦"是"达契亚"的音译，而达契亚曾是罗马帝国的一部分，所以便这样笼统地叫开了，这是地理科学不十分精确的古代一种大而化之的表达。不过，罗马帝国也因为"大秦"这一称谓中有个"秦"字，而与秦朝、秦地、秦岭有了某种心理上的因缘，这倒也是事实。这种因缘，后来又因为张骞、班超的西域之行和其后丝绸之路的拓展而得到加固，这也是事实。所以，《后汉书》所载班固派甘英前往大秦的史实的确是真实的，却并不是指罗马本土，而是罗马帝国东部的达契亚，即今天的罗马尼亚一带。

也许因了这个缘分，2017年10月13日，我们到达罗马尼亚中西部胡内多阿拉省的省会德瓦市时，竟在半天之内一连遇上了两位中国老乡，并得到了他们的热情帮助!

先是到德瓦近郊一个中国投建并管理的东辉健康自行车公司即 DHS 公司采访。给我们介绍情况的生产总监游辉,竟然是四川人!我赶紧上前隆重握手:"四川哪里?""广安。""我也广安!""广安哪个区?""广安区。""你?我东岳乡。"万里之外能见到老家的人,双方都很有些激动。

游辉十八岁从广安出来,先在深圳从事自行车制造,待了七年,然后被委派到国外十年。夫人和小儿子也来了,大儿子留在国内。这位广安老乡,平头,一身黑色着装,语速快而清晰,罗语流利,属于那种干练而成熟的中年人。

他告诉我们,这个 DHS 厂投产六年,用国内的原材料,共生产了 500 多万辆各类品种的自行车,行销欧洲各国。由于西方人健身成风,加之正在推广共享单车,销量不错,逐年上升。他感到这里投资环境挺好,人工成本低,一切按规定办事,无须拉关系看脸色。但质量要求很严,不然赔付成本会很高。职工平均工资 500 欧元,略高于当地同等岗位的工资,所以企业在当地有一定吸引力。

采访完广安老乡,胡内多阿拉省省长中午要会见我们,而联系人不是别人,竟然又是一位老乡,陕西宝鸡人赵琦!这位赵琦乡党,白皙,青春,随和,学生头,斜背兜,黄皮夹克,灰裤布鞋,一张娃娃脸,一口老陕话。二十岁中学毕业后便出国到布加勒斯特大学学计算机,之后又来锡比乌大学学管理。二十八岁的他已是罗马尼亚陕西商会副会长,并且协助胡内多阿拉省省长组织协调对华事务。

他帮助联络组织过胡内多阿拉省各种赴华的合作项目和会议,联系副省长率团参加了西安"一带一路"经贸合作洽谈会,还有宁波的教育、吉林的中医中药项目等等。看来赵琦很受省长器重,因为后来省长在会见我们时,半开玩笑地说:"我有两个孩子,赵是我第三个孩子。"

"你移民了吗？""没有，拿罗马尼亚国籍很容易，但要转回中国籍可就难了。中国国籍现在太珍贵了。"他夫人是当地孔子学院的老师。学院与胡内多阿拉省图书馆联合主办汉语讲座，每周四十学时，已经坚持五年了。他两个月后还会组团回国，与陕西文博图书界交流合作，所以与我互留了电话和微信。

也只有赵琦才有这个本事让省长中午从外地专门赶回来接见我们。省长五十多岁，一身便装，开口便说，没有官腔，句句实在。他的习惯动作是边讲边搓手，更显出一种家常的亲切味儿。

胡内多阿拉省省长如数家珍，介绍了当地许多开发优势和经济资源。省内有 1600 公里公路，有几个古城堡与达契亚人的发源地。"达契亚" 音译中文就是 "大秦"，成为古代中国对罗马帝国的称呼。省长说，他们这里冬季可滑雪，夏季能泡温泉。他们参加过西安的 "西洽会"，开展过与安徽的互访，还与中国共建了孔子学院，与中国宁波共建了国际艺术中学。他还与中国大使两次洽谈过进一步合作事宜，大使请他吃 "毛主席爱吃的红烧肉"。他十分重视与中国合作，对中国 "一带一路" 的期望值也很大，希望各媒体多多宣传他们省。他对我们开车 16000 多公里跑中东欧十六国十分钦佩，表示等退休了也要自驾去中国。

这些情况都是挂一漏万的转述。我们没有为中罗双方招商的任务，我的关注点在于文化的交流传播——这两个老乡引发了我对全球格局下大中华文化圈的思考。

这次中东欧之旅，我们接触了许多在海外发展的华侨华人，再往纵深逆推过去，千百年来，我们民族又有多少人离乡背井去海外打拼。他们用受歧视、受欺压、受凌辱的惨痛代价，前赴后继，代代相承，终于使中华文化在海外有了越来越大的影响，建立起不计其数的海外华人社区。每个华人社区，其实都是一处中华文化的海外传播中心，都是一个海外的中华形象。何止于此，小至每一家中国餐馆、每一位海外华人，不都是中华文化的信息热点和形象聚焦吗？

上一周走到克罗地亚时，我和团里的地陪导游老缪聊过他在海外生活的成败得失。缪导毕业于清华大学，是一位有思想的中年华人。他的看法是，不能以财富多寡、学问高低论出国成就。来海外打拼，无论成败，收获都在你的人生过程之中。不停变换人生的风景和不断适应新的社会环境，这个生命过程就是你的财富，就是你不同于别人的独有的幸福。我十分同意老缪的看法。但我补充了一个不能不补充的观点，我说：无论个人在海外有什么成败得失，所有来海外打拼的同胞都参与了世界格局中的中华文化圈层的构建，都贡献了自己的人生，这就是最大的成功，最大的业绩和成就。难道不是这样吗？

我曾著文论及中华文化两大圈层的观点。我认为中华文明，包括中华文化和经济，自唐宋以降，便逐步形成了内外交汇的两圈层结构。一是本土生成圈，指生成中华原生文明的中国本土；二是异域融汇圈，指将中华文明传播到海外，并在那里落地生根，融汇成当地文化有机成分的海外中华文化。

对于中华文明的异域融汇圈，有三点认识值得重视。其一，中华文化的海外圈层并不止于对本土文化的传播弘扬。它与当地文明不断融汇的过程，其实也是一个在运动中生成新的中华文明因子的过程。也就是说，中华文明的异域融汇圈对中华文明既有传播弘扬功能，又有生成创新功能。它是新流脉，也是新源头。其二，这种海外传播融汇所生成的中华文明新因子，又会反过来启示、促进、激励本土文明的创造更新，它构成整体中华文明创新能力和发展动力理所当然的、十分活跃的一部分。其三，这种内外互动的传播融汇，不仅是具体的各种文化门类，像艺术文化、风俗文化和饮食文化等等，更是中国人整体生存方式向世界的融汇植入，它使中国人的生存方式与全人类的生存方式互为参照，有机组合。

纵观走向海外的中国人，几百年中大约可分为三代或三类。第一类，闯海打工，被称为华工，甚至被贱称为"猪仔"，成为当地社会建设的有生力量；第二类，留洋求学，为祖国寻找新的发展途径，近百年来先后成为引领中国社会进步的中坚力量；第三类，出国引资投资、经商办企业，成为各国牵手发展、实现全球一体化的推动力量。这三代人、三类人相互交集，到了"一带一路"新时代，上述三大类出海闯洋的人，在新的全球市场经济和前沿科学技术基础上开始实现高层次结合提升。所以说，"一带一路"塑造了新的中国海外形象，在古丝路的基础上正成为促进新型全球化进程的动力源。

这次中东欧万里行，我有个很深的印象：世界的任何一部分、人类的任何一部分，都有着向上向善的不竭的生命力，都在谋求以各自不同的方式发展自身，而且都取得了切切实实的成果。在这一点上，我们千万不能有丝毫的自傲和自负。自傲和自负正是不自信、不自觉的表现。现在的情势是，各地都在干，各国都很行，人类要共进。

想想中华海外文化圈几百年中给本土输送了多少人才、观念、资金、项目吧，大政治家如孙中山，大科学家如钱学森，大学者如饶宗颐，大企业家如李嘉诚，以及无数"身归"或"心归"的华人人才和华人资金、企业，关于中华文化互动共进的两圈层思考，其道理就不言自明。

世界和中华就这样相互进入，共同生长。而域外的中华文明正是这二者共生共进的创新因素，"一带一路"又正是这二者共生共进的主干通道。不是这样吗？

2017 年 10 月 13 日，于锡比乌市至奥拉迪亚市途中

奔向布达佩斯

三年前走丝路感受："三热"——丝路在各国很热乎，丝路的人很热情，丝路经济开始热销。

两年前走丝路感受："三知道"——不走出中国咋知道中国好，不走向世界咋知道世界小，不走进丝路咋知道千年丝路情未了。

这次三走丝路感受："三趋向"——认识正趋向于成熟，企业正趋向于稳定，市场正趋向于拓展；"三心"——政府很上心，企业很用心，老百姓很开心！

"一带一路"已经由最初筚路蓝缕地开道，提升为各国科学共建的新常态。

离开罗马尼亚，车队一路奔向布达佩斯。

作为"东欧巴黎"和"多瑙河明珠"，布达佩斯是我向往已久的城市。那条美丽的河，应该是它稍为上游的段落，又在这里闪着粼光现于眼前。我们先是在奥地利见到了它，然后顺流而下，在斯洛文尼亚、塞尔维亚、保加利亚、罗马尼亚一直追随着它，好多次与它零距离亲近。这次又回溯向北，再次与它老友重逢，真是分外亲切。

多瑙河是布达佩斯的城中河，它穿城而过，将城市一分为二，形成布达与佩斯两大板块而构成了自己独有的色彩。城市景观大多在河滨展开，有靠9座桥联结起来的一河两岸的美妙风景，有珍珠项链般的温泉和众多名胜古迹，还有城市集会中心的英雄广场。真不愧为"多瑙河明珠"。

布达佩斯对我一直有一种只可意会难于言传的吸引力，那可能是一种湮灭在岁月中的东方密码。这次离开西安前，在"丝绸之路国际艺术节"上专门赶去看匈牙利的歌舞专场"巴尔干热火音乐会",听到了萨满教的曲目。萨满教,一个分布于东方与欧洲北部的宗教,怎会融入匈牙利的歌舞中去?这个名叫匈牙利的民族,在古代的确与来自东方的匈奴有关联?

第二天,即 10 月 16 日,团队有两个活动,上午是参加在英雄广场举办的中国万里行车队到达目的地匈牙利的入城式,下午是参加在茜茜公主行宫举行的布达佩斯文化经济论坛。英雄广场是匈牙利举办各种国务活动的地方,可以说是布达佩斯的天安门广场,而茜茜公主行宫则经常举办各类重大国际会议。

五点多起床。七点刚过,车队由当地警车开道,按车辆编号保持队形,迎着朝阳朝 12 公里外的英雄广场驶去。昨晚专门洗了车,一色的比亚迪,跑了 16000 多公里还像刚出厂的新车一样精神焕发,闪着有红有白的光泽,如一支响箭沿高速路射向远方,引来了许多路人的注目和拍照。一辆坐了两个人的媒体摩托车,一直跟着车队跑前跑后,左拐右弯地在拍照。

当地有几个年轻人喜欢炫车技,有意插队,想跟这个庞大的中国车队斗技。于是双方展开了穿插、超越、挤堵的明争暗赛、斗智斗勇。市里最大的环状温泉盖勒特浴场冒着水汽过去了,挺立在陡峭山上的自由碑和布达城堡过去了,城堡边匈牙利总统的驻地桑多尔宫过去了……

英雄广场上已经人潮涌动。车队绕场一周,整齐地停在了场边,马上围过来许多人,拍照、议论、打招呼。广场上有气球、彩旗,华人华侨兴高采烈,有如过节。有的正在排练中国红绸舞,有的穿上了绿色的荧光安全背心担任义务保安,中国锣鼓喧天震地。在小乐队的伴奏下,当地的青年穿着匈牙利的民族服装在急速地旋转。福建商会的华人华侨站成两排,举着两条欢迎我们的大标语。有一条写得是真好:"热烈欢迎丝绸之路万里行车队驾临布达佩斯"。"驾临",多有创意!布达佩斯有三万华人华侨,是中东欧华人华侨最集中的地方。他们果然显示出了自己的实力。

在布达佩斯欢迎中国车队的仪式上，给匈牙利国家电视台摄制组赠送中国书法作品

祖国来亲人了，而且还是开着汽车长途跋涉而来，他们何止是高兴，更有几分自得和自豪。他们要借这个机遇，在当地显示自己的团结和力量，显摆自己娘家人的东方范儿；也要借这个机遇向祖国来的亲人汇报一声：家乡的父老乡亲，我们在域外过得很好，很殷实。

我突然有了一种依恋，一种庄严。我们在男女主持人带领下列队两行入场，中外游客的热情被点燃了，广场上响起了掌声。

匈牙利国家电视台搞了现场直播。年轻而美丽的女副市长将一把硕大的金钥匙赠给我们团长，象征着我们成为布达佩斯的荣誉市民。她在讲话中热情地欢迎中国媒体车队带着友谊来到匈牙利，热切希望匈、中两国和布达佩斯、西安两市的友好交往得到深度发展，两地的人流、物流、文化流、经济流像多瑙河那样水量丰沛、长流不息。她讲完话，一群鸽子扑棱棱飞起来，在广场上空盘旋。随后是专程从国内飞来的广西卫视总监、丝路国际卫视联盟代表颜兵讲话，之后我也说了几句，为这座城市送上真诚的祝福。仪式结束后，又专门将书法作品《和：和乃中华君子之风》赠给匈牙利国家电视台的现场录制和转播人员，感谢他们大半天的辛苦。我还将西安中铁中学的学生制作的版画送给刚从西安来布达佩斯的一位中学生，他像出色的足球守门员，一个鲤鱼打挺从亚洲跃到万里之外的欧洲，妥妥地接住了这个来自家乡、飞越万里的友谊之球。

下午在茜茜公主行宫召开文化经济论坛，布达佩斯另一位副市长，中国驻匈牙利大使馆商务参赞周新建，匈牙利国家电视台副台长，格德勒市市长，广西卫视总监、丝路国际卫视联盟代表颜兵，华人华侨总会会长出席并讲话。去年，中东欧外长会议曾在这里举行。

我的发言兹录于后——

女士们先生们，你们好！

美丽的布达佩斯，你好！

当我们的车队历尽艰险和疲劳，奔驰16000公里，穿越亚欧十六国来到布达佩斯，我心中有了一种感慨和感动。世界上有些路非常遥远，非常漫长，但从来没有走不到的遥远，走不完的漫长。只要同心协力坚持向前走，遥远就不远，漫长就不长，目的地就一定能达到。

我随丝路万里行车队已经走了三次丝绸之路。三年前第一次走丝路，我的感受是"三热"：丝路在各国很热乎，丝路上的人很热情，丝路经济开始热销。两年前第二次走丝路，我的感受是"三知道"：不走出中国咋知道中国好，不走向世界咋知道世界小，不走进丝路咋知道千年丝路情未了。时间仅仅过去了三年，这次三走丝路，我的感受有了延伸，变成了"三趋向""三心"——当下"一带一路"的发展，表现出"三个趋向"：认识正趋向于成熟，企业正趋向于稳定，市场正趋向于拓展；而各方面对"一带一路"的态度，则已经是"三心"了：政府很上心，企业很用心，老百姓很开心！的确是的，最初的带着创新激情筚路蓝缕地开道，现在已经发展、提升为各国深耕细作、科学共建这样一种新常态。这是"一带一路"可持续发展的基石，是"一带一路"最为坚实的成果。

　　2014年我们万里行车队从西安去罗马，途经希腊比雷埃夫斯港，走访了中国中远海运集团援建的巨型集装箱码头。我们回国后不久，中国总理李克强就去了，与匈牙利、希腊、塞尔维亚和马其顿等国达成共同建设中欧陆海快线的共识。按照这个共识，由布达佩斯到比雷埃夫斯港的中欧陆海快线将在两年内建成。比雷埃夫斯港将和巴基斯坦的瓜达尔港一起，成为"一带一路"，即现代陆、海丝路十分重要的两个联结点。现在从中国各地发车的中欧班列从陆路、从宁波港出海的海轮从海路运来的货物，已在匈牙利会合。中国在整个中东欧投资有80亿美元，其中有一半投在匈牙利。

　　对中欧陆海快线铁路建设的速度和质量，我们有充分的信心，也积累了充分的经验。比雷埃夫斯港的建设在2011年就达成了协议，因各方面原因，耽误了近两年，2013年动工，一年半便基本建成，成为欧洲排名前十的集装箱码头。我相信正在建设中的中欧陆海快线一定会再次证明中国速度和中国质量的可靠性。

　　中欧陆海快线建成通车，意味着什么？意味着它将海洋拉到了内陆国家匈牙利的家门口，意味着布达佩斯在地中海有了自己的外港。也意味着它将中国和中亚各国拉到了匈牙利的"后院"，意味着布达佩斯有了亚欧大陆这个广阔的市场。意味着布达佩斯将成为丝路经济带在欧洲最大的转运站，成为丝路在中东欧的重要枢纽和亚欧大陆重要的物流中心、交流中心。这无疑将带动匈牙利经济文化的全面发展。

　　这一点，中欧陆海快线沿线各国已有很深刻的认识。我们的车队十八天前在塞尔维亚、马其顿边境地区一个村庄休息时，一位开小店的老人乔瓦尼先生见我们蹲在路边吃方便面，跑来热心地给我们烧开水，送来自酿葡萄酒。他说，他希望这条快线能够修一些支线，把更多的山区带动起来。

这就是"一带一路"，让亚欧各国共同富裕的"一带一路"！

2017 年 10 月 16 日，于布达佩斯

航 拍 "事 故"

捍卫国家的尊严和信仰的神圣，珍视文化遗产和知识产权的价值……万里行途中每一次航拍的意外遭遇和风险都给了我们启示，让我们萌生了一种文化尊敬。

三次跑丝路，除了各电视台随车带的摄像机，为了便于在国外做现场剪辑和直播，每次都有一辆陕西卫视的转播车随行，还有几部航拍专用的飞行器。跑遍丝路中、南、北三条线三十国 4 万多公里，用中文喷涂着五星红旗和沿途各国国旗，还有丝路地图的转播车，无异于一辆现代的、流动的广告车，可是为我们争脸了。也许升空飞行拍摄本身就很敏感，所以航拍器常常会惹一点麻烦。

这里选四个不同类型的小故事来说说。

一

那是 2014 年第一次跑丝路，来到乌兹别克斯坦撒马尔罕古城的列基斯坦经学院，这是该国乃至整个中亚闻名的宗教圣地，像个很大的四合院，四周一圈由好几个大礼拜堂、宣礼塔组构成典型的伊斯兰文化风景线，虔诚的穆斯林进进出出其中。但在院内拍摄，距离太近，取不到大全景，航拍技师、深圳卢氏公司兄弟俩遂决定航拍。

我们先去与一边的工作人员沟通，他同意了，但告诫我们飞行器高度不能超过经堂和宣礼塔。遂按规定开始工作。飞行器忽上忽下、忽定格忽旋转，新的俯视角度和永远处在动态中的机位，拍出了许多新颖的镜头和奇特的画面，给了我们一次又一次惊喜。干得正来兴致，几个军人走过来勒令停止，盘问我们："你们从哪里来？要到哪里去？"我们说事先已与工作人员沟通，军人说他知道，但我们飞过了限定的高度，"谁都不能超过经堂和宣礼塔，那会挡住安拉巡视普天的目光！"

认真一看，可不是，大概觉得镜头的高度不够表现全景吧，飞得的确有点高了。我们无语了。人家是一直目不转睛在监控着呢，连忙降下来，解释，道歉，军人很礼貌地敬了一个礼，离开了。为了捍卫自己的信仰，为了捍卫心中的神圣，才行使了权力，我们对此十分理解，而且生出了几分尊敬。真诚的信仰产生力量和威严，可不是嘛！

二

2014 年在希腊，我们的航拍第二次受阻。车队去特里卡拉州的世界文化遗产梅黛奥拉修道院采访。这是个著名的东正教宗教建筑群。在被称为"天空之柱"的人迹罕至、难以攀缘的巨大的石质山体上，曾修建了 24 座经院。传说这里就是众神曾经居住过的奥林匹斯山。近千年来，这里常常隐居着数以千计的东正教修士，在经院和山洞中修炼，他们平时靠绳索攀沿上下出入。

梅黛奥拉修道院美极了，经院建筑群像一抹抹霞光敷在石山之顶，建筑、山形、森林，都不用修饰便可直接入画。我们这些东方旅人被彻底迷倒了。这里与中国秦岭终南山堪称隐士和修炼文化的双绝，我们太想留下更多的回忆。只听见几十部相机手机好一阵狂拍还不尽兴，卢氏兄弟的两部航拍器同时升空了，正侧翻飞、上下盘旋，拍得不亦乐乎，飞得忘乎所以，边拍摄边说笑边自炫自赞。美和酒一样是会醉倒人的，哪里还管什么规则、制度。这时有人注意到旁边一位当地游客一直在打手机，边说边看着我们，似乎在说与我们相关的什么事，大家这才有所察觉，收敛了一点。但已经来不及了，一辆带斗的三轮摩托从山下拐弯处冲了上来，"咔嚓——"停在了我们面前，敬礼，指着摩托上的标志，说他是文管处的，有公民举报我们私自航拍、大声喧哗，然后又开始查问起那个"你从哪里来？要到哪里去？"的问题。我们激灵一下，这才从兴奋中清醒过来，开始"老老实实"回答问题。

我们说得很诚恳，说我们来自东方的中国，一个古代文明像他们一样辉煌的地方，有着长城和兵马俑的地方。我们说了两点意思，一是之所以航拍，是因为希腊的美丽、梅黛奥拉的美丽让人无法抵御。山野之中一时找不到管理者，来不及申报，实在对不起。二是希腊公民维护文化遗产的自觉和你们执法的快捷及时，让我们无比尊敬，让我们感知了希腊社会的文明水平。我们愿接受任何处罚并向伟大的希腊文明致敬。

一席话把文物监管人员说得心花怒放。他说："这种违规行为的确是要罚款的，但中国人正在投资巨款帮我们建设比雷埃夫斯港，这回免了你们！以后你们要航拍，可以拨这个电话审批，全国通用！"于是握手、拍肩、竖大拇指。

<h2 style="text-align:center">三</h2>

第三次航拍事故，发生在 2016 年再次跑丝路的时候。来到阿塞拜疆首都巴库的第二天上午，去参观采访巴库老城。事先询问可否航拍，地陪导游铁板钉钉地回答，巴库可以。巴库老城古雅小巧而有韵致，绿荫浓厚的公园、弯弯起伏的老街、极富民族风情的购物街。老城几处标志性建筑都聚集在少女塔附近。这次负责航拍的张军是个十分有事业心的记者，哪里能放过这么好的地方？他很利索地准备好了航拍器升天。其实在他准备的时候，我们已经看到了附近正有部队在布哨，包括顶楼建筑上都有军人的身影，但我们没有将这些与航拍联系起来，因为导游明确说过，巴库可以随意航拍。

航拍器嗡嗡嗡上天了！立即引发了现场一阵慌乱。好几个军人跑过来，严厉示意我们立即降落停拍，随即没收了航拍器，扣留了操作航拍的中国记者张军。我们上前比画着解释，他们听不懂也听不进去。这时地陪导游兼翻译气喘吁吁赶过来，和军人沟通好半天，仍然没有通融的迹象，一时竟僵在了那里。

原来今天此处有重大国事活动，地处中东欧的克罗地亚共和国女总统科琳达·格拉巴尔－基塔罗维奇正在巴库做国事访问，今天上午阿塞拜疆领导人要陪同她来古城参观，因而这一带的关键地点都布置了保卫。不过他们国家的传统是，每遇此类政要重要活动并不局部戒严，也不广告社会，所以导游毫不知情。在如此重大的国事活动中，未经批准让航拍器随意上天，明显太过分了，不能不引发安保的紧张。我们心中暗暗叫苦，看来这回娄子捅大了，一时半刻怕走不了了。团里领导开始和中国驻阿塞拜疆大使馆联系，以便说清问题，取得保护。

大使馆电话还未接通，只见两个军官模样的人走了过来，先询问他的下属控制记者、扣留航拍器的缘由，然后又询问地陪、翻译，了解我们的情况、事情的来龙去脉。之后军官拨通手机，可能是请示高层。通话结束后，意外的事情发生了，那两位军官上前给我们啪地敬了一个礼，说："事情弄清了，对不起。今天我们这里有特殊要求，请你们理解。阿塞拜疆欢迎中国朋友、中国媒体来我们国家访问！"这几句温暖的话，由严肃的军人如此隆重地说出来，让我们反倒有点愧疚，也忙不迭地对不起，对不起，说："请原谅我们不了解情况，谢谢你们的礼貌和友善。我们这次正是为丝路情谊而来，一定会将中阿友好广泛传播出去！"说着，他们就将扣留的航拍器还给了我们。

前后不过半小时，扣留得有理，归还得有情。我们强烈感受到了阿塞拜疆庄严的国家形象、军人形象，还有美好的社会风气和文化素质。直到这天晚上，大家还在议论这件事。

四

第四次航拍受阻是 2017 年跑丝绸之路中东欧一线，在波兰克拉科夫市郊的奥斯维辛集中营。事情的缘由也与文物保护，主要是知识产权保护有关。

那天我们在奥斯维辛集中营参观采访，纳粹对无辜平民令人发指的屠杀，激发了我们每个媒体人心中的激情和责任：一定要用一切传播手段将这种反人类的罪行传播出去。这是个占地几百公顷、聚集了几百幢大木棚的大监狱，要给电视观众一个完整的效果，当然只有高视点、大远景，只有航拍。

年轻的孙立手快，三下五除二小飞机便上了天。因场地太大，小孙一边跑一边操控着小飞机"远航"。他这一跑，有人不知出了什么事，便引发了各地参观者的注目。工作人员只当有了情况，在后面追着他跑，气喘吁吁拦住了拍得正尽兴的孙立，不让航拍。理由是知识产权保护的要求，奥斯维辛集中营的全部知识产权归集中营管理部门所有，未经许可不得随意航拍。孙立只好作罢，让航拍器敛翼而息，说明了情况，表示了歉意。他们网开一面，并没有没收已经拍摄的一些资料。

捍卫国家的尊严，坚守信仰的神圣，珍视文化遗产和知识产权的价值……丝路万里行途中，每一次航拍遭到的意外风险都给了我们启示，让我们对所在国家和人民萌生了一种文明的尊敬之感。

2018 年 1 月 10 日，补记于西安

中国与世界的拥抱

——"丝路精神"及其中国文化底蕴

我三十年前开始研究中国西部文化，所谓中国西部，其实就是丝绸之路经济带的中国段。几十年中我跑遍了中国西部的丝路，也多次去土耳其、希腊、意大利、俄罗斯、荷兰等欧洲丝路段。2014 年夏天，又参加由陕西卫视、新华社、中国国际广播电台、光明日报、凤凰卫视等中国多家媒体团组织的"丝绸之路万里行·追寻张骞之路"活动，坐记者们自驾的汽车，六十天连续跑了 15000 公里，经八个国家由西安到达意大利罗马。2016 年秋天，再度参与丝路国际卫视联盟陕西、甘肃、青海、宁夏四家卫视组织陕西卫视承办的"丝绸之路万里行·重走玄奘之路"活动，再一次坐记者们自驾的汽车，七十天连续跑了 18000 公里，经七个国家由西安到达印度加尔各答。这两趟西行共达 60000 余里，跨越亚欧两大洲，途经了我从未到过的中亚、中东各国，勉可算是大致走完了丝绸之路沿线的一些主要国家。2017 年，还是秋天，我又第三次参与了丝路万里行活动，坐汽车由西安经中亚、俄罗斯，几度穿越多瑙河，跑遍中东欧十六国。至此，跑丝路的里程达到 5 万多公里，算是大致走完了陆上丝绸之路沿线的一些主要国家和城市。

丝绸之路是沿途各国人民由于商贸和文化交流的需要，自古以来分时、分段开辟的。从中国来看，公元前八九百年至公元前三四百年就有人在这条路上活动。最早的记载是西周周穆王的西行，他一直跑到了中亚一个叫禺知的地方（大约在今天的阿富汗一带）。

那以后，四川等地有人到达中东，陕西等地有人到了中亚进行布匹、马匹交易。秦末徐福东渡朝鲜半岛、日本群岛，首开东北亚海上丝路。西汉武帝时，国家正式派遣使臣张骞两次出使西域，出发的地点就在当时的首都汉长安未央宫。东汉的班超派副史甘英出使大秦国（罗马帝国），甘英一直到达安息西界（波斯湾），因受安息人所阻，未过海而还，但却反映出东汉想与罗马往来的愿望。随后，大秦商人来到中国，以大秦王安敦的名义赠送给汉桓帝一些礼品。

其后，晋代的法显和尚由阿富汗入天竺（印度）取经，又经狮子国（斯里兰卡）、印尼爪哇，从海路回到中国大陆，第一次走完了陆上、海上丝路。到了唐代，丝路各国的人大量来长安，大唐西市成为欧亚商贸一个标志性的集散地。唐代的玄奘去印度那烂陀寺取经，研习因明学、唯识宗，促进了佛教在中国的传播与生根开花。他回国后一直在陕西的大雁塔与玉华宫译经布道。再后来，便有了郑和下西洋，明代的国家船队远赴太平洋、印度洋，也有了马可·波罗和欧洲其他航海家的中国之行（也有人认为马可·波罗自己并没有来东方，只是根据各种资料、听闻记录整理，介绍了中国）。

19 世纪末，德国学者李希霍芬将这条路正式命名为"丝绸之路"，得到了世界的认可。这一切表明了丝路的国际性。它自古以来就是一条人类共创、共享的国际通道。

是的，也许没有一条路像丝路这样，影响着人类文明的发展。有了这条路，欧洲和亚洲由隔膜走向融通，中国感知到了世界，世界也感知到了中国。有了这条路，张骞所在的汉朝，才成为世界认可的中国符号，汉人、汉语、汉文化才有了世界性的知名度。

有了这条通道，人类文明发展得最早最成熟的亚欧两大洲，得以联为一体，世界文明得以由隔离发展时代进入交流共进时代。这才有了德国学者雅斯贝尔斯在 20 世纪中叶总结的"轴心时代"文化现象。即在公元前 500 年前后，由西方的荷马和希腊三贤（苏格拉底、亚里士多德、柏拉图）、中东的耶和华、印度次大陆的佛祖释迦牟尼和东方中国的先秦诸子（老子、孔子、孟子、墨子）等元典思想家构成的人类文化大突破的文化"轴心时代"。

有了这条路，中国的造纸术、活字印刷术、指南针、火药以及丝绸、瓷器等等，也才得以传入欧洲，成为促成欧洲文艺复兴和资本主义社会诞生的重要因素。

而这条路稍稍受到阻隔，譬如在 15 至 19 世纪的奥斯曼帝国时期，奥斯曼帝国控制了东西方之间的通商要道，欧洲的航海家们从海路去寻找东方大陆，于是哥伦布等人意外地发现了美洲新大陆。

中国领导人现在提出的"一带一路"倡议，即丝绸之路经济带和 21 世纪海上丝绸之路，就是在古代海、陆丝路基础上的一种质的提升、新的创造。它将陆上文明带与海上文明带组合到一起，将文明交流与现代市场经济组合到一起，将一国一地的发展与全球化进程组合到一起，是构建人类命运共同体的一种大思路、大格局。

所以，我在跑完丝路重又回到西安后，从自己亲历的感受出发，将"一带一路"的基本精神提炼为两句话：一句是"走出去，谋发展"；一句是"拉起手，共发展"。

"走出去，谋发展"主要针对国内。陆上、海上丝绸之路，"路"就是为了行走，有路就要行走，就要走出去。"丝绸"则象征着和平的经济贸易和文化交流。张骞出使回国后，汉武帝封其为"博望侯"，并且那以后汉朝派出西行丝路的使者，一律封以"博望侯"。含义很明显，就是要提倡"博广瞻望"的心胸，提倡大视野、大格局。

中国经济目前是"一体两翼"的发展格局。抓"一体"，抓国内经济，核心的任务是抓国内经济发展方式的转型，抓内涵的改造和质量的升级。在原来重点建设长三角、珠三角、环渤海经济圈的基础上，着力打造长江经济带和京津冀经济圈。"两翼"，就是陆上和海上的"一带一路"。"一体"是"两翼"朝外走的基础和动力，"两翼"是"一体"起飞的翅膀。

　　"走出去，谋发展"，促进中国经济由内向朝外向转型，由产品经济朝投资经济，甚至金融经济提升；也促进中国西部的发展由传统的"大储备"阶段、二十年来的"大开发"阶段，全面进入"大开放"阶段。我们这次丝路万里行活动，先后走访了中国援建或投资的希腊比雷埃夫斯港的集装箱码头、土耳其安卡拉至伊斯坦布尔的高铁、格鲁吉亚和中亚其他国家的能源与矿山及制造业，产能、资金、人才、科技的合作已经蔚成大势，"走出去，谋发展"成效喜人。

　　"拉起手，共发展"主要针对国际。我们提出"一带一路"倡议，既是中国的需求，也是从沿途各国的利益出发的。人类需要合作，世界需要共赢，我们就是想搭建一个平台，邀请各民族各国来共策、共建、共享、共赢，以达到世界和平、社会和谐、民生和惠、人心和宁。力图通过"一带一路"倡议，建立中国与周边各国的命运共同体、中国与欧洲的命运共同体、中国与世界各国的多边命运共同体。不结盟，求结伴，不零和，求谐和。这是我们真诚的愿望。

　　在一个理性的、成熟的现代社会，要改变传统竞争中的零和思维，代之以谐和共赢的新思路。人类文明的优秀成果应该普惠到每个地域、每个民族，使所有人都具有切实的获得感。所以我们主张各国通过"一带一路"拉起手共发展。现在亚洲基础设施投资银行已有近六十个国家参与，"一带一路"已经被近百个国家认可，证明这种共赢理念正在走向世界，正在成为人类的共识。

　　"一带一路"的精神理念，是中国当代领导者对广大民众在经济社会发展中创造性实践的总结提升，同时也承继、弘扬了几千年来广大民众在历史实践中的有效经验，承继、弘扬了中华传统文化的优秀精神并将其升华为科学的、系统的顶层设计。从这个意义上，完全可以将"一带一路"倡议视为我们全民族的创造。"一带一路"精神所蕴含的中国传统文化的各种精神理念，决定了它为人类文明贡献了独有的民族性。

就我目前的认识，"一带一路"倡议所承继、弘扬的民族精神，可以抓住三个主题词，从下面几个方面入手去思考、开掘：

第一个主题词："和谐"——"一带一路"倡议体现了中华民族"化干戈为玉帛"的和谐精神，在国与国，以及人与天、人与人、人与心内外各方面，追求珠圆玉润的境界。

中华民族自古以"和"立国，有"尊玉"传统。在德国李希霍芬命名丝绸之路之前，中国朝野一直把丝绸之路称为玉帛之路、玉石之路或骏马之路。

玉在中国自古以来一直是和平、和谐、和宁的符号，是孔子所言"和而不同"的君子精神的证物。新石器时代晚期，玉石神话和玉石崇拜在先民中十分盛行，在那个祭政合一的时代，渐次转化为拉动神权经济和神庙经济的文化动力。而在远古，神权和神庙经济又是整个社会经济发展的领头羊。因而，玉石崇拜也便成为经济社会发展的一个重要的动力源。玉字传到西方，强调的则是它的物质含义，英语 cash（现金，现款）与突厥语 qash（玉）是同源词，这表明在欧洲人心中，玉是与财富联系得更近的。

华夏神话中有"以玉为兵"的文化记忆。周穆天子西行，是周代帝王一次跨地区跨民族的远游，也是一次探玉之行。他先北行至黄河河套地区，向当地邦主河宗赠送了玉璧，并沉玉入河以祭河神。河宗告诉他，西边的昆仑山丰产稀世美玉，穆天子于是远行昆仑，果然"载玉万只"。他给西王母送的就是昆仑黑白美玉和中原丝绸织品，二人相见甚欢，以致对酒当歌、乐而忘返。这是先祖与西域交往中以帛易玉、以玉行礼，互通有无、和平友好的一则美谈。

在古代，"玉帛相见"与"兵戎相见"是和平与战争的代词。秦穆公娶了晋国公主，育有子女，谓"秦晋之好"。后来秦晋交恶，秦穆公抓了穆姬

（晋国公主）娘家晋国的同父异母兄弟，穆姬拉着儿女以自焚要挟秦穆公，说这是上天降下的灾难啊，秦晋两君不赠玉帛而兴兵戎！穆公闻之只好作罢。自此，玉帛相见就是罢兵戎、息争执而以礼相见的代词。玉可以兵不血刃换取城池。

玉洁冰清、珠圆玉润更是中国人内心世界和宁、和静的赞语。

帛，即丝绸，可做衣物，是物质商品，也是美化生活的饰物，是文化商品。有纸张之前乃至之后，直至今天，我们常常在丝帛上写字画画，"绢画""帛书"是最为珍贵的书画材料。而与"丝绸"同一词根的"丝弦"，在中国也转义为泛指音乐、乐队、乐器的词汇，也是一种文化艺术指称。所以，丝绸之路是人类最绵长最久远的和平的文明交流之路。

今天我们提倡的和谐文化，正是直接承继了这种传统的"玉帛精神"。我在一篇文章中曾写到，在中国北部的大地上有两个夸父在由东向西行走，一个叫长城，一个叫丝路。长城是烽烟，是干戈，是兵戎相见；丝路是和平，是友好，是商贸和文化的互联互通。中国长城虽然烽烟迭起，但说到底只是一个防御体系，是为了阻挡南下骚扰的族群。不到万不得已、忍无可忍，我们很少寻衅出击，总是以和平为重，以防御性战争来制止干戈，争取友好。我在接受一位英国纪录片摄制者采访时谈到了这个观点，他恍有所悟，说他在某国拍片时，那里有人说长城是"懦夫的墙"。我纠正他，这不是懦夫之怯弱，应该读为和平之愿景。

第二个主题词："联合"——"一带一路"倡议体现了中国古代合纵连横的思维智慧，化对抗为联合而达到双赢的智慧。

将"一带""一路"并提并举，我们几乎马上会联想到先秦时代"合纵连横"的智慧。苏秦的"合纵"，"合众弱以攻一强"，张仪的"连横"，"事一强以攻众弱"，曾经让战国七雄在历史舞台上演出了那么威武雄壮的、勇毅智慧的、无比精彩的活剧。这些历史事件通过史家的纪实、民间的传说和历代文学、戏剧作品的传播，早已经家喻户晓，深入人心，几千年来营养着我们民族的政治思维和处世智慧，丰富着我们民族的文化心理和审美情趣。

亚欧古丝路横亘在 400 毫米等雨线上，是人类文明、人类经济文化活动发生、发育得最早最成熟的地区。公元前 500 年前后，从时间和空间两个维度上，这里就有了虚线式的东西方商贸联通。几乎同时，适应着社会生活的发展进步，在这条纬线上又诞生了一批元典思想家，出现了文化"轴心时代"。由气候、经济、文化三者天然形成的这条古丝路，是北半球胸脯上一条璀璨夺目的项链、人类文明最早的一个连横图式。这个连横图式构成了亚欧各国乃至古代世界历史社会发展的大纵深。古丝路让人类亲历了联系、联通、联合的必要，也亲身感受到了其中蕴藏的巨大的发展潜力。

秦代徐福首开海上丝路，传播中华文明。直至今天，中华文明对东北亚的影响不但随处可见，至今在当地依然广受称道。明代郑和下西洋、下南洋，清代以后更有大批华工、华商、华侨由海路到达东南亚、印度洋和地中海沿岸，在欧洲和北非从事工商贸易活动。他们远渡太平洋，为独立战争之后美国的西部开发，尤其是西部铁路大干线的建设，立下了不可磨灭的功勋。无数先行者以自己的智慧、辛劳、血汗甚至生命，在海洋上构筑了一条以东海岛链为标志的、从东北亚到东南亚的合纵图式。这条海上丝路的合纵图式是与陆上丝路的连横图式双驾齐驱、双帆远航的经济社会发展图式。

无论合纵还是连横，实质都是发掘、发挥"联"和"合"的潜力。弱弱联合、强强联合、强弱联合可使弱者变强、强者更强，这种古典智慧，已经由一种思维方法积淀、蒸腾为世代相传的文化理念。

切不能忘的是，这种传承是在对抗与合作两个轨道上进行的。如果说战国时代属于一种对抗性的合纵连横，现在提出的"一带一路"则完全相反，是在合纵、连横双坐标上的和平合作。唯其如此，国家和世界的发展、进步才可能双保险，地球才可能营造一个和平发展的良好环境。这是一种出自人

类意识、全球意识的大格局、大智慧。

当然，要将这个良好的愿望转化为当今世界的现实，还需要漫长的过程，还会遭遇很多风险。仅拿"一带一路"的实施来说，我们在金融投资、实业建设和人才、科技合作中，就不能不注意政治安全、金融安全、法律安全、社会安全、科技安全，并且防范宗教信仰、民族习俗等文化差异造成的各种各样可能出现的风险。

第三个主题词："合抱"——"一带一路"倡议还体现了中国古代合抱天下的太极理念，在变易中实现动态平衡的理念。

阴阳合抱的太极图以阴阳双鱼将世界一分为二，同时首尾合抱，合二为一，在不同中大同，在不同中大和。太乃极致，极为极限，太极有至于极限而无有相匹之意。南宋朱熹说"总天地万物之理，便是太极"，"总天地万物之理"也就是客观世界至高性、总体性的道理。

太极图式说，是庄子"太极思想"在儒、道两家结出的硕果。太极思维是一种超越逻辑思维和形象思维之上的全息辩证思维，太与极两极之间包容无数层次和系统，却又浑然一体。太极图可以说是个全息图。

从前面的分析可以看出，"一带一路"倡议便体现了这样一种总体性、全息性思维。它提倡在不断的运动和变易中认识并把握事物。我们如若将太极图稍稍做一点调整，一是双鱼由顺时针调整为逆时针方向，二是左右、东西方位调整为上下、南北方位，当下中国"一带一路"图式的雏形便以太极阴阳两仪的形态显现出来。

"一带"——陆上丝路在北，是太极图中的阳鱼。东方亚洲的起点集中于黄河中游的西安至洛阳一线；西方欧洲的终点则撒播于北欧、中欧、南欧各国，如鹿特丹、罗马、威尼斯、雅典、伊斯坦布尔，形成辐射性的鱼形图像。"一路"——海上丝路在南，是太极图中的阴鱼。海上丝路，中国的出发点很多，成扇面在东方和南方沿海的丹东、烟台、青岛、上海、杭州、泉州、厦门、汕头、广州、合浦呈弧形展开。但航向相对集中，大都驶向中国南海，通过马六甲海峡，经印度洋入红海，贯连亚洲各国，如鱼尾收束，直指地中海沿岸的南欧、北非各国，在欧洲各大海港与陆上丝路连接。

这样便在空间上、气势上形成一种太极合抱之势。注意，合抱不是合围，而是要打破合围，让中国与世界在一个新的维度上和一个新的深度上，以和平、发展为主题，相互进入，联手共进。这是中国与世界的合抱，是中国与世界一次旷古罕有的、有实质又有温度的和平拥抱。

可以说，这便是我在多次行走中对丝路形成的一个宏观的、轮廓的体察与思考，也是我大致的"丝路观"。

2015 年 6 月 22 日，于西安望湖阁